Baedeker

Allianz Reiseführer

Köln

www.baedeker.com

Verlag Karl Baedeker

TOP-SEHENSWERTES ★★

Neben den »Klassikern« Kölsch, Karneval und Dom bietet die Metropole am Rhein noch viel mehr – zum Beispiel einen herrlichen Stadtkern, hervorragende Museen und gleich ein Dutzend sehenswerte romanische Kirchen. Wir haben für Sie die Highlights der Stadt zusammengestellt.

★★ Altstadt · Martinsviertel
Enge, verwinkelte Gassen führen zu malerischen Plätzen und urigen Kneipen und Brauhäusern. ► **Seite 142**

★★ Dom
Kölns Wahrzeichen und Mittelpunkt der Stadt lockt jedes Jahr Millionen Besucher an.
► **Seite 156**

★★ Groß St. Martin
Das Gotteshaus aus dem 12. Jh. erhebt sich mit seinem gewaltigen Vierungsturm aus dem Gassengewirr der Altstadt.
► **Seite 169**

Kölner Dom
Am Petersportal werden die Besucher von Aposteln begrüßt.

Groß St. Martin
Der Vierungsturm der Kirche erhebt sich majestätisch über das Martinsviertel.

★★ Kolumba
Eine archäologische Zone, ein erstklassiges Kunstmuseum und eine Kapelle, alles von bemerkenswerter Architektur umrahmt.
► **Seite 174**

★★ Museum Ludwig
Neben der drittgrößten Picasso-Sammlung der Welt zeigt das Museum Werke bedeutender moderner und zeitgenössischer Künstler. ► **Seite 189**

★★ Rathaus
Das Gebäude mit der wunderschönen Renaissance-Laube und dem figurengeschmückten Turm ist das älteste Rathaus Deutschlands. ▶ **Seite 202**

★★ Römisch-Germanisches Museum
Hier taucht man ein in die römische und fränkische Geschichte der Stadt. ▶ **Seite 213**

★★ Schloss Augustusburg
Künstler wie Balthasar Neumann und Carlo Carlone kümmerten sich um das »Innenleben« des Rokoko-Schmuckstücks im nahen Brühl, das zum Vorbild der deutschen Fürstenhöfe im 18. Jh. avancierte. ▶ **Seite 215**

★★ St. Aposteln
Die wegen ihres Kleeblattchors berühmte Kirche ist ein Meisterwerk staufisch-romanischer Architektur. ▶ **Seite 231**

★★ St. Gereon
Die dem Stadtpatron Gereon geweihte Kirche mit einem gewaltigen, leuchtend rot ausgemalten Kuppelgewölbe entstand aus einem spätantiken Gebäude. ▶ **Seite 234**

★★ St. Maria im Kapitol
Der Grundriss der über einem römischen Tempel errichteten Kirche ist dem der Geburtskirche in Bethlehem nachempfunden. ▶ **Seite 239**

★★ St. Pantaleon
Die im Jahr 980 geweihte Kirche ist eines der ältesten Gotteshäuser Kölns und zugleich eine der herausragenden Schöpfungen der ottonischen Sakralbaukunst. ▶ **Seite 245**

★★ Wallraf-Richartz-Museum · Fondation Corboud
Das Museum beherbergt eine riesige Gemäldesammlung mit Werken vom Mittelalter bis zum 19. Jahrhundert. ▶ **Seite 253**

Römisch-Germanisches Museum
Auf dem Roncalliplatz vor dem Museum kann man sich vor der Geschichtsstunde noch kurz ausruhen.

DIE BESTEN BAEDEKER-TIPPS

Von allen Baedeker-Tipps in diesem Buch haben wir hier die interessantesten für Sie zusammengestellt. Erleben und genießen Sie die Domstadt Köln von ihrer schönsten Seite!

! Kleine Kunstgeschichte Kölns
Die Mittelalterabteilung des Wallraf-Richartz-Museums verschafft Kunstinteressierten einen hervorragenden Überblick über die »Kölner Malschule«.
▸ **Seite 47**

! Köln-Architektur
Ein interaktiver Architekturführer dokumentiert aktuelle Bauprojekte der Stadt. ▸ **Seite 49**

! Alte Liebe
Leckere gutbürgerliche Küche bei sanftem Wellengang lässt sich auf dem Restaurantschiff »Alte Liebe« genießen.
▸ **Seite 78**

! Alles von der Biene
Das alteingesessene Familiengeschäft »Honig Müngersdorff« verkauft alles rund um den Honig: Met, Honigkekse, Wachskerzen, Kosmetika, Gelée Royale ...
▸ **Seite 107**

! Pretty in Pink
Ein Bummel durch den Concept Store von »Apropos Köln« lohnt sich allein schon wegen der Aufmachung des Ladens.
▸ **Seite 108**

! »Alles Gute, Barbie«
Joyce Merlet verarztet »kranke« Teddies und Puppen und verwandelte ihre »Klinik« in ein kleines Museum. ▸ **Seite 110**

! Stadtbesichtigung einmal anders
Eine Stadtrundfahrt in einer Rikscha oder auf einem Drahtesel versprechen Besichtigungstouren der etwas anderen Art.
▸ **Seite 112**

! Kirchenmusik
Berühmt sind die Konzerte im Altenberger Dom. Wie Sie in diesen Genuss kommen, verraten wir auf ▸ **Seite 140**

Für Schwindelfreie ...
... eröffnet sich eine völlig neue Perspektive der Stadt bei einer Fahrt mit der Rheinseilbahn.

Romanische Nacht
Der Kirchenmusik in der Basilika St. Maria im Kapitol kann man bis spät in der Nacht lauschen.

! Schwebend übern Rhein
Ca. 50 m über dem Rhein eröffnet sich ein herrlicher Panoramablick über die Domstadt. ► **Seite 152**

! Grandioser Rundblick
Nicht einmal eine halbe Minute benötigt ein Aufzug im Büroturm KölnTriangle für 29 Stockwerke. Genauso beeindruckend wie der »Aufstieg« ist der Blick von der Aussichtsplattform. ► **Seite 154**

! Domtunnel
Der Eingang zum Domturm führt durch die beeindruckenden Fundamente, die man – kostenlos – sehen kann, ohne den Turm besteigen zu müssen. ► **Seite 157**

! Für die lieben Kleinen ...
... ist ein Besuch im Wildpark sicherlich ein Highlight. ► **Seite 178**

! FrauenMediaTurm
Den einst mächtigen Befestigungsturm haben die Frauen im Sturm genommen. Heute beherbergt er das Feministische Archiv und Dokumentationszentrum.
► **Seite 181**

! Audioführung mit dem iPod
Auf der Website des Museums Ludwig stehen Dateien als kostenlose Downloads zur Verfügung für Audioführungen mit dem eigenen MP3-Player oder iPod.
► **Seite 190**

! Zu Gast beim Köbes
Ein Besuch in der »Malzmühle« lohnt nicht nur wegen der leckeren Speisen und Getränke. ► **Seite 198**

! Schlosskonzerte
Klassik im Rokoko-Ambiente auf Schloss Augustusburg. ► **Seite 216**

! Romanische Nacht
Leider nur einmal im Jahr kann man in der Basilika St. Maria im Kapitol bis in die frühen Morgenstunden alter und neuer Kirchenmusik lauschen. ► **Seite 242**

! Günstig in den Zoo
Lust auf einen Besuch bei Tigern und Löwen? Wie sie günstiger zum Beobachten der Tierwelt kommen, verraten wir auf
► **Seite 265**

Ein Besuch im Zoo ...
... erfreut nicht nur Kinder.

»Henkelmännchen« ...
... heißt die Lanxess Arena bei den Kölnern. Ihren Namen verdankt Deutschlands größte Veranstaltungshalle dem 76 m hohen Stahlbogen, der sie überspannt.

HINTERGRUND

12 Erlebnisstadt am Rhein
16 Fakten
17 Bevölkerung · Verwaltung · Wirtschaft
20 *Special: Op Kölsch jeschwad*
24 Stadtgeschichte
25 Vorgeschichte · Römische Zeit · Frankenherrschaft
26 Herrschaft der Erzbischöfe
29 Franzosenherrschaft · Preußenzeit
31 20. und 21. Jahrhundert
36 Kunst und Kultur
37 Kunst- und Architekturgeschichte
40 *Special: Zwölf Schätze der Romanik*
50 *Special: Übern Rhein*
58 Musikstadt Köln
62 Berühmte Persönlichkeiten

Julia Agrippina
Der Ehefrau des römischen Kaisers Claudius verdankt Köln seinen Namen.

PRAKTISCHE INFORMATIONEN

72 Anreise
73 Ausgehen
80 Auskunft
80 Mit Behinderung unterwegs
81 Essen und Trinken
89 Feste und Events
93 Fundbüros
93 Geld
93 Mit Kindern in Köln
96 Literaturempfehlungen
97 Medien
97 Museen und Ausstellungen
100 Musik · Konzerte
102 Notdienste
103 Preise · Vergünstigungen
103 Reisezeit
103 Shopping
104 *Special: Kölner Duft – »4711«*
110 Stadtführungen · Sightseeing

113 Theater
114 Übernachten
118 Urlaub aktiv
122 Verkehr

TOUREN

129 Unterwegs in Köln
130 Tour 1: Köln auf den ersten Blick
132 Tour 2: Kunst, Geschichte und Einkaufsbummel
134 Tour 3: Vom Dom zum Rheinauhafen

SEHENSWERTES VON A BIS Z

140 Altenberg
142 Altstadt · Martinsviertel
147 Belgisches Viertel
148 Brauweiler
149 Deutz
156 Dom · St. Peter und Maria
160 *3 D: Kölner Dom*
165 Eigelsteinviertel
167 EL-DE-Haus · NS-Dokumentationszentrum
167 Flora · Botanischer Garten
169 Groß St. Martin
170 Grüngürtel
172 Hauptbahnhof
172 Hohe Straße · Schildergasse
174 Kolumba · Kunstmuseum des Erzbistums Köln
176 Lindenthal
178 MediaPark · Hansaring
180 Mittelalterliche Stadtmauer · Ringstraße
183 Mülheim
185 Museum für Angewandte Kunst

Kölsch …
… darf nur in Köln und Umgebung gebraut werden.

Preiskategorien

Hotels
Luxus: ab 150 €
Komfortabel: 90 – 150 €
Günstig: bis 90 €
Für eine Übernachtung von 2 Pers. im DZ

Restaurants
Fein & teuer: ab 20 €
Erschwinglich: 12 – 20 €
Preiswert: bis 12 €
Für ein Hauptgericht

Stadtgarten
Im Biergarten gibt's zum Kölsch manchmal ein Jazzkonzert.
▸ **Seite 227**

187 Museum für Ostasiatische Kunst
189 Museum Ludwig
191 Museum Schnütgen
194 Neumarkt
196 Opern- und Schauspielhaus · 4711-Haus
197 Overstolzenhaus
198 Praetorium · Archäologische Zone
200 *Special: Jüdisches Leben in Köln*
202 Rathaus
206 Rautenstrauch-Joest-Museum
208 Rheinuferpromenade
209 Rodenkirchen
210 Römische Grabkammer
211 Römische Stadtmauer
213 Römisch-Germanisches Museum
215 Schloss Augustusburg
217 Schokoladenmuseum · Rheinauhafen
222 Severinsviertel · Südstadt
224 *Special: Kölle Alaaf!*
227 Stadtgarten · Neu St. Alban
228 St. Andreas
231 St. Aposteln
233 St. Engelbert
233 St. Georg
234 St. Gereon
238 St. Kunibert
239 St. Maria im Kapitol
240 *3 D: St. Maria im Kapitol*
243 St. Maria Lyskirchen
245 St. Pantaleon
247 St. Ursula
248 *Special: Eine Königstochter auf großer Pilgerfahrt*
251 Synagoge
252 Universität
253 Wallraf-Richartz-Museum · Fondation Corboud
257 Zeughaus · Kölnisches Stadtmuseum
261 Zons
263 Zoo · Aquarium
265 Zülpicher Straße · Kwartier Lateng

266 Register
271 Verzeichnis der Karten und grafischen Darstellungen
272 Bildnachweis
273 Impressum · atmosfair

Dom
Kölns Wahrzeichen erhebt sich über das blau leuchtende Zeltdach der »Pop-Kathedrale« Musical Dome.
▸ **Seite 156**

Hintergrund

DIE DOMSTADT ZEIGT SICH IHREN BESUCHERN ALS EINE DER LEBENDIGSTEN METROPOLEN DES LANDES MIT RHEINISCHER LEBENSFREUDE, EINER INNOVATIVEN KUNST- UND KULTURSZENE, BEDEUTENDEN MUSEEN UND EINDRUCKSVOLLEN MITTELALTERLICHEN UND MODERNEN BAUWERKEN.

ERLEBNISSTADT AM RHEIN

Köln ist eine der lebendigsten Metropolen Deutschlands. Mit ihren beeindruckenden Bauwerken und Museen, ihren Einkaufsmöglichkeiten, ihren Kultur-, Sport- und Freizeitangeboten zieht die Dom-, Erzbischofs-, Universitäts-, Medien-, Messe- und Karnevalsstadt am Rhein alljährlich Millionen von Besuchern an.

Die viertgrößte und älteste Großstadt Deutschlands blickt auf eine 2000-jährige Geschichte zurück, deren Spuren überall sichtbar sind. Weltberühmt ist das Rheinpanorama der Altstadt, das sich einem bietet, wenn man mit dem Zug über die Hohenzollernbrücke oder mit dem Auto über die Deutzer Brücke in die Stadt hineinfährt. Hoch ragen die zwei Westtürme des majestätischen Doms, des Wahrzeichens von Köln, in den Himmel. Gleich daneben macht ihm Groß St. Martin mit seinem gewaltigen Vierungsturm Konkurrenz, eine der zwölf prachtvollen romanischen Kirchen der Stadt. Noch etwas weiter südlich sieht man den Turm des Rathauses, an dessen Fassade über hundert steinerne Skulpturen von Persönlichkeiten angebracht sind, die die Geschicke und Geschichte der Stadt mitgeprägt haben.

Showbühne
Skater zeigen auf der Domplatte ihre artistischen Kunststücke.

Typisch Kölsch

Der Charme der Altstadt mit ihren prächtigen Bauwerken bezaubert jeden Besucher. Einen Bummel entlang der Rheinuferpromenade und durch die kopfsteingepflasterten Gassen der Altstadt sollte man sich jedenfalls nicht entgehen lassen. Vorbei an urigen Lokalen und kleinen Läden, landet man dann vorzugsweise in einer der traditionellen kölschen Wirtschaften – den Brauhäusern –, in denen der »Köbes« das Kölsch in »Stangen« austeilt und der Fremde nicht lange fremd bleibt. Spätestens nach diesem Besuch begreift man, warum Bier, Sprache und Lebensart in dieser Stadt denselben Namen tragen – eben Kölsch.

Dann geht's auf Besichtigungstour durch berühmte Museen wie das Schokoladenmuseum oder das Museum Ludwig und durch international renommierte Galerien, zum Einkaufsbummel auf den diversen Shoppingmeilen oder man beobachtet einfach nur das Treiben in den Kölner »Veedeln« (Vierteln), bis man sich aufmacht, um die

Karneval
Kein Kölner, der etwas auf sich hält, lässt sich den Rosenmontagszug entgehen.

Martinsviertel
Im Schatten von Groß St. Martin: Kaffee und Kölsch auf dem Fischmarkt

Schildergasse
Der Einkaufstrubel in Kölns Shoppingmeile Nummer eins lässt auch am Abend nicht nach.

Rheinfahrt
Entspannender Schiffsausflug nach Rodenkirchen im Süden der Stadt

Römische Vergangenheit
Das Poblicius-Grabmal im Römisch-Germanischen Museum ist eines der berühmtesten Relikte des antiken Köln.

Nightlife
Bars, Clubs und Diskos garantieren den Kölner Nachtschwärmern jede Menge Partyspaß.

Reste römischer und mittelalterlicher Baukunst zu entdecken. Und das »Abendprogramm«, das die weltoffene Stadt bietet, ist so vielfältig, dass es jegliche Erwartungen erfüllt.

Metropole der Superlative

Doch Köln ist nicht nur eine sehenswerte, facetten- und erlebnisreiche Stadt. Die Metropole am Rhein ist auch ein wichtiges Wirtschafts- und Wissenschaftszentrum.

Große Konzerne unterhalten im Kölner Raum ihre Zentralen oder regionale Niederlassungen, und als Messe- und Kongresszentrum – im Stadtteil Deutz befindet sich eines der weltgrößten Messegelände – steht die Stadt ganz oben. Auch ist Köln Sitz zahlreicher Fernseh- und Radiosender – darunter Europas umsatzstärkster Privatsender RTL und der größte öffentlich-rechtliche Sender, der WDR – und damit eine der wichtigsten deutschen Medienstädte. Die größte und zweitälteste Universität Deutschlands, eine große Fachhochschule und weitere Hochschulen wie die Kunsthochschule für Medien, die Musikhochschule und die Sporthochschule sind hier angesiedelt. Zahlreiche öffentliche Forschungseinrichtungen wie das Deutsche Zentrum für Luft- und Raumfahrt ergänzen das gebotene Spektrum an Wissenschaft und Forschung.

Strandfeeling *im Beach-Club auf den Rheinterrassen*

Köln ist zudem einer der wichtigsten Verkehrsknotenpunkte Westeuropas: Mit fünf Rheinhäfen verfügt die Stadt über den zweitgrößten Binnenhafen Deutschlands; mit insgesamt neun Autobahnen, die aus allen Himmelsrichtungen auf Köln zuführen und in einen die Stadt umschließenden Autobahnring münden, sowie mit acht Rheinbrücken ist die Stadt verkehrstechnisch bestens ausgestattet. Mit der Bahn bestehen Verbindungen in alle großen europäischen Städte und Ballungsräume. Etwa 1300 Züge fahren jeden Tag in den Hauptbahnhof ein, der damit den verkehrsreichsten Eisenbahnknotenpunkt Deutschlands bildet. Und dank der beiden Hochgeschwindigkeitsstrecken nach Frankfurt am Main und nach Paris steht die Stadt im Zentrum des europäischen Hochgeschwindigkeitsnetzes.

Der internationale Flughafen Köln-Bonn schließlich – mit seinem Luftfrachtaufkommen der zweitgrößte deutsche Airport – hat in den letzten Jahren kontinuierlich sein Streckenangebot für Urlaubs- und Charterflüge ausgeweitet.

Fakten

Bereits in der Antike und mehr noch im Hochmittelalter war Köln das bedeutendste Handelszentrum am Rhein. Heute besitzt die Stadt eines der größten Messegelände der Welt und hat sich – fast wie nebenbei – zu einer europäischen Medienhochburg entwickelt.

Bevölkerung · Verwaltung · Wirtschaft

Bevölkerung

Bevölkerungsentwicklung

Bereits das römische Köln, um 50 n. Chr. erhielt es Stadtrecht, hatte mindestens 20 000, nach manchen Schätzungen rund 40 000 Einwohner. In der folgenden Zeit war die Einwohnerzahl zunächst rückläufig, wuchs aber gegen Ende des 1. Jahrtausends mit Kölns Aufstieg zum Erzbistum und zur Wirtschaftsmetropole wieder an. Im Spätmittelalter (13./14. Jh.) soll Köln an die 50 000 Einwohner gehabt haben. 1794, zu Beginn der französischen Herrschaft, wurden 44 500 Menschen gezählt.

Das Industriezeitalter brachte eine explosionsartige Bevölkerungszunahme: von 1820 bis 1910 verzehnfachte sich die Zahl der Einwohner auf etwas mehr als eine halbe Million. Bei Ausbruch des Zweiten Weltkriegs waren es genau 768 352 Einwohner – gegen Ende des Krieges weniger als 40 000! Über 80 % aller Wohnungen waren mehr oder minder zerstört, in der Innenstadt waren über 90 % aller Häuser total vernichtet. Bereits 1946 lebten in Köln aber schon wieder eine knappe halbe Million Menschen. Diese Zahl stieg durch die Jahrzehnte auf heute 1,03 Mio. an.

? WUSSTEN SIE SCHON ...?

- ... dass in Köln, das immer als erzkatholisch apostrophiert wird, weniger als 40 % der Einwohner Katholiken sind?

Für Vitalität und Wachstum auch in der Zukunft sind die Aussichten gut. Durch Zuzug, vor allem von jungen Menschen, die in Köln studieren und anschließend in der Stadt bleiben, und durch eine für Deutschland relativ hohe Geburtsrate, ist für die kommenden Jahrzehnte mit einer Steigerung der Bevölkerungszahl zu rechnen. 40 der Einwohner sind in Köln geboren, gut ein Drittel hat einen Migrationshintergrund. 2011 hatten 17 % keinen deutschen Pass. Menschen aus 181 Ländern sind vertreten, wobei die größte Ausländergruppe aus der Türkei (ca. 60 000) kommt, gefolgt von Italien (18 000).

Verwaltung

Verwaltung

Schon im 12. Jh. erstritten sich die Kölner Bürger eine beschränkte Mitverwaltung durch das so genannte Schöffenkolleg. Doch das entscheidende Jahr war 1396: Damals trat der »Verbundbrief« in Kraft, durch den die in »Gaffeln« (Handwerkerorganisationen ähnlich den

← *Traditionelle Brauhäuser wie die »Brauerei Pfaffen« am Heumarkt sind Sinnbilder für die Stadt – und für die Mentalität ihrer Bewohner.*

Zahlen und Fakten Köln

Lage

- Kölner Bucht (Niederrheinisches Tiefland)
- 50° 56' nördliche Breite, 6° 57' östliche Länge
- Höhe: 56 m ü. d. M.

Fläche und Ausdehnung

- Fläche des Stadtgebiets: 405 km²
- Umfang des Stadtgebiets: 130 km
- Ausdehnung Ost-West: 27,6 km
  Ausdehnung Nord-Süd: 28,1 km
- Höchste Gebäude:
  – Fernsehturm Colonius (243 m)
  – Dom (157 m)
  – KölnTurm im MediaPark (148 m)

Bevölkerung

- Einwohnerzahl: 1,03 Mio.
- Bevölkerungsdichte: 2543 Einw./km²
- Kölner mit ausländischem Pass: 175 500 (17 %)

Verwaltung

- Bundesland: Nordrhein-Westfalen
- Status: Kreisfreie Stadt
- Stadtoberhaupt: Oberbürgermeister Jürgen Roters (SPD; seit 2009)
- 9 Stadtbezirke: Chorweiler, Ehrenfeld, Innenstadt, Kalk, Lindenthal, Mülheim, Nippes, Porz, Rodenkirchen
- 86 Stadtteile
- Stadtwappen: Die drei Kronen im Brustschild stehen für die Heiligen Drei Könige, deren (mutmaßliche) Gebeine 1164 aus Italien nach Köln gebracht wurden. Die elf Flammen darunter erinnern an die Legende der heiligen Ursula mit ihren elf(tausend) Jungfrauen, die vor den Toren Kölns von Hunnen ermordet worden sein sollen.

Wirtschaft

- Anzahl der Beschäftigten: 463 000
- Beschäftigtenstruktur:
  – 83 % Dienstleistungen, Handel, Finanzen
  – 17 % Industrie und Bau
- Arbeitslosenquote: 9,5 % (2010)

Tourismus

- jährlich ca. 2,5 Mio. Besucher

Zünften) vereinten Bürger in den Rat kamen und damit Teil der Stadtverwaltung wurden. Was sich heute so unspektakulär liest, war damals eine Sensation: In Köln war die **erste demokratische Stadtverfassung** Europas nördlich der Alpen geschaffen worden, die 400 Jahre Bestand haben sollte. Die Verwaltungsstruktur änderte sich unter französischer Herrschaft 1794, dann 1856 unter den Preußen und 1933 unter den Nationalsozialisten.

Die 1946 nach britischem Vorbild geformte und bis heute gültige Stadtverfassung ist geteilt in den Rat (beschließender Teil) und die Verwaltung (ausführender Teil). Vorsitzender des Rates und Leiter der Verwaltung ist der gewählte Oberbürgermeister, 7 Dezernenten leiten die einzelnen Bereiche. Der Rat besteht aus 90 von der Bürgerschaft gewählten Bürgerschaftsvertretern. Vier weitere Bürgermeisterinnen und Bürgermeister fungieren als Stellvertreter des Oberbürgermeisters.

Wirtschaft

Geschichte

Hinsichtlich Handel und Industrie erlangte Köln früh Weltgeltung, wozu nicht zuletzt die günstige Verkehrslage an der Kreuzung wichtiger Handelswege beitrug. Aus der Notwendigkeit, in Köln die auf dem Rhein transportierten Waren umzuladen, entstanden große Märkte; Kaufleute siedelten sich an. Das **Stapelrecht von 1259** legte fest, dass alle Schiffe ihre Waren in Köln drei Tage lang zum Verkauf anbieten mussten. So war Kölns Handel im Mittelalter bald der vielseitigste und weitreichendste Deutschlands. Die wirtschaftliche Kraft Kölns trug auch wesentlich zu einer frühen politischen Unabhängigkeit bei. Ein neuerliches Aufblühen der Wirtschaft erfolgte ab dem 19. Jahrhundert vor allem in den Bereichen Landwirtschaft, Bergbau und Maschinenbau.

Industrie

Die wichtigsten Industriebranchen sind heute die chemische und pharmazeutische Industrie, die Automobilindustrie, darunter die Ford-Werke als größter nicht-öffentlicher Arbeitgeber, der Maschinenbau, z. B. mit der Deutz AG – in Köln wurde 1876 der erste Viertaktmotor, der Ottomotor, gebaut –, die Elektrotechnik sowie die Mineralölverarbeitung. Zu den neuen Wachstumsbereichen gehört die Biotechnologie. Die neue Microsoft-Niederlassung für Nordrhein-Westfalen im sanierten Rheinauhafen führt zur Ansiedlung von Partnerfirmen aus der IT-Branche. Darüber hinaus ist Köln das bedeutendste Einkaufszentrum für ein weites Umland.

Banken und Versicherungen

Seit dem Mittelalter ist Köln eines der wichtigsten Zentren Deutschlands für Bankgeschäfte aller Art. Bezeichnenderweise entstand in Köln 1848 die erste Aktienemissionsbank Deutschlands. Die Bankhäuser und die ebenfalls stark vertretenen Versicherungsgesellschaften konzentrieren sich in der Innenstadt um die Straße Unter Sachsenhausen und am Ring.

Messen

Köln ist einer der ersten Messeplätze der Welt (►S. 151) mit rund 70 internationalen Fachmessen und Ausstellungen, u. a. der »Anuga« – der wichtigsten Fachmesse der »Food & Beverage-Welt« –, der **»Art Cologne«**, der »Orgatec« – einer weltweit führenden Büro-Fachmesse –, der »photokina« und der Möbelmesse »imm cologne«. Insgesamt locken jährlich 42 000 Aussteller aus rund 220 Staaten über 2,5 Millionen Besucher in die Messehallen. Daneben werden von der Messegesellschaft pro Jahr außer zahlreichen Sonderausstellungen noch ca. 2000 Kongresse und Events veranstaltet.

◄ weiter auf S. 23

Kölner Gemütlichkeit im Brauhaus-Biergarten

OP KÖLSCH JESCHWAD

Kölsch ist in Köln so manches: Zum einen alles, was typisch kölsch ist, beispielsweise der kölsche Klüngel, jene altbewährte und traditionsreiche Kölner »Beziehungswirtschaft«. Kölsch ist auch das obergärige, nur in Köln gebraute Bier, das vom Köbes in Stangen ausgeschenkt wird. Und schließlich ist Kölsch auch die Mundart, die in Köln gesprochen und gepflegt wird – vor dem Zweiten Weltkrieg noch viel mehr als heute.

Damals wusste noch jedes kölsche Kind, was es nach den folgenden Worten zu tun hatte: »Kumm ens her, Schängelche (komm einmal her, kleiner Jean), jehste ens flöck (flott) för mich enkaufe, brengste Pund Öllich (Zwiebeln) met, un pass jot op et Jeld op.«

Merkwürdiges Deutsch

Wurde den Kleinen in der Schule dagegen beispielsweise Folgendes vorgelesen: »Bunt sind schon die Wälder, gelb die Stoppelfelder, und der Herbst beginnt« – dann sahen sich die kölsche Pänz (Kinder) zuerst ratlos an, bevor sie über das merkwürdige Deutsch zu lachen begannen.

Natürlich beherrschten die Lehrerinnen und Lehrer auch das Kölsche, aber sie mussten ja den Kindern Hochdeutsch beibringen – und hatten damit ihre liebe Mühe.

Schließlich hat auch der einstige Kölner Oberbürgermeister und nachmalige Bundeskanzler **Konrad Adenauer** bis zu seinem seligen Ende kein Hochdeutsch gesprochen. Und so wird auch heute noch in den alten Kölner Vierteln viel und mit Vergnügen »op Kölsch jeschwad«.

Der Kölner an sich

Da im Dialekt immer auch Lebensart und Denkweise der Menschen zum Ausdruck kommen, die sich dieses Idioms bedienen, sollen einige Kostproben der kölschen Mundart zur Erhellung der kölschen Mentalität dienen:

Dass Genauigkeit und Pünktlichkeit nicht immer die Stärken der Kölner sind, drückt sich in der beliebten Redewendung aus: »Küste hück nit, küste morje.« (»Kommst du heute nicht, kommst du eben morgen.«) Man sagt den Kölnern auch nach, dass sie lebensfroh und zuversichtlich sind, denn **»et es wie et es«** und »et hätt noch immer jot jejange«.

Jeder Jeck is anders

Vor allem eine gute Eigenschaft haben die Kölner: Sie sind – normalerweise – nicht fremden- oder ausländerfeindlich. Köln war seit jeher eine Handels- und Durchgangsstadt, und die Kaufleute wussten: Versteift man sich immer nur auf die eigene Art und geht nicht auf die Fremden ein, wird aus dem Handel meist nichts. In Köln lässt man deshalb die Menschen so sein, wie sie sind, denn »jeder Jeck is anders«.

Schlicht und einfach

In Köln schätzt man die einfache Art, den schlichten Ausdruck. Übertriebene Förmlichkeit oder »Auf-vornehm-machen« können die Kölner nicht ausstehen. Sie haben deshalb das spanische »besamanos« bzw. das französische »baisemains« (Handkuss) zu **»Baselemanes«** verballhornt. Und da der Handkuss für die Kölner ein Signalwort für all das ist, was ihnen zuwider ist, bedeutet dieser Begriff in der Domstadt etwas ganz anderes: »Mach nit esu nen Baselemanes!« heißt dann auch so viel wie: »Mach nicht so ein Getue!« oder »Stell dich nicht so an!«

Kölsche Sprache

Sprachgeschichtlich reicht die Kölner Mundart bis ins 12. Jahrhundert zurück, und bis in das 16. Jahrhundert hinein war das Altkölnische sogar Schriftsprache.

Im Kölschen gibt es bei der Beugung von Substantiven keinen Genitiv, er wird ersatzweise mit dem Dativ umschrieben. »Der Hut meines Vaters« heißt in Köln deshalb »mingem Vatter singen Hot«.

Auch folgt dem Komparativ nicht »als«, sondern »wie«: »De Metzjersfrau es noch decker wie ehre Mann.« Nun mag so mancher denken: Kölsch, das sind ja nur ein paar Lautver-

Straßencafé im Schatten des Ostermannbrunnens, der an den Verfasser zahlreicher Karnevalslieder erinnert.

schiebungen – beispielsweise »g« zu »j« (»jute Jabe Jottes«) –, ansonsten ist das bloß ein Hochdeutsch-Verschnitt, ein grammatikarmer Primitivjargon.
Doch weit gefehlt! Das Kölsche hat Ausdrucksmöglichkeiten, die dem Hochdeutschen nicht zur Verfügung stehen, beispielsweise die Verlaufsform, die es zwar z. B. im Englischen, nicht aber im Deutschen gibt: »Ich ben mich am ömtrecke.« (»Ich bin gerade dabei, mich umzuziehen.«)
Im Kölschen gibt es wie in jedem Dialekt Besonderheiten, Wörter und Wendungen, in denen sich die Mentalität der Menschen dieses Sprachraums ausdrückt.
Ein Beispiel: Ein nichteheliches Kind ist in Köln **»e Malörche«**. Während in dem hochdeutschen Begriff Ausgrenzung mitschwingt, wird die Welt beim »Malörche« – vom französischen »malheur« (Pech, Missgeschick) – genommen, wie sie ist. »Malörche« heißt: »Do kann doch dat Kind nix för!« Und so wurde und wird es in Köln zumeist auch behandelt.

Geliebtes Köln

Die Kölner lieben ihre Stadt heiß und innig. Manche »kummen üvverhaup nit en de Jäng« an Tagen, an denen sie den Dom noch nicht gesehen haben. Und je weiter sie von Köln fort sind, desto mehr plagt sie die Sehnsucht nach der Heimat. **Willi Ostermann** hat das in seinem schönsten und letzten, im Juli 1936 geschriebenen Lied »Heimweh nach Köln« in Wort und Melodie gesetzt: »Wenn ich su an ming Heimat denke und sin d'r Dom su vör mir ston, mööch ich direk op heim an schwenke, ich mööch zo Foß noh Kölle jon.«
Den Nationalsozialisten war dieses Lied ein Dorn im Auge, weil es im Zweiten Weltkrieg bei den Soldaten und evakuierten Rheinländern Sehnsucht nach ihrer Heimat weckte. Im Herbst 1944 wurde das Lied verboten, weil es »die Kampfmoral der Truppe untergrabe«. Geschrieben und vertont wurde es als Karnevalslied. In Köln ist es zu einer Hymne geworden.

Medienstadt Köln

Köln nennt sich zu Recht Medienstadt und **TV-Hauptstadt Deutschlands**. Produzenten aller Medienbereiche – Fernsehstudios, Zeitungs- und Zeitschriftenverlage, Buchverlage, E-Commerce-Anbieter und Multimedia-Agenturen – haben hier ihren Sitz. In keiner anderen Stadt Deutschlands haben sich mehr Fernseh- und Rundfunksender angesiedelt als in Köln; rund 60 Verlage und zahlreiche Zeitungs- und Zeitschriftenhäuser bringen in der Domstadt ihre Druckerzeugnisse heraus. In ihrem Umfeld hat sich eine große mittelständische Medienindustrie herausgebildet. Auch hat sich in Köln die bundesweit einzige Kunsthochschule für audiovisuelle Medien niedergelassen; ihr folgten Hunderte von Journalisten, Filmproduzenten, Fernsehstudios, Pressedienste und viele weitere Zuarbeiter, Zulieferer und Managementbetriebe. Heute ist etwa jeder zehnte Arbeitnehmer in Köln in der Medien- und Kommunikationswirtschaft beschäftigt; damit steht die Stadt im bundesdeutschen Vergleich einsam an der Spitze. Und mit dem **MediaPark** und dem **Rheinauhafen** wurden in bester Innenstadtlage weitere riesige Foren für Information und Kommunikation geschaffen.

? WUSSTEN SIE SCHON ...?

- ... dass ein Drittel aller deutschen Fernsehproduktionen in Köln entsteht? Und dass man in einigen Studios nach Drehschluss Fernsehluft schnuppern darf? (Anmeldung beim WDR-Besucherservice, Tel. 0221 / 220 67 44)

◄ Fernsehen

Die Rundfunk- und Fernsehbranche ist der Elefant unter den Kölner Medienbetrieben. Der **Westdeutsche Rundfunk (WDR)** ist heute die größte öffentlich-rechtliche Sendeanstalt für Hörfunk und Fernsehen in Europa. Bereits 1952 ging der WDR, damals noch Nordwestdeutscher Rundfunk Köln genannt, erstmals auf Sendung. Schon seit über 20 Jahren produziert er in Köln-Bocklemünd mit großem Erfolg die Endlos-Serie »Lindenstraße«.

Der zweite Mediengigant der Domstadt ist **RTL**, der umsatzstärkste private Fernsehsender Europas. RTL sendet seit 1984 von Köln aus und zog 2010 in die denkmalgeschützten Rheinhallen in Köln-Deutz um. Mit der Bindung des größten deutschen Privatsenders an die Stadt ist zugleich auch die Zukunft des Medienstandortes Köln gesichert. Ebenfalls aus Köln senden auch **Super RTL**, an dem die Walt Disney Company maßgeblich beteiligt ist, **VOX** und der Nachrichtensender **n-tv**.

Stadtgeschichte

In seinem Stadtbild spiegelt sich die 2000-jährige Geschichte Kölns. An die Stadterhebung 50 n. Chr. erinnert das Praetorium, der Palast des römischen Statthalters, direkt unter dem heutigen Rathaus, prächtige romanische Kirchen und der alles überragende Dom an die mittelalterliche »heilige Stadt«. Und mit MediaPark und Rheinauhafen zeigt sich Köln als moderne Metropole am Rhein.

Vorgeschichte · Römische Zeit · Frankenherrschaft

100 000 v. Chr.	Erste Besiedlung des heutigen Stadtgebiets
50 n. Chr.	Die Siedlung »Colonia Claudia Ara Agrippinensium« erhält römisches Stadtrecht.
5. Jh.	Die Stadt gerät in die Hand der Franken.

Erste Besiedelung

Im Gebiet des heutigen Köln und in der Kölner Bucht, dem Raum zwischen dem Vorgebirge und dem Bergischen Land, haben auch in vorgeschichtlicher Zeit Menschen gelebt. Erste Siedlungsspuren stammen aus der **Altsteinzeit** und sind ca. 100 000 Jahre alt. Doch man spricht üblicherweise »nur« von der 2000-jährigen Geschichte der Stadt Köln, die kurz vor dem Anfang unserer Zeitrechnung mit den Römern beginnt.

Ansiedlung von Ubiern durch die Römer

Um 50 v. Chr. erobern die Römer unter **Gajus Julius Cäsar** Gallien. Cäsar vernichtet die Eburonen, die zwischen Rhein und Maas ansässig sind. Unter dem römischen Feldherrn Agrippa siedeln sich dort Ubier an. Der Mittelpunkt ihrer Siedlung, das spätere Köln, erhält den Namen »Oppidum Ubiorum«. Im Jahr 50 n. Chr. setzt die in Köln geborene **Agrippina**, Gattin des Kaisers Claudius und Mutter des nachmaligen Kaisers Nero, durch, dass ihrer Heimatstadt das römische Stadtrecht verliehen wird. Die Stadt erhält den Namen **Colonia Claudia Ara Agrippinensium** (Stadt römischen Rechts, gegründet zur Zeit des Claudius, mit Altar des Kaiserkults, durch Agrippina). Aus Colonia wird Jahrhunderte später Cöln und schließlich Köln. Wenige Jahre danach erhält die Stadt, damals rund 1 km² umfassend, ihre erste Stadtmauer, von der noch einige Teile erhalten sind. Um das Jahr 90 wird Köln **Hauptstadt der Provinz Niedergermanien**.
Mit den römischen Legionären und Kaufleuten kommt auch das **Christentum** nach Köln, spielt aber zunächst neben der Verehrung der römischen Götter nur eine bescheidene Rolle und wird zeitweise auch blutig bekämpft. Die erste Erwähnung eines Bischofs von Köln, Maternus, stammt aus dem Jahr 313. Ab dem 3. Jh. dringen die Franken über den Rhein bis nach Gallien vor. Im Jahr 310 lässt der römische Kaiser **Konstantin** in Köln die erste feste Brücke über den Rhein bauen und zum Schutz der Stadt rechtsrheinisch das Kastell Divitia, Ursprung des heutigen Köln-Deutz, errichten.

Franken in Köln

Auf die Dauer kann das römische Imperium die Rheingrenze gegen die andrängenden Franken nicht halten. Im 4. Jh. besetzen die Ger-

← Detail des Dreikönigenschreins mit den Reliquien der Heiligen Drei Könige, für die der Dom als »steinernes Reliquiar« errichtet wurde.

manen – zunächst nur vorübergehend – Köln. In der ersten Hälfte des 5. Jhs. gelangt die Stadt endgültig in die Hand der Franken. Im 5. Jh. avanciert die Stadt zum Sitz der fränkischen Kleinkönige und Statthalter; der römische Vorgängerbau von St. Gereon dient als Hofkirche und Begräbnisstätte des fränkischen Adels. Anfang des 6. Jhs. werden die heidnischen Franken unter **Chlodwig I.** christianisiert. Durch Bruderkriege im merowingischen Königshaus kommen die karolingischen Hausmeier zu Einfluss und Macht. Der bedeutendste, **Karl der Große**, einigt das Frankenreich und wird im Jahre 800 in Rom zum Kaiser gekrönt. Da sein Herrschaftsgebiet von Bremen bis Lüttich reicht, genießt Köln eine günstige geografische Lage und kann sich zu einem geistigen und wirtschaftlichen Zentrum entwickeln. Im Jahr 787 setzt Karl der Große den Priester **Hildebold** als Bischof in Köln ein; 795 wird Hildebold Kölns erster Erzbischof. In den folgenden Jahrhunderten gehören die Kölner Erzbischöfe zu den wichtigsten Ratgebern der sächsischen, salischen und staufischen Herrscher.
Im Jahr 881 fallen die **Normannen** in Köln ein, plündern und zerstören die Stadt und ziehen sich mit reicher Beute wieder zurück.

Herrschaft der Erzbischöfe

1164	Die Reliquien der Heiligen Drei Könige gelangen nach Köln.
1248	Beginn des Dombaus
1259	Köln erhält das Stapelrecht.
1288	Schlacht bei Worringen
1396	Zünfte erringen die Stadtherrschaft.

10.–13. Jh. Mehr als 300 Jahre wird die Stadt von ihren Erzbischöfen beherrscht, die geistliche Oberhäupter und zugleich weltliche Herzöge sind. Gerichtsbarkeit, Marktrecht und Münzhoheit liegen in ihrer Hand, dafür müssen sie im Kriegsfall die vom Kaiser geforderten Soldaten stellen.
Im Jahr 1156 wird **Rainald von Dassel** von Kaiser **Friedrich I. Barbarossa** zum Kanzler ernannt, drei Jahre später wird Rainald zum Erzbischof von Köln gewählt. Der Kirchenfürst unterstützt mit seinen Truppen den Kaiser bei der Eroberung Mailands. Als Dank für seinen militärischen Einsatz erhält er von Friedrich Barbarossa ein überaus wertvolles Beutestück: die (angeblichen) Gebeine der Heiligen Drei Könige, die seit dem 4. Jh. in der Mailänder St. Eustorgiuskirche aufbewahrt werden. 1164 bringt Rainald die Reliquien – für die ab 1180 der kostbare Dreikönigenschrein angefertigt wird – nach Köln. 1248 legt Erzbischof **Konrad von Hochstaden** den Grundstein

Köln *Stadtentwicklung*

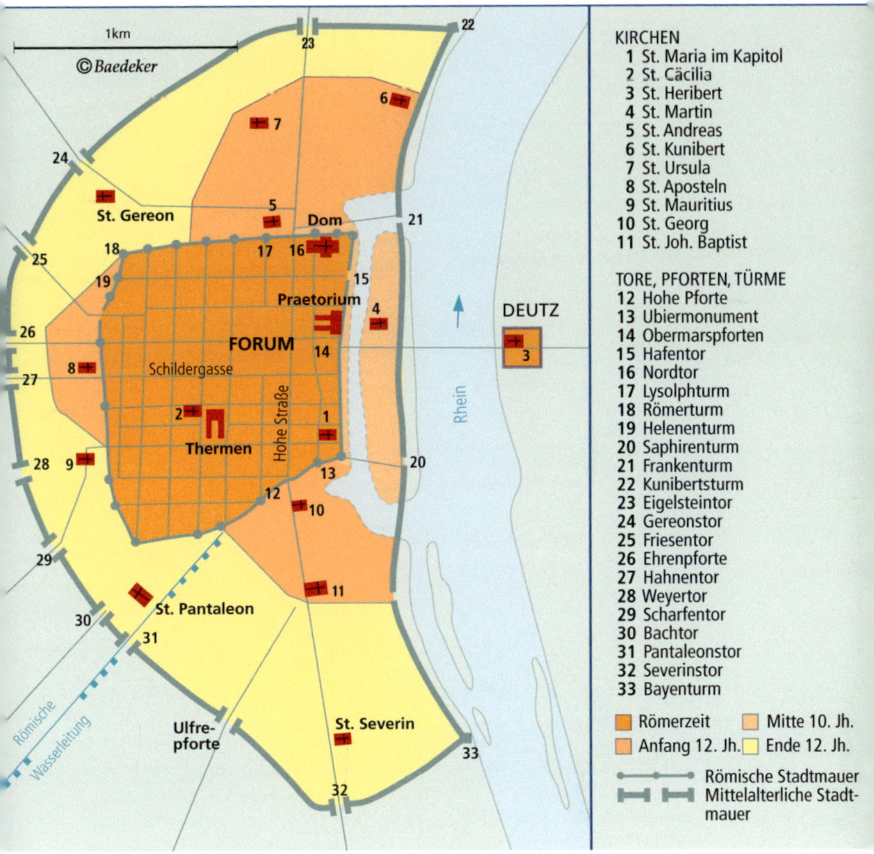

für den Dom, der – als »steinernes Reliquiar« für den Dreikönigenschrein – erst 1880 vollendet wird. In der Folge entwickelt sich Köln zum wichtigsten Wallfahrtsort nördlich der Alpen.

Im Jahr 1106 wird die Stadt im Norden, Süden und Westen über das Gebiet des römischen Kölns hinaus erweitert. Von 1180 bis 1240 bauen die Kölner eine weit ausgreifende, 7,5 km lange Befestigung, die das Stadtgebiet auf nunmehr 400 Hektar beinahe verdoppelt. Von der mittelalterlichen Stadtmauer sind noch einige Mauerreste und drei Tore (Eigelstein-, Hahnen- und Severinstor) erhalten, ebenso einige wenige Relikte der römischen Stadtbefestigung.

Im 12. und 13. Jahrhundert werden in der »heiligen Stadt« – der Titel »Sancta Colonia« wurde Köln im Jahr 1052 von **Papst Leo IX.** verliehen – zahlreiche Kirchen im romanischen Stil – mit Rundbögen

Der Holzschnitt von Anton Woensam zeigt das Kölner Rheinuferpanorama im Jahr 1531 mit Groß St. Martin und der Dom-Baustelle.

über den Fenstern und Pfeilern – gebaut. Zwölf dieser Sakralbauten, einmalig in Deutschland, prägen noch heute das Stadtbild (►Baedeker Special S. 40). Der erste große Kirchenbau in einem neuen Stil ist der Kölner Dom. Für ihn wird die aus Frankreich kommende gotische Bauweise übernommen – mit Spitzbögen und steil in den Himmel ragenden Pfeilern und Türmen.
1259 erhält Köln das **Stapelrecht**: Alle die Stadt erreichenden Waren müssen umgeladen und zum Kauf angeboten werden, was zu einem weiteren Aufblühen der Wirtschaft führt.

Ende der erzbischöflichen Herrschaft

Die selbstbewussten Kölner drängen die Macht der Erzbischöfe schrittweise zurück. Nach wechselhaftem Kriegsglück kommt es 1288 in der **Schlacht bei Worringen** zum Sieg über Erzbischof Siegfried von Westerburg. Köln wird praktisch zur Freien Reichsstadt, erhält diesen Status de jure aber erst 1475.
1348 bricht in Köln die Pest aus. Die Juden werden, wie in vielen anderen Städten und Regionen, verdächtigt, die Brunnen vergiftet zu haben. Im Pogrom der Bartholomäusnacht 1349 werden fast alle jüdische Bewohner getötet; von 1424 bis ins 19. Jh. hinein dürfen Juden die Stadt nicht mehr betreten (►Baedeker Special S. 200).
1388 wird die Universitätgegründet, die 1798 von der französischen Besatzung aufgelöst wird. Erst 1919 wird Köln unter Oberbürgermeister Konrad Adenauer wieder Universitätsstadt.
Auch in der **Hanse** spielt Köln eine gewichtige Rolle als Fernhandelszentrale. Vor allem mit England unterhalten die Kölner Kaufleute enge Handelsbeziehungen und gründen dort eine eigene Niederlassung, die Guildhall in London. Noch heute zeigt die Kölner Fahne die Farben der Hanse, Rot und Weiß.

Wichtig und mächtig werden Ende des 14. Jhs. die gegen den Stadtadel, die Patrizierfamilien, antretenden Handwerkerzünfte, die sich zu sog. **Gaffeln** zusammenschließen. Im 1396 verabschiedeten Verbundbrief beschließen die Zünfte eine neue (frühdemokratische) Stadtverfassung; nun werden die Ratsherren aus den Reihen der 22 Gaffeln gewählt. Die Handwerkerverbände existieren vom 12. bis zum Ende des 18. Jhs., 1796 werden sie aufgelöst. Die französischen Besatzer ersetzen, nach den Prinzipien der Revolution von 1789, den alten Zunftzwang durch die Gewerbefreiheit, an der jetzt auch die Protestanten teilhaben, die sich zuvor nur außerhalb der Stadtmauern hatten ansiedeln dürfen.

◄ Zünfte erringen die Stadtherrschaft

Reformation und Dreißigjähriger Krieg

Martin Luther und seine Lehre finden zunächst auch in Köln einige Anhänger, werden aber in der Gegenreformation energisch bekämpft. »Ketzer« werden auf dem Scheiterhaufen hingerichtet, auch die Schriften Luthers werden 1520 öffentlich verbrannt. Unmittelbar nach der Gründung des Jesuitenordens im Jahr 1534 wird Köln einer ihrer Stützpunkte.

1520: Luthers Schriften werden verbrannt

Im Dreißigjährigen Krieg (1618 – 1648) erklärt sich die Freie Reichsstadt Köln – im Gegensatz zu ihrem Erzbischof **Ferdinand von Bayern** – für neutral und entgeht damit weitgehend den Schrecken und Verwüstungen dieses Krieges. Doch Wirtschaft und Handel gehen drastisch zurück, und das damals noch selbstständige Deutz wird von schwedischen Truppen erobert. Die Zeit nach dem Krieg und das 18. Jh. sind in Köln eine Periode wirtschaftlicher und kultureller Stagnation.

Franzosenherrschaft · Preußenzeit

1794	Französische Truppen besetzen Köln.
1815	Köln gerät unter preußische Herrschaft.
1880	Der Dom wird vollendet.
1881	Schleifung der Stadtmauer

Im Jahr 1794, wenige Jahre nach der Revolution von 1789, besetzen französische Truppen Köln. Die feierlich verkündeten Ideale von Freiheit, Gleichheit und Brüderlichkeit finden zunächst auch unter den Kölner Bürgern Anklang. Doch die Revolutionsbegeisterung schwindet bald, als der Stadt hohe »Kontributionen« von den Besatzern auferlegt und die Bewohner Einquartierungen und Beschlagnahmungen hinnehmen müssen.

Franzosen besetzen Köln

Aber die Stadt wird unter dem französischen Regiment auch moderner: 1797 erhalten die Protestanten das Bürgerrecht, wenige Jahre später auch das Recht der freien Religionsausübung, nachdem 1798 der kirchliche und klösterliche Besitz säkularisiert wurde.
Die Franzosen kümmern sich auch um Straßenbeleuchtung und -reinigung, alle Häuser werden durchgehend nummeriert (daher der Name »4711« für den Parfümhersteller; ►Baedeker Special S. 104).
Der von **Napoleon** in Auftrag gegebene **Code civil** (Zivilgesetzbuch) wird auch im Rheinland eingeführt. In der folgenden Preußenzeit (ab 1815) ersetzt er sogar das veraltete Allgemeine Preußische Landrecht. Bis zum Inkrafttreten des Bürgerlichen Gesetzbuches am 1. Januar 1900 bleibt der Code civil im Rheinland geltendes Recht.

Preußen veranlassen den Weiterbau des Doms

Im Jahr 1815 wird Köln auf dem Wiener Kongress Preußen zugeschlagen, zunächst zum Missfallen der Kölner, denen das protestantische, noch überwiegend agrarische Preußen fremd ist. Sie fühlen sich mit ihrer modernen Wirtschaft, ihrem Wohlstand und ihrer Liberalität den aus dem Osten Deutschlands kommenden »Kommissköpfen« geistig und materiell überlegen. Etwas versöhnt werden sie durch **Friedrich Wilhelm IV.**, der 1842 den Weiterbau des Kölner Domes anordnet; 1880 ist die Kathedrale fertiggestellt.
Am 1. Januar 1842 erschien in Köln erstmals die oppositionelle »Rheinische Zeitung«. Doch bereits im März 1843 fiel das radikaldemokratische Blatt – Chefredakteur war seit Oktober 1842 **Karl Marx** – der Zensur zum Opfer und wurde verboten. Marx übersiedelte nach Paris, lebte einige Zeit in Brüssel und kam 1848 nach Köln zurück. Zusammen mit **Friedrich Engels** gründete er die »Neue Rheinische Zeitung« zur publizistischen Unterstützung der Märzrevolution von 1848. Nach dem Scheitern der Revolution stellte die »Neue Rheinische Zeitung« im Mai 1849 ihr Erscheinen ein; schließlich wurden Karl Marx und einige der NRZ-Redakteure des Landes verwiesen.

Industrialisierung ►

In den 40er-Jahren des 19. Jhs. wird mit dem Bau eines Eisenbahnnetzes begonnen. 1859 wird die erste feste Rheinbrücke seit der Römerzeit gebaut, um die Eisenbahn über den Strom führen zu können. Es entstehen große Spinnereien, Webereien, Mühlen und Metall verarbeitende Betriebe, Brauereien und Maschinenfabriken, auch zahlreiche Banken und Versicherungen werden gegründet. Die Bevölkerungszahl steigt rasant, von 50 000 zu Beginn der Preußenzeit auf 500 000 im Jahr 1910.

Köln im Kaiserreich

Bald nach der Reichsgründung durch **Bismarck** 1871 kommt es zum sog. »Kulturkampf«; die Auseinandersetzung zwischen katholischer Kirche und preußischer Obrigkeit wird im katholisch geprägten Köln besonders heftig geführt. Kardinal Melchers wird auf Anordnung Bismarcks verhaftet und muss nach Holland emigrieren.
In den 1880er-Jahren wird die Stadtmauer abgerissen, um für die expandierende Industrie Platz in den Außenbezirken zu schaffen. Nur wenige Teile der historischen Mauer sowie einige Türme und Tore

Über 300 Jahre lang prägte der unvollendete Dom das Bild der Stadt (Radierung von Johann Ziegler, 1798).

sind erhalten geblieben. An die Stelle der Stadtmauer treten die den Pariser Boulevards nachgebildeten Ringstraßen. In einem Halbkreis um die Altstadt, zwischen dem Ring und den preußischen Befestigungen (heute Innerer Grüngürtel), plante Stadtbaumeister Hermann Joseph Stübben die Neustadt mit sternförmig angelegten Straßen, Kirchen, Plätzen und Wohngebieten sowohl für die besser gestellten Schichten als auch für einfache Leute.
Nachdem 1842 die Bauarbeiten am Dom wieder aufgenommen worden sind, wird dieser 1880 vollendet, mehr als 600 Jahre nach der Grundsteinlegung. Anfang des 20. Jhs. werden drei moderne Rheinbrücken gebaut, u. a. die zentral gelegene Hohenzollernbrücke, und die alten Pferdebahnen durch elektrische Straßenbahnen ersetzt. 1919 wird die Handelshochschule gegründet.

20. und 21. Jahrhundert

1917–1933	Konrad Adenauer ist Kölner Oberbürgermeister.
1945	Am Ende des Zweiten Weltkriegs ist die Kölner Altstadt zu 90 % zerstört.
1993/1995	Köln wird von Hochwassern heimgesucht.
2005	Weltjugendtag und Besuch von Papst Benedikt XVI.
2009	Einsturz des Historischen Archivs

Weltkriege und »Drittes Reich«

Erster Weltkrieg und Zwischenkriegszeit

Von den Kriegshandlungen 1914–1918 ist die Stadt nur gering betroffen, wenn man von einem englischen Fliegerangriff zu Pfingsten 1918 absieht. Aber auch die Kölner leiden unter Rationierung und unzulänglicher Ernährung.
Nach dem Ersten Weltkrieg haben die Separatisten, die das Rheinland von Deutschland abtrennen wollen, bei den Kölnern nicht viel Erfolg. Oberbürgermeister **Konrad Adenauer** lässt 1919 die Universität wieder eröffnen, veranlasst die Eingemeindung großer, für die Industrieansiedlung notwendiger Flächen und holt neue Betriebe in die Stadt, u. a. die Ford-Werke. 1924 gründet er die Kölner Messe. Das frühere Festungsgelände lässt er zum Inneren und Äußeren Grüngürtel umgestalten.
Bis in die NS-Zeit hinein macht die Weltwirtschaftskrise auch Köln schwer zu schaffen. Nach deren Machtergreifung der Nationalsozialisten wird Adenauer seines Amtes enthoben. In der »Reichspogromnacht« am 9. November 1938 werden auch in Köln die Synagogen zerstört, Juden verhaftet und verschleppt.

Zerstörung im Zweiten Weltkrieg

Im Zweiten Weltkrieg ist Köln schwersten Zerstörungen ausgesetzt, am Ende des Krieges liegen alle Brücken im Rhein. Nur der Dom ragt, wenn auch schwer beschädigt, aus der Trümmerwüste. Die Einwohnerzahl reduziert sich von fast 800 000 zu Beginn des Krieges auf 40 000. Am 6. März 1945 meldet der Wehrmachtbericht wörtlich: »Der Trümmerhaufen Köln wurde dem Feinde überlassen.«

Am Ende des Zweiten Weltkrieges ragt nur der schwer beschädigte Dom aus der Trümmerwüste Köln.

Köln nach dem Zweiten Weltkrieg bis heute

Wiederaufbau

Trotz allem machen sich die Kölner, die bald in Scharen zurückkehren, an den Wiederaufbau ihrer Heimatstadt. Konrad Adenauer wird wieder Oberbürgermeister, aber schon nach ein paar Monaten von der britischen Militärregierung abgesetzt. Im Dezember 1945 nimmt die Universität ihre Arbeit wieder auf. Im Mai 1946 überquert die erste Eisenbahn wieder den Rhein.
Der Wiederaufbau der zerstörten Stadt weist Glanzlichter und Schattenseiten auf. Der Aufschwung im produzierenden Gewerbe und Handel beschert der Stadt eine breite wirtschaftliche Basis. Unter den Industriebetrieben sind vor allem Fahrzeugbau und Chemie bedeutend, aber auch Banken und Versicherungen schaffen viele Arbeitsplätze, und die Messe spielt eine wichtige Rolle. Tausende neue Wohnungen entstehen, doch es gelingt nicht, ein Umfeld für urbanes Wohnen in der Innenstadt zu etablieren, und der Ringboulevard wird vernachlässigt, etwa durch den Abriss der kriegsbeschädigten alten Oper. Als verhängnisvolle Planungssünde gilt der Bau der Nord-Süd-Fahrt, eine breite Verkehrsschneise quer durch die Innenstadt und durch alte Wohnviertel. Andererseits gibt es als Beispiele für qualitätvolle Architektur der 1950er- und der frühen 1960er-Jahre den Spanischen Bau, den Gürzenich und das neue Opernhaus. Unter der Federführung des Kulturdezernenten Kurt Hackenberg, 1955 bis 1979 blüht das Kulturleben der Stadt.

1970er- und 1980er-Jahre

Zu den vielen, nach den Kriegszerstörungen wieder eröffneten Museen und Ausstellungen kommt 1974 das Römisch-Germanische Museum hinzu, unmittelbar neben dem Dom erbaut. 1975 übersteigt Kölns Einwohnerzahl eine Million. 1980, im 100. Jahr der Vollendung des Doms, besucht Papst Johannes Paul II. die Stadt. 1985 begeht Köln das »Jahr der romanischen Kirchen« und feiert damit deren fast vollständig abgeschlossenen Wiederaufbau; im gleichen Jahr verstirbt 67-jährig der Kölner Schriftsteller **Heinrich Böll**, der 1972 den Literaturnobelpreis erhalten hat. 1986 wird zwischen Dom und Rhein mit dem Wallraf-Richartz-Museum/Museum Ludwig und der Kölner Philharmonie ein neues Kulturzentrum eröffnet.

? WUSSTEN SIE SCHON ...?

- ..., was man unter »fringsen gehen« versteht? Joseph Kardinal Frings, der während des Dritten Reiches den Antisemitismus und den Terror der Nationalsozialisten öffentlich anprangerte, äußerte in den ersten Nachkriegsjahren sein Verständnis dafür, dass die notgeplagten Kölner bisweilen Güterwaggons um einige Briketts erleichterten. Dafür bürgerte sich dank der erzbischöflichen »Billigung« die Bezeichnung »fringse jonn« ein.

1990er-Jahre

Anfang der 1990er-Jahre rauben auswärtige Ganoven aus der Schatzkammer des Kölner Doms wertvolle historische Stücke. Die Kölner Unterwelt ist empört über diese Geschmacklosigkeit und schafft, von der Geistlichkeit um Beistand gebeten, das Diebesgut wieder her.

Jeweils zum Jahresende 1993 und 1995 wird Köln von **Jahrhunderthochwassern** heimgesucht. Der Rhein überflutet große Teile der Altstadt; nur über Hochgerüste und mit Kähnen erreichen die Menschen ihre Wohnungen. Millionenschäden sind die Folge.
1998 begeht Köln die 750-Jahr-Feier der Grundsteinlegung des Doms. Während des **Weltwirtschafts- und EU-Gipfels** 1999 in Köln wird das Museum Ludwig zum Diskussionsforum; das Römisch-Germanische Museum dient als historischer Bankettsaal. Über das berühmte Dionysos-Mosaik wird eine Glasplatte gelegt, die es den Staatsgästen ermöglicht, auf römischem Boden zu speisen. Die SPD verliert bei den Kommunalwahlen 1999 nach 43 Jahren die Macht an die CDU, der Oberbürgermeister wird erstmals direkt gewählt.

21. Jahrhundert

Der Verkauf der städtischen Anteile der Wohnungsgesellschaften GAG und Grubo zur Schuldentilgung wird durch das zweimalige Nein des Rates verhindert und führt zum Scheitern des Bündnisses von CDU und FDP. In Köln kommt es – erstmals in einer bundesdeutschen Großstadt – zu einer Koalition von CDU und Grünen. Angesichts des Defizits im städtischen Haushalt, führen die entgangenen Einnahmen durch den geplanten Verkauf der städtischen Wohnungsgesellschaften zunächst zu einem Baustopp für den Museumskomplex am Neumarkt. Kölns Ruf als Kulturstadt steht auf dem Spiel.

Dom nicht mehr Welterbe? ►

Im Jahr 2004 erhebt die Unesco Einspruch gegen den geplanten Bau eines 103 m hohen Büroturmes in Deutz. Für die UN-Kulturorganisation ist durch den Büroturm die Sicht auf den Dom beeinträchtigt. Daraufhin kippt der Stadtrat die umstrittenen Hochhauspläne, um den Welterbestatus des Domes zu erhalten. Damit endet die Pannenserie in der Kultur- und Entwicklungspolitik der Stadt jedoch nicht. Die Chance, das sanierungsbedürftige Stadtmuseum mit Sponsorengeldern aufzuwerten, wird vertan. Die Verwahrlosung öffentlicher Räume – Beispiele dafür sind die vielen, als Sparmaßnahme trocken bleibenden Brunnen und der schlechter Zustand des Heinrich-Böll-Platzes – wird beklagt, und der Bau der Nord-Süd-Stadtbahn vom Breslauer Platz beim Hauptbahnhof bis zur Marktstraße im Süden Kölns, das zeitweise größte städtebauliche Projekt der Bundesrepublik, lässt die Stadt manchmal als eine einzige Baustelle erscheinen.
Eine Reihe von Affären, bei denen es u.a. unrechtmäßige Spenden und undurchsichtige Verflechtungen zwischen Politik und Wirtschaft geht, erschüttert die Kölner CDU und SPD. Für den Bau der neuen Messehallen gerät die Stadt in die Kritik, nicht das günstigste Angebot gewählt zu haben; wieder einmal wird der viel zitierte »Kölner Klüngel« dafür verantwortlich gemacht.

Einsturz des Stadtarchivs ►

Schlimmer noch, am 3. März 2009 geschieht eine Katastrophe. An einer Stelle, wo ein tiefes Loch für den Bau der Stadtbahn ausgehoben wurde, stürzt ein 50 m langes, sechsstöckiges Bauwerk ein: das **Historische Archiv der Stadt Köln**. Zwei Menschen kommen ums Leben, eines der wertvollsten kommunalen Archive in Europa wird

Über eine Million Jugendliche aus aller Welt pilgern im August 2005 zum Weltjugendtag nach Köln.

unter Betonteilen begraben oder versinkt in dem Bauloch, das sich mit Wasser füllt. Die Tatsache, dass die Klärung der Verantwortung für den Schaden sich schwierig gestaltet, mindert den Zorn der Bürger auf die Stadtverwaltung, die Kölner Verkehrsbetriebe und die beteiligten Baukonzerne nicht. Man rechnet damit, dass mehr als 90 % der Archivalien gerettet werden können, doch dies wird noch Jahre dauern und immense Kosten verursachen.

◄ Erfolge und ein Masterplan

Angesichts dieser Ereignisse ist es leicht, die unbestrittenen Fortschritte im Erscheinungsbild und Leben der Stadt zu übersehen. Die Kölner **Museumslandschaft** erfährt mit der Aufsehen erregenden Architektur von Kolumba (Kunstmuseum des Erzbistums Köln, 2007) und der Eröffnung des Kulturforums (Rautenstrauch-Joest Museum und Museum Schnütgen, 2010) eine deutliche Aufwertung. Ein großes Projekt zum Hochwasserschutz wird vollendet, die Verwandlung des alten **Rheinauhafens** in ein sehenswertes Wohn-, Büro und Freizeitviertel gelingt planmäßig bis zum Jahr 2011, und Ausgrabungen als Vorstufe für eine **Archäologische Zone** als neue Besucherattraktion schreiten voran.

Im Wechsel der Erfolge und Mißgeschicke bleibt Köln eine vitale Metropole mit großer Anziehungskraft für Besucher. Ereignisse wie der **Weltjugendtag** der katholischen Kirche, der im August 2005 über eine Million Jugendliche aus aller Welt zu Gottesdiensten mit Papst Benedikt XVI. lockt, zeugen davon. 2007 erhält das Planungsbüro Albert Speer und Partner den Auftrag, einen Masterplan für die **Entwicklung der Innenstadt** zu erstellen. Die im Plan enthaltenen Vorschläge und Visionen sollen langfristige Orientierung geben und verhindern, dass die zahlreichen einzelnen Projekte Stückwerk bleiben. Viel versprechende Sanierungen und Neubauten, zum Beispiel in Deutz und im Gereonsviertel, die Instandsetzung der Oper und des Schauspielhauses, die Reparaturen der durch den Stadtbahnbau verursachten Narben – diese und andere Vorhaben werden auch in den kommenden Jahren dafür sorgen, dass es aus der Domstadt ständig Neues zu melden gibt.

Kunst und Kultur

Neben dem Dom, dem Höhepunkt gotischer Kathedralbaukunst, besitzt Köln mit seinen insgesamt zwölf romanischen Kirchen ein einzigartiges Ensemble hochmittelalterlicher Sakralarchitektur.

Kunst- und Architekturgeschichte

Römerzeit

Stadtbefestigung

Kurz nachdem Köln im Jahr 50 n. Chr. von den Römern zur Stadt erhoben wurde, errichtete man die knapp 4 km lange, 7,80 m hohe und 2,40 m breite Stadtmauer mit neun Toren und 19 Wehrtürmen (► Karte S. 27). Auf dem Bogen des erhalten gebliebenen Nordtors ist die Kurzform CCAA (Colonia Claudia Ara Agrippinensium) immer noch gut lesbar. Der Bogen befindet sich heute mit vielen weiteren Zeugnissen der römischen Epoche im Römisch-Germanischen Museum. Einen der Türme der antiken Stadtmauer, den **Römerturm**, kann man am Ende der St.-Apern-Straße bewundern; heute dient er als Ausstellungsraum einer Galerie. Auch der Verlauf der ehemaligen Hauptstraßen der römischen Stadt ist noch in der Kölner Innenstadt nachvollziehbar.

In jener Zeit entstanden zudem prachtvolle Tempel: Sowohl die Kirche St. Maria im Kapitol als auch der Dom wurden über römischen Tempelbezirken erbaut. Aus der Zeit um 90 n. Chr., als Colonia zur Hauptstadt der Provinz Niedergermanien ernannt wurde, sind die Reste des Statthalterpalastes, des **Praetoriums**, erhalten – direkt unter dem Rathausplatz.

Glasherstellung

Außerhalb der Stadtmauer siedelten sich seit der Mitte des 1. Jhs. Gewerbebetriebe wie Töpfereien und Glashütten an. Köln war in römischer Zeit ein wichtiges Produktionszentrum für kostbare Glas- und Keramikwaren. Die Anfertigung der sog. **Diatretgläser** aus klarem, dickwandigem Glas, das mit einem Netz von andersfarbigem Glas überzogen wurde, erforderte eine komplizierte Technik, was diese Gläser zu einzigartigen Kunstwerken machte. Eine weitere Spezialität der Kölner Glasindustrie waren die **Schlangenfadengläser**, aufwändig geformte, klare Gläser, auf die man in noch heißem Zustand farbige Glasfäden auftrug. Heute befindet sich eine Auswahl dieser besonders kostbaren und schönen Stücke im Römisch-Germanischen Museum.

Dionysosmosaik

Während des Baus eines Luftschutzbunkers neben dem Dom 1941 entdeckte man das ungewöhnlich gut erhaltene, ca. 70 m² große Dionysosmosaik, das wohl zum Speisesaal einer römischen Stadtvilla vom Anfang des 3. Jhs. gehörte. Die 31 Bildfelder, die mit ornamentalen Flechtbändern zusammengefasst sind, entstammen dem bacchischen Themenkreis. Meisterhaft sind bei diesem Mosaik Licht- und

← *Die auf den Kopf gestellte Eistüte des Pop-Art-Künstlers Claes Oldenburg ist das »Wahrzeichen« der Neumarkt-Galerie.*

Schatteneffekte eingesetzt. Das große Mittelquadrat zeigt den Weingott Dionysos, der sich betrunken auf einen Satyr stützt. Die trapezförmigen Felder der Randzonen mit Darstellungen von Früchten und Tieren erinnern an die Funktion des Raumes. Die Entdeckung des außergewöhnlichen Mosaiks führte zum Bau des Römisch-Germanischen Museums (1970 – 1974) direkt über der Fundstelle.

Brückenbau Im Auftrag von Kaiser Konstantin dem Großen entstand im Jahr 310 n. Chr. die erste fest installierte, 420 m lange Rheinbrücke mit 15 steinernen Pfeilern. Sie verband die Stadt mit dem rechtsrheinischen **Kastell Divitia** (Deutz). Reste dieser ersten Brücke über den Rhein findet man ebenfalls im Römisch-Germanischen Museum.

Romanik

Dombau Um 850 nahm man den Bau eines neuen Doms an der Stelle der alten Bischofskirche in Angriff; 870 wurde der Bau fertiggestellt. Neben dem Domstift gab es im karolingischen Köln bereits sechs weitere Männer- und Frauenkonvente, ein Zeichen für eine erste Blüte des noch jungen Erzbistums. Dank der Angliederung an das fränkische Ostreich Anfang des 10. Jahrhunderts wuchs Köln zur größten und reichsten Stadt nördlich der Alpen und etablierte sich als eines der wichtigsten Zentren von Kunst und Kultur Westeuropas.

Skulptur Aus dieser Zeit stammt das älteste überlebensgroße Kruzifix des mittelalterlichen Abendlandes, das so genannte **Gerokreuz**. Das um 980 entstandene, farbig gefasste Holzkreuz – zu sehen in der Kreuzkapelle des Doms – besticht durch seine wirklichkeitsnahe Darstellung des gerade eingetretenen Todes Christi. Der realistische, ausdrucksstarke Korpus markiert eine neue Auffassung frühmittelalterlicher Plastik und gilt als Vorbild für alle späteren Triumphkreuze.

Kirchenbau Von der Mitte des 10. bis Anfang des 13. Jahrhunderts entstanden in Köln die zwölf romanische Kirchen, die bis heute bestehen. Diese Konzentration ist einzigartig: Nur hier kann man noch heute auf wenigen Quadratkilometern alle Phasen und Ausprägungen romanischer Baukunst besichtigen (►Baedeker Special S. 40). Im Zweiten Weltkrieg wurden die Kirchen zwar z. T. sehr stark beschädigt, aber in mühevoller Rekonstruktionsarbeit wieder hergestellt. Alle zwölf Basiliken liegen innerhalb des mittelalterlichen Stadtgebiets, d. h. heute innerhalb der Ringe. Den Reigen eröffnete **St. Pantaleon**. Noch in der zweiten Hälfte des 10. Jhs. von Erzbischof Bruno begonnen, wurde die Basilika nach dessen Tod auf Betreiben von Kaiserin Theophanu vollendet, beide sind auch dort begraben. Vor allem wegen ihres wuchtigen Westwerks und ihrer klaren frühromanischen Formen ist St. Pantaleon von großer Bedeutung.

Ebenfalls unter Erzbischof Bruno legte man den Grundstein zur Stiftskirche **St. Cäcilien** (953 – 965, 1160 vollendet). Die Pfeilerbasili-

Blick aus dem Dekagon in den Chor von St. Gereon

ka ohne Querschiff und ohne Turm beherbergt seit 1956 die hervorragende Sammlung christlicher Kunst vom frühen Mittelalter bis zum Barock des Museums Schnütgen.
St. Maria im Kapitol ist ein Beispiel für den Bau einer christlichen Basilika auf den Grundmauern eines römischen Tempels aus dem 1. Jahrhundert. Die Kirche wurde Mitte des 11. Jhs. vollendet. Hier tritt zum ersten Mal die Verbindung eines Langhauses mit dem Zentralbau eines Dreikonchen- bzw. Kleeblattchores auf, die auch an St. Aposteln und Groß St. Martin zu sehen ist.
Die kleine Kirche **St. Maria Lyskirchen**, in der alten Hafengegend am Rhein gelegen, ist die einzige der romanischen Basiliken Kölns, die von den Bomben des Zweiten Weltkriegs weitgehend verschont blieb. 1210 – 1220 erbaut, ist sie heute berühmt wegen ihrer gut erhaltenen und qualitativ hochwertigen Fresken aus dem 13. Jahrhundert.
St. Gereon, benannt nach dem Märtyrer und späteren Kölner Stadtpatron, kann eine lange Baugeschichte vorweisen. Die Synthese von antiken Bauelementen des Vorgängerbaus mit romanischen Bauformen bis hin zur Vollendung der Sakristei im gotischen Stil macht den besonderen Reiz dieser Basilika aus. Die Außengliederung zeigt das erste Beispiel romanischer Etagenchöre in Köln und findet Nachahmung bei St. Aposteln in dessen prächtiger, mit Zwerggalerien gesäumter Chorpartie sowie bei Groß St. Martin und bei St. Kunibert, der 1247 geweihten letzten romanischen Basilika vor Baubeginn des gotischen Doms. In St. Gereon beeindruckt das erhalten gebliebene Dekagon (Zehneck) des römischen Zentralbaus, das im 13. Jahrhundert gewölbt wurde.

◄ weiter auf S. 42

Abendliche Silhouette des Altstadt-Wahrzeichens Groß St. Martin

SCHÄTZE DER ROMANIK

Jahrhunderte bevor der Dom zum unbestrittenen Wahrzeichen Kölns wurde, eilte der Stadt am Rhein bereits ein einzigartiger Ruf voraus: Sie galt als »Heilige Stadt«, als »Sancta Colonia«. Diesen Titel konnten im Mittelalter außer Köln nur noch Jerusalem, Rom und Trier für sich in Anspruch nehmen.

In einem enormen Kraftakt wurden im 12. und 13. Jahrhundert in der »heiligen Stadt Köln« zahlreiche romanische Kirchenbauten errichtet. Sie versetzten den mittelalterlichen Reisenden, Pilger oder Kaufmann, der bislang kaum ein monumentales Bauwerk gesehen hatte, in ungläubiges Erstaunen, und es verschlug ihm wohl erneut die Sprache, wenn er dann schließlich vor einer dieser prachtvollen Kirchen stand.

Zwölf dieser bedeutenden Gotteshäuser sind heute noch erhalten - keine andere deutsche Stadt besitzt so viele Kirchen aus dieser Zeit. Nach den schweren Zerstörungen des Zweiten Weltkrieges, von denen nur **St. Maria Lyskirchen** mit ihren farbenprächtigen Gewölbemalereien einigermaßen verschont blieb, stellte man innerhalb von 40 Jahren diese kostbaren Zeugnisse des Mittelalters wieder her.

Doppelturmfassaden

Charakteristisch für die Romanik, die in Köln erst 1248 – mit der Grundsteinlegung zum Dom – von der Gotik abgelöst wird, ist die Addition verschiedener Baukörper zu einem harmonischen Ganzen, was vor allem im äußeren Erscheinungsbild sichtbar wird. Die die Chorapsis flankierenden Türme wie bei **St. Gereon** und **St. Pantaleon** kommen ebenso »in Mode« wie mächtige Vierungstürme. Der von **Groß St. Martin** gilt als der schönste Turm Kölns.

St. Maria im Kapitol erhält den ersten großen Kleeblattchor in Köln, Groß St. Martin ahmt dieses Vorbild 1150 nach. An vielen der romanischen Kirchen Kölns sind Zwerggalerien und Triforien zu sehen, die erst in dieser Zeit »erfunden« werden und zur Strukturierung des Mauerwerks beitragen. Auch beginnt sich im Kir-

chenraum die Wölbung, besonders das Kreuzgratgewölbe, gegen die flache Decke durchzusetzen.
Es waren größtenteils die Spenden der Bürger, die diesen Bauboom ermöglichten, der mit St. Kunibert als letzter romanischer Kirche seinen Abschluss fand.

Reliquienkult

Die Heiligenverehrung hängt eng mit Kölns Status als »heiliger Stadt« zusammen. Im Laufe der Zeit wurden immer mehr und immer bedeutendere Reliquien hierher gebracht, darunter die Gebeine der Heiligen Drei Könige – die **Rainald von Dassel**, Kölner Erzbischof und Kanzler des Kaisers Friedrich Barbarossa, 1164 von Mailand nach Köln überführte – sowie Stab und Ketten des heiligen Petrus. Und schließlich lag die Stadt über einem antiken Gräberfeld, das zwar nicht die Gebeine Heiliger, sondern größtenteils die römischer Legionäre barg, doch wusste man dies damals nicht und wollte es vermutlich auch gar nicht wissen – zu einträglich waren die Geschäfte mit den heranströmenden Pilgerscharen, die verköstigt und untergebracht werden wollten. Nach mittelalterlichen Vorstellungen musste eine Stadt, die derartig viele Gebeine von Heiligen und Märtyrern in ihren Mauern vereinte, eine ungeheure Macht besitzen und zudem vor feindlichen Angriffen weitgehend geschützt sein.

Macht und Einfluss

Vor allem der Besitz von Reliquien der Kölner Schutzpatrone – des hl. Petrus, des hl. Gereon, der hl. Ursula und der Heiligen Drei Könige – schien die Unangreifbarkeit der Stadt zu gewährleisten. Als dann zwischen 1150 und 1250 der ungeheure Bauboom einsetzte, aus dem die zwölf heute noch erhaltenen romanischen Kirchen hervorgingen, schuf man damit den würdigen Rahmen für die Gebeine der Heiligen.
Lockt man heute auch keine Pilgerscharen mehr nach Köln, so verdienen die majestätischen romanischen Kirchen Kölns, an denen alle Phasen der romanischen Baukunst nachvollzogen werden können, immer noch größte Bewunderung als einzigartige Zeugnisse ihrer Zeit.

Der prächtige Dreikönigenschrein von Nikolaus von Verdun ist das wohl berühmteste Werk mittelalterlicher Goldschmiedekunst.

Die Kirche des ehemaligen Benediktinerklosters **Groß St. Martin** wurde bereits 1172 geweiht, ihr mächtiger Vierungsturm aber erst 1220 vollendet. Die Kirche besticht durch ihre reiche Fassadengliederung, die die schweren Baumassen geschickt auflöst und das ganze Repertoire der romanischen Bauformen vorführt. Noch heute ist die Kirche das Wahrzeichen der Altstadt – der unverwechselbare Turm behauptet sich sogar gegen den Dom.
Das »goldene Jahrhundert« der Kölner Kirchenbaukunst, das diese großartigen romanischen Bauwerke hervorgebracht hat, prägt bis heute das Bild des »heiligen Stadt«.

Buchmalerei

Zwischen dem 10. und 12. Jh. besaß Köln bedeutende Werkstätten für Buchmalerei. Sie deckten den Bedarf der zahlreichen Kirchen, außerdem wurden einige Codices vom Bischof an andere Bistümer verschenkt. Ein besonders herausragendes Exemplar einer solchen Handschrift, das **Evangeliar aus St. Pantaleon**, entstand um die Mitte des 12. Jhs. – wahrscheinlich in der Schreibschule des Klosters – und befindet sich heute, wie auch einige andere wertvolle Codices, im Besitz des Stadtarchivs. Typisch für die in Köln entstandenen Handschriften ist der Rückgriff auf byzantinische Vorlagen und ihre besondere malerische Wirkung.

Goldschmiedekunst

Die Kölner Goldschmiede bildeten die vornehmste Zunft der Stadt, zudem hatte sich Köln im 12./13. Jh. neben Paris zum Zentrum der Goldschmiedekunst im nördlichen Europa entwickelt. Die Stadt war

dank der zahlreichen Reliquien, die sich in ihren Kirchen befanden, zum wichtigsten Wallfahrtsort des Mittelalters neben Rom, Jerusalem und Santiago de Compostela avanciert.
Die Reliquienverehrung fand einen neuen Höhepunkt, als Erzbischof **Rainald von Dassel** 1164 die Gebeine der Heiligen Drei Könige nach Köln überführte. Der Erzbischof, zugleich Kanzler des Kaisers Friedrich Barbarossa, hatte sie aus dem besiegten Mailand mitgebracht. Den Auftrag, für die Reliquien den prächtigsten Schrein aller Zeiten zu fertigen, vergab er an den Goldschmied **Nikolaus von Verdun**, dem dies mit Hilfe seiner Schüler auch in rund 30-jähriger Arbeit zwischen ca. 1180 und 1210 gelang und der damit das wohl berühmteste Werk der mittelalterlichen Goldschmiedekunst geschaffen hat. Der Dreikönigenschrein, der heute hinter dem Hochaltar im Dom zu besichtigen ist, hat die Form einer dreischiffigen Basilika. Dieses Motiv stellte zu seiner Entstehungszeit eine Neuerung dar, die für die Schreine des 13. Jahrhunderts vorbildlich wurde. Er beherbergt außer den Gebeinen der Heiligen Drei Könige auch die der Märtyrer Felix und Nabor und die des heiligen Gregor von Spoleto.
Neben Gold, Silber, Kupfer, Bronze und Email wurden antike Gemmen, Kameen und Edelsteine verarbeitet. Dargestellt ist die Geschichte der drei Weisen aus dem Morgenland, die in die gesamte Heilsgeschichte integriert wurde. Auf diese Weise war es möglich, ein größeres theologisches Programm vorzuführen. Besonders auffällig ist die neue Bewegtheit der Figuren, die nun endgültig von der byzantinischen Starre früherer Schreine befreit sind.
Weitere Reliquienbehälter, liturgisches Gerät und Monstranzen aus dieser Zeit sind in der Domschatzkammer zu sehen. Auch das Museum Kolumba dessen Sammlung sakraler Kunst von frühchristlicher Zeit bis zur Moderne reicht, birgt hervorragende Beispiele mittelalterlicher Bildhauerei und Goldschmiedekunst.

i Die Heiligen Drei Könige

- Nur einmal im Jahr bietet sich die Gelegenheit, die Reliquien der Stadtpatrone Kölns zu sehen: Am 6. Januar, dem Feiertag der Heiligen Drei Könige, wird die Frontseite des Dreikönigenschreins geöffnet. Streng genommen sind die Heiligen Drei Könige weder Heilige – denn ein Heiliger muss von der katholischen Kirche dazu erhoben werden – noch Könige, denn in den Bibel werden sie als »Weise aus dem Morgenland« benannt. Als Könige werden sie erst ab dem 3. Jh. bezeichnet; ihre Reliquien kamen im 4. Jh. nach Mailand. Nach der Unterwerfung Mailands im Jahr 1164 durch Kaiser Friedrich Barbarossa, brachte dessen Kanzler Rainald von Dassel die Gebeine – wahrscheinlich als Kriegsbeute – nach Köln. Der dadurch ausgelöste Pilgerstrom führte zum Bau des Kölner Doms.

Gotik

Dombau

Gotisches Formengut findet nur zögernd Eingang in die Kölner Kunst. Dies lag sicher an dem hohen Niveau, das die romanische

Kunst gerade hier erreicht hat. Erst mit dem Baubeginn des neuen Doms 1248 gelang der Hochgotik als modernem Baustil der Durchbruch. Anlass für den Neubau bot der Pilgeransturm, besonders auf die Reliquien der Heiligen Drei Könige – Köln hatte sich zum bedeutenden Wallfahrtsort entwickelt. Der magische Anziehungspunkt – der Dreikönigenschrein – sollte angemessen präsentiert werden. **Meister Gerhard**, der erste Dombaumeister, orientierte sich an den französischen Königskathedralen Amiens und Reims, wollte diese aber an Pracht und Größe noch übertreffen. Der Kölner Dom sollte die größte Kathedrale der Welt und gleichzeitig ein Abbild des himmlischen Jerusalem werden. Alle Schwere und Erdverbundenheit, die noch den romanischen Kirchenbau auszeichneten, werden in der Gotik aufgelöst. Filigrane Leichtigkeit tritt an ihre Stelle, die vor allem in den mystisch wirkenden Räumen der Kathedrale zum Ausdruck kommt.

Zunächst schritt der Bau zügig voran, 1265 waren die Chorkapellen vollendet, 1277 die Sakristei fertiggestellt. Bald danach arbeitete man an dem auf eine Höhe von 500 Fuß (ca. 152 m) veranschlagten Südturm, der damit alle französischen Beispiele weit überragt hätte.

Doch schon im 14. Jh. verlangsamten sich die Bauarbeiten, vor allem wegen der enormen Kosten, die trotz der zahlreichen Schenkungen und des florierenden Ablasshandels nicht mehr aufgebracht werden konnten. Wahrscheinlich um das Jahr 1530 wurde die Bautätigkeit eingestellt. Fertiggestellt waren der Chor und die ersten beiden Geschosse des Südturms, Teile des Langhauses und der nördlichen Seitenschiffe, die bereits z. Z. eingewölbt waren. Die gesamte Grundfläche des Doms wurde provisorisch überdacht und der Chor mit einer Wand gegen Westen abgeschlossen. Für die folgenden drei Jahrhunderte blieb der Kölner Dom Fragment.

Profanarchitektur

Das einzige teilweise erhalten gebliebene Patrizierhaus Kölns, das **Overstolzenhaus**, steht südlich des Heumarkts in der Rheingasse. 1220/1230 wurde das repräsentative Gebäude errichtet, an dessen Schauseite sich der Übergang von der Romanik zur Gotik in der fast völligen Auflösung der Fassade durch die Fensterreihen widerspiegelt. Die beiden fünfachsigen Untergeschosse dienten vermutlich als Wohnräume, die vier oberen Geschosse, die einen hohen Stufengiebel bilden, als Speicher. Patrizierhäuser wie dieses hat es in Köln viele gegeben; der Wohlstand der Bürger, die durch den florierenden Handel reich geworden waren, wurde im Stadtbild des 13. – 15. Jahrhunderts sichtbar.

Diese reichen Bürger waren es auch, die im Laufe des 13. Jhs. gegen die Macht der Kirche und der Erzbischöfe als Stadtherren aufbegehrten und 1288 in der Schlacht bei Worringen die Unabhängigkeit der Stadt erkämpften. Mitte des 14. Jahrhunderts wurde mit dem Bau des **Rathauses** begonnen. Es besteht aus einer Gruppe von Gebäuden aus mehreren Bauphasen, die sich um den Rathausplatz gruppieren. Große Teile der Anlage wurden im Zweiten Weltkrieg zerstört und

Wandschmuck aus der Zeit um 1360 im Hansasaal: Die »Neun Guten Helden« sollen über den Rat wachen.

nur teilweise wieder aufgebaut. Wieder hergestellt wurde z. B. der gotische **Hansasaal**, das Kernstück des Hauses mit Steinplastiken als Wandschmuck. 1396 erhielt Köln nach schweren Auseinandersetzungen zwischen Patriziern und Zünften eine neue Stadterfassung. Als Ausdruck ihrer neuen Vormachtstellung errichteten die Zünfte 1407 – 1414 den mächtigen, 61 m hohen **Rathausturm**, den über 100 Steinskulpturen berühmter Kölner Persönlichkeiten schmücken. Der als Festsaal errichtete Gürzenich (1441 – 1447) ist ein weiteres repräsentatives Bauwerk der Kölner Bürger.

Malerei

Neben Buchmalerei, Glas- und Wandmalerei gewann die Tafelmalerei seit Beginn des 13. Jhs. an Bedeutung. Das bemalte Altarretabel fand zunehmend Verbreitung, womit sich den Malern ein neues Aufgabenfeld eröffnete. Ihre Werkstätten hatten sie in der Schildergasse, wo auch das Zunftgebäude stand.

Den Höhepunkt der Tafelmalerei in Köln stellt das Schaffen **Stefan Lochners** (► Berühmte Persönlichkeiten) dar. Lochner, dessen Name aus der Fülle der anonym gebliebenen Maler herausragt, kam um 1430 aus dem Bodenseeraum in die Stadt. Sein wohl berühmtestes Werk, der »Dreikönigsaltar« – auch »Altar der Stadtpatrone« oder »Dombild« genannt –, entstand um 1440 und befindet sich seit 1809 in der Marienkapelle im Dom.

»Anbetung der Könige«: Mittelbild des »Altars der Stadtpatrone«, des berühmtesten Werks von Stefan Lochner

Thema des Altars ist die Verehrung Christi durch die Heiligen Drei Könige, in deren Gefolge sich auch die Stadtpatrone Ursula und Gereon befinden, was auf den Stadtrat als Auftraggeber hinweist. Die Monumentalität der Tafel und die Prachtentfaltung bei den zeitgenössischen Gewändern der Akteure war etwas völlig Neues. Die Lebendigkeit und Frische von Lochners Figuren stellte alles bisher Dagewesene in den Schatten und setzte neue Maßstäbe.
Auch Lochners Madonnendarstellungen werden immer wieder gerühmt, beispielsweise die um 1440 entstandene »Madonna mit dem Veilchen« (Kolumba) oder die um 1450 gemalte »Madonna im Rosenhag« (Wallraf-Richartz-Museum), wohl sein letztes Werk.

16. bis 19. Jahrhundert

Beginnende Stagnation

Während das 13. bis 15. Jh. die große Ära der Kölner Kunst gewesen war, verlor die Stadt mit dem wirtschaftlichen Niedergang in der Neuzeit nicht nur als Handelsstadt an Bedeutung, sondern damit einhergehend auch als Kunstmetropole.

St. Peter

Die Pfarrkirche St. Peter, eine dreischiffige Emporenbasilika, erhielt ihre heutige Gestalt 1515 – 1530. Sie bildet zusammen mit der Stiftskirche St. Cäcilien das letzte erhalten gebliebene Ensemble von Kloster und benachbarter Pfarrkirche und ist einer der wenigen Bauten Kölns aus dem frühen 16. Jahrhundert. Interessant ist die Kirche vor allem wegen ihrer Ausstattung: Bedeutende spätmittelalterliche Glasmalereien sind ebenso erhalten wie das 1637 von **Peter Paul Rubens** geschaffene Altarbild der »Kreuzigung Petri«.

Profanbauten

Vereinzelt entstanden auch im 16. Jh. wichtige öffentliche Bauten, die sich stark an die niederländische Renaissance anlehnten. Beispiele hierfür sind die **Rathauslaube** (1569 – 1573) und das **Zeughaus** (1594 – 1606) mit seinem wunderbaren Renaissanceportal. Das Zeughaus, die ehemalige Waffenkammer der Stadt, beherbergt heute das Kölner Stadtmuseum.

Private Kunstsammler

Das Ende der Freien Reichsstadt Köln war 1794 durch die französische Besetzung der Stadt besiegelt. Die Säkularisation 1802 hob die Stifte und Klöster auf, zahlreiche Kirchen wurden geschlossen oder abgerissen, wertvolle Bibliotheken und Kunstwerke aus kirchlichem Besitz wurden verkauft. Gleichzeitig setzte aber eine rege private Sammeltätigkeit ein; kunstinteressierte Bürger retteten aus Kirchen und Klöstern stammende Kunstwerke und legten so das Fundament für die zahlreichen Sammlungen, die heute in Köln zu bewundern sind. So bildet die Sammlung des Gelehrten **Ferdinand Franz Wallraf** (1748 – 1824) den Grundstock für das Wallraf-Richartz-Museum. Die Sammlung mittelalterlicher Sakralkunst des Domkapitulars **Alexander Schnütgen** (1843 – 1918) hat ihren Platz im Museum Schnütgen gefunden.

! *Baedeker* TIPP

Kleine Kunstgeschichte Kölns

Will man sich einen Überblick über die Kölner Malschule mit ihren Meisterwerken verschaffen, empfiehlt sich ein Rundgang durch die Mittelalterabteilung des Wallraf-Richartz-Museums. Hier sind nicht nur die Hauptwerke versammelt, sondern man bekommt eine hervorragende Zusammenstellung niederländischer, flämischer, italienischer, spanischer und französischer Malerei vom 14. bis zum 19. Jh. zu sehen.

Vollendung des Doms

Im Jahr 1814 besetzten preußische und russische Truppen die Stadt, schließlich kam Köln durch den Wiener Kongress 1815 zu Preußen. In dieser Zeit wurde der mittelalterliche Fassadenplan des Doms wiederentdeckt und das Vorhaben, die Kathedrale endlich fertig zu stellen, nahm erste Formen an. Nachdem 1821 das Erzbistum wieder hergestellt worden war, unterstützte auch die Kirche diesen verwegenen Plan. Die Idee, den Dom zu vollenden, wurde ebenso von der neu entstandenen Nationalbegeisterung getragen, der Weiterbau wurde zum Symbol für die Einigung Deutschlands, der Dom zum deutschen Nationaldenkmal.

1841 gründete sich der **Zentral-Dombau-Verein**, der die enormen Summen für die Finanzierung des Projekts aufbringen sollte. Der preußische König **Friedrich Wilhelm IV.** versprach, sich mit dem Verein die Kosten zu teilen, und so wurde 1842 der Grundstein für den Weiterbau gelegt. Am 15. Oktober 1880, 632 Jahre nach Baubeginn, war der Kölner Dom vollendet und die Silhouette der Stadt, die sich fast 300 Jahre nicht verändert hatte, war nun um die beiden Türme des Doms reicher.

Hauptbahnhof

Nachdem 1839 Köln an das Eisenbahnnetz angeschlossen worden war, errichtete man ab 1850 den Hauptbahnhof an prominenter Stelle unmittelbar beim Dom. Die große, alte Bahnsteighalle mit ihrer filigranen Glas-Eisen-Konstruktion ist ein bedeutendes Industriedenkmal des 19. Jahrhunderts. Nach Zerstörungen im Zweiten Weltkrieg musste die Empfangshalle erneuert werden und es entstand ein typischer Zweckbau der 1950er-Jahre.

Abriss der Stadtbefestigung ►

Die mittelalterliche Mauer, die die Stadt bis 1881 umschloss, wurde abgerissen, nur einige Stadttore – Severins-, Hahnen- und Eigelsteintor – und wenige andere Teilstücke blieben als historische Monumente erhalten. Auf dem ehemals unbebauten Gelände vor der Stadtmauer konnte nun die Neustadt entstehen. Innerhalb weniger Jahre wurde die Ringstraße mit Plätzen, Grünanlagen, Brunnen und öffentlichen Bauten – vier Museen, das Hohenstaufenbad, die Oper – angelegt. Hier bauten die Reichen ihre prächtigen Stadtpalais.

Prominent platzierter Hauptbahnhof: Bereits von der Eingangshalle aus eröffnet sich der Blick auf den Dom.

20. und 21. Jahrhundert

Stadtplanung

Die Expansion der Stadt führte Ende des 19. Jhs. und Anfang des 20. Jhs. zu großzügigen Eingemeindungen der umliegenden Dörfer und kleinen Städte. Dadurch wurde Köln in den 1920er-Jahren zur flächenmäßig fünftgrößten Stadt Deutschlands. Konrad Adenauer, der die Geschicke der Stadt von 1917 – 1933 lenkte, ließ als »grüne Lunge« der Stadt den Inneren und Äußeren Grüngürtel anlegen.

Architektur

Auch die Architektur des »neuen Bauens« konnte in den 1920er-Jahren Einzug halten. 1925 entstand nach Plänen von Jakob Koerfer am Hansaring der Stahlskelettbau des 17-geschossigen **Hansa-Hochhauses**. Der mit Klinker verkleidete Bau war damals mit seinen 65 m nicht nur das erste Hochhaus Kölns, sondern gleichzeitig das höchste Europas. Traditionelle Bauformen sind hier auf sehr harmonische Weise mit der Formensprache des Bauhauses verbunden.
Erhalten geblieben ist auch das **Dischhaus**, ein Verwaltungsbau, der 1929/1930 nach einem Entwurf von **Bruno Paul** errichtet wurde. Der Bau der eleganten »Büromaschine« wird bestimmt von den umlaufenden horizontalen Fensterbändern und der fassadenbestimmenden abgerundeten Ecklösung, die die Zeitgenossen an den Bug eines Ozeandampfers denken ließ.
Die Bauideologie der Nationalsozialisten hat in Köln fast keine Spuren hinterlassen, aber die Luftangriffe des Zweiten Weltkrieges legten die Stadt in Schutt und Asche. Über 70 % der Gebäude im gesamten Stadtgebiet und über 90 % der Altstadt wurden zerstört.
Der zuerst nur zögernd begonnene Wiederaufbau erfolgte auf den historischen Grundrissen der Stadt. Vorrangiges Ziel war die Schaffung ausreichenden Wohnraums und die vorläufige Sicherung der Ruinen der mittelalterlichen Sakral- und Profanbauten. Beispielhaft für den Wohnungsbau der 1950er-Jahre ist das Griechenmarktviertel in der Altstadt.

> ! *Baedeker* TIPP
>
> **Köln-Architektur**
>
> Wer sich für zeitgenössische Architektur in Köln interessiert, sollte einen Blick auf die Internetseite von www.koelnarchitektur.de werfen. Ein interaktiver Architekturführer dokumentiert große Kölner Bauprojekte – von außergewöhnlichen Wohnhauskonzepten bis zu Museumsbauten.

Museumsneubauten

Städtische Projekte der 1950-er Jahre zeigten den Willen, neben der auf Jahrzehnte angelegten Wiederherstellung historische Denkmäler auch qualitätvolle neue Architektur zu schaffen. Hier sind vor allem die Arbeit der Architekten Rudolf Schwarz und Karl Band am Gürzenich und Theodor Teichens Spanischen Bau zu nennen. Nach dem Zweiten Weltkrieg war das **Wallraf-Richartz-Museum**, wie fast alle anderen Sammlungen der Stadt, heimatlos geworden, da das Stammhaus völlig zerstört war. Rudolf Schwarz und Josef Bernhard errich-

◄ weiter auf S. 52

Die Hohenzollernbrücke ist die älteste der acht Kölner Rheinbrücken.

ÜBERN RHEIN

Es gibt auf der Welt nur wenige Großstädte, die auf engem Raum so viele und so unterschiedlich konstruierte Brücken über einen großen Strom vorweisen können wie Köln. Betrachtet man die Kölner Brücken, derzeit sind es acht, unter dem Aspekt ihrer Statik, findet man alle heute bekannten Systeme vor.

Die Deutzer und die Zoobrücke sind Balkenbrücken – für den Betrachter am unspektakulärsten, da sie nicht von Bögen oder Pylonen geschmückt werden. Ihre Hauptträger sind die Balken, die statisch auf Biegung beansprucht werden. Die **Deutzer Brücke** – sie verbindet Heumarkt und Deutzer Freiheit – ist eine Hohlkasten-Balkenkonstruktion für Straßenbahn, Fahrzeugverkehr und Fußgänger, während die **Zoobrücke** (eine Kastenträgerbrücke) nur von Kraftfahrzeugen und Fußgängern benutzt werden kann.

Beeindruckender sind da schon die großen Bogenkonstruktionen der **Süd- und Hohenzollernbrücke**. Haupttragwerk dieser Brückenart sind die Bögen, in denen vornehmlich Druckspannungen entstehen. Beide Eisenbahnbrücken schwingen sich in je drei mächtigen Bögen von Ufer zu Ufer, die Hohenzollernbrücke zum Beispiel von der rechtsrheinischen Messe zum Dom bzw. zum Hauptbahnhof. Lässt man sich von den vorbeiratternden Zügen nicht stören, ist ein Spaziergang über diese Brücke sehr lohnenswert, von der aus man einen fantastischen Blick auf die Altstadt, den Dom und das Museum Ludwig hat.

Als Schrägseilbrücken präsentieren sich die **Leverkusener Autobahnbrücke** ganz im Norden Kölns und die **Severinsbrücke** bei der südlichen Altstadt. Sehr markant sind die beiden Doppelportale der größten Hängebrücke, der Leverkusener. Die Fahrbahnplatte wird bei diesem Brückentypus durch schräg geführte Seile gegen die Pylone abgespannt. Die Severinsbrücke hat nur einen, aber einen sehr hohen Pylon, von dessen Spitze aus die fächerförmige Seilkonstruktion zur Fahrbahn läuft und diese hält.

Brücken für den Autoverkehr

Zu einem kompletten Brückenensemble gehören schließlich noch die Hängebrücken, bei denen die gesamte Last von Hängegurten (Kabeln) aufgenommen wird, die zwischen Pylone gespannt sind. Die Kabel werden dabei nur auf Zug beansprucht. Auch von diesem Typus hat Köln zwei Brücken: die **Rodenkirchener Brücke**,

eine sechsspurige Autobahnbrücke im Süden der Stadt, und die **Mülheimer Brücke**. Sie ist mit 708 m die längste der Kölner Brücken. Vom Aussichtsplateau des Domturms, vom linksrheinischen Konrad-Adenauer-Ufer und von der Aussichtsplattform des Schokoladenmuseums aus kann man vier oder sogar fünf der Rheinbrücken hintereinander gestaffelt sehen.

Schon in der Antike gab es eine feste Brücke über den Rhein. Kaiser Konstantin der Große ließ mit ihr um 310 das Kastell Deutz mit dem linksrheinischen Köln verbinden. Jahrhundertelang verkehrten danach bis in die Neuzeit nur Fähren zwischen den beiden Ufern. Erst 1822 gab es wieder eine behelfsmäßige Brücke über den Strom, eine 400 m lange Holzkonstruktion auf schwimmenden Nachen, die mehrmals am Tage aufgefahren werden mussten, um die Rheinschiffe passieren zu lassen. Die erste feste Rheinbrücke seit der Antike wurde erst wieder 1855 gebaut, und zwar an der Stelle, an der sich heute die Hohenzollernbrücke befindet.

Auftrieb durch die Eisenbahn

Diese Eisen- und Straßenbahnbrücke verdankte ihre Errichtung vor allem den in jener Zeit stark aufkommenden Eisenbahngesellschaften, die dabei waren, die Ost-West-Verbindungen in Deutschland auszubauen. Wegen ihrer engmaschigen Eisengitter-Konstruktion wurde sie von den Kölnern **»Muusfall«** (Mausefalle) genannt. Kurz nach der Jahrhundertwende entstand dann die Südbrücke, hauptsächlich für den Eisenbahngüterverkehr. Im Mai 1911 weihte Kaiser Wilhelm II. höchstpersönlich die Hohenzollernbrücke ein, die die »Muusfall« ersetzte. Die 1927 – 1929 erbaute **Mülheimer Brücke** war damals die größte Kabelhängebrücke der Welt. Übrigens waren die Kölner bis 1920 gezwungen, für jede Rheinüberquerung Brückenzoll zu zahlen.

Doch auch nachdem dieser abgeschafft worden war, mussten Eisen- und Straßenbahn für jeden Fahrgast weiterhin ein Brückengeld von zwei Pfennigen abführen.

Im Zweiten Weltkrieg sind alle Kölner Brücken zerstört worden; die Hohenzollernbrücke wurde noch in den letzten Kriegstagen gesprengt. Die ersten einfachen Verbindungen über den Rhein bauten bald nach Kriegsende die Besatzungsmächte. Zuerst 1945 eine Holzüberführung in Höhe der früheren Deutzer Brücke, ein Jahr später einen provisorischen, aber eisernen Flussübergang, die Pattonbrücke. Inzwischen sind alle Brücken aus der Vorkriegszeit, dazu einige neue, wieder aufgebaut worden und prägen mit ihrer variationsreichen Architektur das Kölner Stadtbild.

teten 1957 einen Neubau, der heute als typisches Beispiel für die »traditionelle Moderne« oder »andere Moderne« gilt. Mit seinen Giebeln und Backsteinfassaden strebt der Bau eine bewusste Einbindung an die traditionelle Kölner Architektur an, im Inneren ist jedoch jene neue Formensprache umgesetzt, die sich insbesondere im mehrgeschossigen, die steil aufstrebende Treppe einbeziehenden Hauptraum zeigt. Heute beherbergt es das **Museum für Angewandte Kunst**.

Im Jahr 2001 erhielt das **Wallraf-Richartz-Museum** nach einer Zwischenstation am Dom in einem von Oswald Mathias Ungers errichteten Neubau zwischen Gürzenich und Rathaus eine neue Heimat. Hinter der mit Basaltlava und Eifel-Tuffstein verkleideten Fassade des fensterlosen Kubus sind seitdem bedeutende Kunstschätze der Domstadt zu finden.

Einen Höhepunkt bildet der 1986 fertiggestellte Komplex mit dem **Museum Ludwig** und der **Philharmonie**. Dem Kölner Architekturbüro Busmann & Haberer ist mit diesem markanten Gebäude ein städtebaulich und architektonisch einprägsames Ensemble in unmittelbarer Nachbarschaft von Dom und Hauptbahnhof gelungen. Der Bau ist so bemessen, dass der Blick auf den Dom nicht verstellt wird. Die glänzenden, zinkverkleideten Sheddächer des Museumskomplexes bilden einen reizvollen Gegensatz zum hoch aufragenden mittelalterlichen Wahrzeichen der Stadt.

Neue Museen

Neuere Projekte werden dem Ruf Kölns als Kunstmetropole und Museumsstadt gerecht. Mit dem Neubau des in **Kolumba** umgetauften Diözesanmuseums ist dem Schweizer Architekten Peter Zumthor ein Meisterwerk gelungen.

Das Museum findet auf dem Areal der im Zweiten Weltkrieg zerstörten Pfarrkirche St. Kolumba – vis-a-vis des Opernhauses – seinen Platz; integriert in den Neubau wurde die 1950 gebaute Kapelle Madonna in den Trümmern. Zumthor machte die Fundamente, die bis in die römische Zeit zurückgehen und die romanischen Vorgängerbauten der Kolumbakirche in einem archäologischen Bereich mit durchlässigem Mauerwerk sichtbar.

Das jüngste Museumsprojekt Kölns ist der 2010 eingeweihte Neubau des **Rautenstrauch-Joest-Museums** mit der Erweiterung des Museums Schnütgen am Neumarkt.

Weitere Bauprojekte

Auch andere neue innerstädtische Bauten brauchen sich nicht zu verstecken. Genannt sei das 2001 fertiggestellte **Ring-Karree** des britischen Architekten Sir Norman Foster am Friesenplatz. Foster orientierte sich mit dem Neubau für den Versicherungskonzern Gerling an bereits bestehenden Gerlinggebäuden der 1930er- und 1960er-Jahre, indem er ähnliche Baumaterialien verwendete. Gleichzeitig knüpfte er formal an die Stadttore des mittelalterlichen Köln an, die sich entlang des Kölner Rings befanden. 2005 wurde auch das von **Renzo Piano** entworfene »Weltstadtkaufhaus« an der Schildergasse fertiggestellt.

Weltstadtkaufhaus ►

Die 2008 in Lanxess Arena umgetaufte Kölnarena trägt den Spitznamen »Henkelmännchen«, den ihr der 76 m hohe Stahlbogen eingebracht hat.

Eines der ambitioniertesten Bauprojekte der Stadt, die Umgestaltung des **Rheinauhafens** mit den spektakulären Kranhäusern des Hamburger Architekturbüros Bothe, Richter, Teherani konnte 2011 fertiggestellt werden. Auf dem 235 000 m² großen ehemaligen Hafenareal entstand unter Einbeziehung denkmalgeschützer Gebäude ein neues »Wohn-, Büro- und Kulturviertel«.

Im **MediaPark** ordnen sich sechs solitäre Baukörper halbkreisförmig um einen zentralen Platz. Der 148 m hoch aufragende KölnTurm des französischen Architekten Jean Nouvel gehört zu den von weit her sichtbaren architektonischen Kennzeichen der Domstadt und verleiht ihrer über lange Jahre hinweg unveränderten Silhouette ebenso neue Impulse wie die 1999 rechtsrheinisch entstandene **Kölnarena** (Lanxess Arena), deren 76 m hoher Bogen schon von Weitem zu sehen ist.

Überhaupt ist das rechtsrheinische Deutz einer der wichtigen Schauplätze für neue städtebauliche Projekte. So wird passend zur neuen Hochgeschwindigkeitsstrecke nach Frankfurt, der Deutzer Bahnhof zum ICE-Knotenpunkt ausgebaut. Das neue Deutzer Wahrzeichen, der 103 m hohe Büroturm **KölnTriangle** am Ottoplatz, konnte 2006 eröffnet werden (►Baedeker Tipp S. 154).

HOTEL
MEDIAPARK

Bildhauerei

Nach dem Zweiten Weltkrieg erfolgte auch in der Bildhauerei eine Neuorientierung. Anknüpfungspunkt wurde für die gegenständlich arbeitenden Künstler die figürliche Plastik des Expressionismus. **Ewald Mataré** (1887 – 1965) hat dabei im Rheinland eine Vorreiterrolle übernommen. Großprojekte waren in der Zeit des Wiederaufbaus rar, aber zum Domjubiläum 1948 erhielt er den Auftrag, die zerstörten Portaltüren des südlichen Querhauses aus dem 19. Jh. zu erneuern. Bis 1954 schuf er insgesamt vier neue Bronzetüren.
Noch im Jubiläumsjahr entstanden für das Mittelportal die **Papsttür** mit dem Wappen von Pius XII. sowie Hahn und Pelikan als Symbole für die Wachsamkeit und Liebe und die Bischofstür mit dem Wappen von Erzbischof Josef Kardinal Frings. Auf der **Bischofstür** sind die Kölner Heiligen als Personifikationen der Weisheit, der Gottesfurcht, der Stärke, der Wissenschaft, des Verstandes und der Frömmigkeit zu sehen. Die **Pfingsttür** von 1953 zeigt das himmlische Jerusalem, darunter das brennende Köln und den knienden Noah, der den ersten Weinstock pflanzt, ein Symbol für den Neuanfang der Stadt. 1954 vollendete Mataré die Schöpfungstür, auf der die Hand Gottes als Symbol für die Erschaffung der Welt zu sehen ist. Der brennende Dornbusch verweist auf das Erscheinen gottes in der Welt, das Netz symbolisiert die Kirche.
Eine ganz andere Richtung der Bildhauerei manifestiert sich in der Gestaltung des Heinrich-Böll-Platzes, der am 1986 fertiggestellten Museum Ludwig entstanden ist. Der israelische Künstler **Dani Karavan** (geb. 1930) schuf hier ein Environment, das durch die Verwendung von Materialien wie Granit, Ziegelstein und Gusseisen sowie gezielte Baumbepflanzung auf das umgebende Areal mit den Museen, dem Dom, der Hohenzollernbrücke und dem Rheingarten Bezug nimmt. In der Platzmitte errichtete Karavan einen hoch aufragenden Stufenturm, den er **Ma'alot** nannte. Den hebräischen Titel seines Werks und die Platzgestaltung erklärte der Künstler so: »Vom Verb ›aufsteigen‹ abstammend, umfasst es zum einen Stufe, Sprosse, Terrasse (...), die obere Welt. – Zum anderen meint es vor allem (...) auch Steigerung, Winkel, Kreisteilung (...). Es bezeichnet ›menschliche Grade‹, positive Eigenschaften im Menschen, Vorzüge, Tugenden, Charakter.«

◄ Skulpturenpark

Im Jahr 1997 initiierte das Sammler-Paar Eleonore und Michael Stoffels den Skulpturenpark Köln, ein 5000 m² großes Gelände zwischen Rheinuferstraße und Riehler Straße im Kölner Norden bei der Zoobrücke. In dem kleinen Park stehen mehr als 40 zum Teil recht voluminöse Plastiken von international renommierten zeitgenössischen Künstlern.

Malerei

Nach dem Ersten Weltkrieg formierten sich in Köln, wie anderswo auch, junge, revolutionär denkende Künstler zu Avantgardegruppen,

← *Mit dem MediaPark erhielt Köln nicht nur einen neuen Stadtteil, sondern auch ein weiteres Wahrzeichen – den 148 m hohen KölnTurm.*

Im nahe der Zoobrücke gelegenen Skulpturenpark sind über 40 Werke internationaler zeitgenössischer Künstler installiert.

die mit dem »Mief« der Vorkriegsjahre endgültig aufräumen wollten. Einer der wichtigsten unter ihnen, der Dadaist und Surrealist **Max Ernst**, wurde 1891 in Brühl geboren und hat sich bis zu seinem Weggang nach Paris 1922 aktiv als »DADAMAX« am Kunstgeschehen der Stadt beteiligt. Zusammen mit Johannes Baargeld und **Angelika** und **Heinrich Hoerle** etablierte er Dada in Köln. Ihre Ausstellung im Brauhaus Winter in der Schildergasse sorgte 1920 für einigen Wirbel. Nach dem Weggang von Max Ernst bildete sich die Gruppe der »Progressiven«, deren Hauptprotagonisten wiederum das Künstlerpaar Hoerle und **Franz Wilhelm Seiwert** waren. Ihr politisches Anliegen zeigt sich in ihren Bildthemen. Der Arbeiter, die Arbeitswelt und das soziale Umfeld wurden darstellungswürdig, stilistisch entwickelte diese Gruppe einen neuen figurativen Konstruktivismus, der zwar von der russischen und französischen Avantgarde beeinflusst war, aber dennoch ein ganz eigener Stil wurde. Auch die Neue Sachlichkeit konnte sich mit **Anton Räderscheidt** und **Heinrich Maria Davringhausen** in den 1920er-Jahren fest in Köln etablieren. Die Machtübernahme der Nazis und deren rigide Kunstpolitik setzten 1933 diesen interessanten Entwicklungen allerdings ein jähes Ende.

Galerien Da über 80 Galerien von z. T. internationalem Rang in der Stadt ansässig sind, kann man sich in Köln über die verschiedenen Strömun-

Die »Art Cologne« gehört zu den wichtigsten Messen für zeitgenössische Kunst in Europa.

gen zeitgenössischer Kunst informieren – dies, obwohl seit den 90-er Jahren manche Galerien vom Rhein nach Berlin abwanderten. Auslöser für die Entwicklung war der in den 1960er-Jahren vom Kölner Galeristen **Rudolf Zwirner** gegründete »Kölner Kunstmarkt«, die heutige Art Cologne, die sich zu einer der wichtigsten europäischen Kunstmessen entwickelt hat und jedes Jahr im April renommierte Aussteller nach Köln lockt.

Wo sich ein florierender Kunsthandels etabliert hat, zahlreiche Sammler leben und eine entsprechende Kulturpolitik verfolgt wird, ist auch der Lebensmittelpunkt vieler Künstler. Zu den prominentesten gehören Gerhard Richter, Rosemarie Trockel und Jürgen Klauke. Man muss nicht weit gehen, um sich einen Überblick über das Kölner Kunstgeschehen zu verschaffen. Ein Großteil der Galerien ist in der Altstadt versammelt, vorwiegend im Friesenviertel, im Belgischen Viertel und um den Dom herum. Zeichen setzen in jüngster Zeit eher risikobereitere Privatinitiativen als städtische Projekte. Mehrere Galeristen schlossen sich zusammen, um in einem ehemaligen Umspannwerk im Norden ein **Galerienhaus** (An der Schanz 1 a) zu eröffnen. Neu ist auch die »Kunstmeile Süd«, die drei Galerien im Rheinauhafen mit Adressen in der Südstadt und dem **Forum für Fotografie und Kunst** im Stadtteil Bayenthal (Schönhauser Str. 8) verbindet.

Auch in der fotografischen Kunst blieb in Köln eine stolze Tradition bis heute lebendig. Unter den Fotografen des 20. Jhs., die in der Stadt wirkten, sind an erster Stelle August Sander und Chargesheimer zu nennen. Die Photographische Sammlung der Stiftung SK Kultur im Mediapark pflegt das August-Sander-Archiv und stellt Sanders Werke regelmäßig aus. Seit 1950 findet alle zwei Jahre zur photokina-Messe an zahlreichen Standorten eine große Bilderschau statt, heute unter dem Namen Internationale Photoszene Köln.

Musikstadt Köln

Kunterbunte Musikszene

Mit einer bunten und vielgestaltigen Musikszene, die sich ständig weiterentwickelt, ist Köln neben Berlin die führende Musikstadt Deutschlands; von Klassik bis Techno wird für jeden Geschmack etwas geboten. Die Szene wird nicht nur von den verschiedenen etablierten Orchestern und Institutionen wie Hochschulen, Oper und Konzerthallen belebt, sondern auch durch Tonstudios und Musikverlage, unzählige Musikclubs und -kneipen sowie durch viele große, populäre Veranstaltungen und mindestens ebenso viele kleinere für den ausgefalleneren Musikgeschmack.

2003 zog die Popkomm, die größte Musikmesse der Welt, von Köln nach Berlin. Dieser Verlust verstärkte die Abwanderung von Musikfirmen in die Hauptstadt. Doch schon im Jahr 2004 wurde, als Ersatz für die Popkomm, das Festival **»c/o pop«** – »Cologne on Pop« – ins Leben gerufen. Jeweils im August trifft sich vier Tage lang – an vielen verschiedenen Veranstaltungsorten – die Welt der »elektronischen Popkultur« bei Open-Air- und Club-Konzerten, Partys oder Vorführungen von Licht- und Videokünstlern. Begleitet wird das Festival von der Fachmesse »C'n'B« (Creative Business Convention), die die neuesten Entwicklungen im Bereich Elektronik, Multimedia und Digitalisierung vorstellt.

Jazz und Musik der Moderne ►

Mittelpunkt der Kölner Jazzszene ist der **Stadtgarten** , der sich aktueller Musik vieler Richtungen, auch Weltmusik und elektronischer Musik, verschrieben hat. Bedeutend sind auch die zehntägigen Leverkusener Jazztage, die alljährlich im November über 100 000 Besucher anziehen. Ein noch junges Festival ist die ab 2011 im Mai stattfindende **Acht Brücken**, die sich der Musik der Moderne widmet. Hierfür ist Köln ein hervorragender Standort. Die Hochschule für Musik und die Rheinische Musikhochschule veranstalten laufend Konzerte ihrer Dozenten und Studenten. Berühmte Komponisten waren und sind an der Kölner Musikhochschule tätig, darunter **Karlheinz Stockhausen** (geb. 1928), der dort – nach einer leitenden Tätigkeit beim WDR – zwischen 1971 und 1977 lehrte, oder **Hans Werner Henze** (geb. 1926), der 1980 eine Kompositionsklasse übernahm, auch **Mauricio Kagel** (gest. 2008), der 1974 Professor für Neues Musiktheater wurde.

Der Stadtgarten ist eine der ersten Adressen für Jazzfans.

Westdeutscher Rundfunk

Ein wichtiger Faktor für Köln als Musikstandort war und ist der 1926 gegründete Westdeutsche Rundfunk, aus dessen Großem Sendesaal regelmäßig Konzerte – überwiegend Klassik und Jazz – übertragen werden. Neben dem WDR hat heute eine große Anzahl weiterer Rundfunk- und Fernsehanstalten ihren Sitz in Köln.

Kölner Ensembles

Fast täglich hat man die Gelegenheit, verschiedene Kölner Ensembles zu hören und zu sehen, insbesondere das Gürzenich Orchester, die Kölner Philharmoniker, das WDR Sinfonieorchester und das WDR Rundfunkorchester.

Rock und Pop

In und um Köln proben und spielen unzählige Rock- und Pop-Bands. Eine Sonderstellung nimmt der **Kölsch-Rock** ein. Vorreiter der Rockmusik mit kölschen Texten war die Gruppe BAP um den Sänger, Texter und Komponisten **Wolfgang Niedecken** (► Berühmte Persönlichkeiten), die seit über 30 Jahren zu den beliebtesten deutschen Rockbands zählt. Deutschlandweit bekannt wurden außerdem die Kölner Gruppen Brings, Wolf Maahn und Ina Deter.
Besonders zu Zeiten des karnevalistischen Treibens, aber auch im übrigen Jahr beliebt sind die **Bläck Fööss** und De Höhner. Zur Bedeutung der Kölschen Mundart resümierte einst Ex-Bläck-Föös-Sänger Tommy Engel: »Hochdeutsch is doch nur en Behelfssproch!«

Hochschulen für Musik

Ausbildungsorte für Musiker sind in erster Linie die Rheinische Musikhochschule und die Hochschule für Musik und Tanz Köln, mit etwa 1800 Studenten und 440 Lehrkräften eine der traditionsreichsten und größten Musikhochschulen Europas. Die Kölner Musikhochschule war auch die erste in Deutschland, die 1982 den Studiengang Jazz und Popularmusik einführte. Auch diesem Umstand ist es zu verdanken, dass große Jazzmusiker in Köln leben und auftreten.

Berühmte Persönlichkeiten

Eine römische Kaiserin als Namenspatronin der Stadt, ein Gelehrter als Initiator der Vollendung des Doms und ein Erzbischof, der – unter besonderen Umständen – »erlaubt« zu stehlen: kleine Porträts von Menschen, die mit Köln verbunden sind.

Konrad Adenauer (1876 – 1967)

Politiker

Der Jurist Adenauer war von 1917 bis 1933 Kölner Oberbürgermeister. Die Stadt verdankt ihm u. a. die Wiedereröffnung der Universität 1919, die Anlage der Grüngürtel mit ihren Freizeit- und Sportmöglichkeiten, die Einrichtung der Kölner Messe 1924 sowie den wirtschaftlichen Aufschwung in den 1920er-Jahren. 1933 wurde er von den Nazis seines Amtes enthoben, 1944 inhaftiert. Ab 1945 wieder politisch aktiv – Adenauer war Mitbegründer der CDU und 1948/1949 maßgeblich an der Schaffung des Grundgesetzes beteiligt, wurde er 1949 erster Bundeskanzler der Bundesrepublik Deutschland, von 1951 bis 1955 auch Außenminister. In seiner Zeit als Kanzler hat er die deutsche Nachkriegsgeschichte entscheidend geprägt. Er erreichte die Integration der Bundesrepublik in den Westen, z. B. durch den Beitritt zur NATO, nahm aber auch mit der UdSSR diplomatische Beziehungen auf und konnte die Heimkehr vieler Kriegsgefangener bewirken. 1963 trat er als Bundeskanzler zurück, blieb aber weiterhin politisch engagiert.

i Kölner Persönlichkeiten

- 1995 wurde der Rathausturm wieder mit Figuren geschmückt: 128 Persönlichkeiten von Agrippina bis Böll, die die 2000-jährige Geschichte Kölns in der ein oder anderen Weise geprägt haben, umringen nun fast lebensgroß den Turm. Ihre Biografien sind in dem Buch »Köln: Der Ratsturm« aus der Reihe »Stadtspuren – Denkmäler in Köln« (Bd. 21, Bachem Verlag) nachzulesen.

Julia Agrippina (15 – 59)

Julia Agrippina wurde in Köln als Enkelin des Stadtgründers Marcus Vipsanius Agrippa geboren. Dieser, Freund und Schwiegersohn des römischen Kaisers Augustus, hatte 38 v. Chr. während seiner Statthalterschaft in Gallien durch die Ansiedlung des Volksstamms der Ubier das »oppidum ubiorum«, das spätere Köln, gegründet.
Mit 13 Jahren heiratete Julia Agrippina den römischen Senator Gnaeus Domitius Ahenobarbus (der im Jahr 40 n. Chr. starb). 37 n. Chr. gebar sie den späteren Kaiser Nero. Im Jahr 48 n. Chr. heiratete sie ihren Onkel Claudius, römischer Kaiser von 41 bis 54, den sie im Jahr 50 veranlasste, sie zur »augusta« (Kaiserin) und ihre Geburtsstadt zur Stadt römischen Rechts zu erheben: Colonia Claudia Ara Agrippinensium (CCAA), d. h. »Stadt römischen Rechts zur Zeit des Claudius, mit Altar des Kaiserkults, auf Veranlassung Agrippinas«.
Aus dem Kurznamen Colonia wurde in späteren Zeiten Köln. Im Jahr 54 vergiftete Agrippina ihren Gemahl Claudius, um ihren Sohn Nero, den sie politisch beeinflusste, auf den Thron zu bringen. Sie selbst fiel im Jahr 59 einem Mordanschlag Neros zum Opfer.

← *Bundeskanzler Konrad Adenauer im Gespräch mit Bundespräsident Theodor Heuss (Mai 1958).*

Der große Philosoph und Theologe auf einem Fresko von 1352

Albertus Magnus (um 1200 – 1280)

Albert der Große, um 1200 als Sohn des Grafen von Bollstädt in Lauingen an der Donau geboren, trat während seines Studiums in Padua in den Dominikanerorden ein. Nach Lehrtätigkeit in verschiedenen deutschen Klöstern promovierte er 1247 in Paris zum Magister der Theologie. 1248 wurde er nach Köln geschickt, um innerhalb des dortigen Dominikanerordens ein Studium generale einzurichten und zu leiten. Sein berühmtester Schüler war Thomas von Aquin. Bahnbrechend waren Albertus Magnus' Aristoteleskommentare; außerdem betrieb er neben der Theologie in für die damalige Zeit ungewöhnlichem Maße naturwissenschaftliche Studien. Aufgrund seines großen Ansehens wurde er mehrmals als Schlichter bei Auseinandersetzungen zwischen Kölner Bürgern und Erzbischof Konrad von Hochstaden hinzugezogen. Die Kölner Universität ist nach ihm benannt; seine Gebeine befinden sich heute in der Krypta von St. Andreas.

Sulpiz Boisserée (1783 – 1851)

Architekt und Kunstsammler

Der in Köln geborene Sulpiz Boisserée widmete sich mit seinem Bruder Melchior schon früh dem Studium von Kunst, Literatur und Philosophie. In Paris lernten die Brüder Friedrich Schlegel kennen, der u. a. ihr Interesse für gotische Architektur weckte und sie 1804 nach Köln zurückbegleitete. Hier begannen die Brüder Boisserée, altdeutsche und altniederländische Gemälde, viele aus verweltlichtem Kirchenbesitz, zu sammeln. Die wertvolle Sammlung erwarb 1827 König Ludwig I. von Bayern, sie befindet sich heute in der Münchner Alten Pinakothek.

Ab 1808 fertigte Sulpiz Boisserée Zeichnungen vom Kölner Dom an, die – u. a. durch fiktive Darstellungen der vollendeten Kathedrale – für den Weiterbau des Kölner Doms werben sollten. Ab 1835/1836 war Sulpiz bayerischer Landeskonservator, bereiste dann bis 1838 Italien und Südfrankreich und wurde 1845 zum preußischen Geheimen Hofrat ernannt. Bis zu seinem Tod im Mai 1854 lebte Sulpiz Boisserée in Bonn.

Heinrich Böll (1917 – 1985)

Schriftsteller

Der gelernte Buchhändler Heinrich Böll, gebürtiger Kölner, studierte in seiner Heimatstadt Germanistik, wurde aber bald freier Schriftsteller. Die längste Zeit seines Lebens verbrachte er in Köln, dem er mit ambivalenten Gefühlen gegenüberstand: Einerseits liebte und lobte er die Stadt: »Köln zu loben ist müßig, und doch muss es einmal geschehen, obwohl es schwer ist, etwas zu beschreiben, was unbeschreiblich ist«, andererseits kritisierte er die Stadt und ihre Einwohner mit teilweise so scharfen Worten, dass er von manch einem Kölner als »Nestbeschmutzer« beschimpft wurde.

Böll gilt als einer der herausragendsten Vertreter der deutschen Nachkriegsliteratur. Er befasste sich mit den materiellen und seelischen Nöten in der Nachkriegszeit, bevor er sich mit der sich entwickelnden Wohlstandsgesellschaft und all ihren Folgen wie Konformismus und soziale Ungerechtigkeiten schriftstellerisch auseinandersetze. Seine berühmtesten Romane sind »Haus ohne Hüter« (1954), »Billard um halb zehn« (1959), »Ansichten eines Clowns« (1963), »Gruppenbild mit Dame« (1971) und »Die verlorene Ehre der Katharina Blum« (1974). 1972 erhielt Böll den Literaturnobelpreis, 1983 – wiewohl wegen seines politischen und sozialen Engagements angegriffen – die Ehrenbürgerschaft der Stadt Köln.

Josef Frings (1887 – 1978)

Kölner Erzbischof

1910 zum Priester geweiht, 1916 in Freiburg i.Br. zum Doktor der Theologie promoviert, wurde Josef Frings 1942 Erzbischof von Köln und 1946 Kardinal. Während des »Dritten Reiches« prangerte er öffentlich den Antisemitismus und den Terror der Nationalsozialisten an. Wichtig waren seine Tätigkeit als Vorsitzender der Fuldaer Bischofskonferenz 1945 – 1965, in der er sich für die Völkerverständigung einsetzte, und sein Engagement während des Zweiten Vatikanischen Konzils (1962 – 1965), bei dem er zu den Vertretern der Kirchenreform gehörte. Ende der 1950er-, Anfang der 1960er-Jahre gründete er die Hilfswerke Misereor und Adveniat.

Den Menschen Frings kennzeichnet treffend sein in den ersten Nachkriegsjahren öffentlich geäußertes Verständnis dafür, dass man in den kalten Wintern die Güterwagons bisweilen um einige Briketts erleichterte – und flugs bürgerte sich die Bezeichnung »fringse jonn« (»fringsen gehen«) ein. 1969 trat Josef Kardinal Frings aus Altersgründen von seinem Amt zurück, zwei Jahre nachdem er zum Ehrenbürger Kölns ernannt worden war.

Irmgard Keun (1905 – 1982)

Schriftstellerin

Viele der ironisch-kritischen Romane und Erzählungen der Schriftstellerin, deren Werk lange Zeit in Vergessenheit geraten war, spielen in Köln, u. a. der im Exil veröffentlichte Roman »Nach Mitternacht« (1937). Am 6. Februar 1905 in Berlin geboren, kam sie schon als Kind nach Köln.

Hier absolvierte sie eine Schauspielausbildung. Ihr schriftstellerisches Talent, u. a. von Alfred Döblin gefördert, stellte sie mit ihrem Erstlingswerk »Gilgi, eine von uns« (1931) unter Beweis. Der Roman erreichte innerhalb eines Jahres eine Auflage von 30 000 Exemplaren. Fast ebenso erfolgreich war ihr ein Jahr später erschienener Roman »Das kunstseidene Mädchen«, der 1960 mit Giulietta Masina in der Hauptrolle verfilmt wurde.

Ihre Bücher wurden während des »Dritten Reichs« verboten. 1936 ging Irmgard Keun ins Exil, kehrte aber schon 1940 unerkannt zurück und überlebte den Zweiten Weltkrieg und die Nazidiktatur in wechselnden Verstecken. Nach einem kurzen Comeback durchlitt sie in den Nachkriegsjahren eine schwere Lebens- und Schaffenskrise, von der sie sich nicht mehr erholte, obwohl man ihre Werke in den 1970er-Jahren wieder entdeckte und sie 1981 den Marieluise-Fleißer-Preis erhielt.

Stefan Lochner (um 1410 – 1451)

Maler

Stefan Lochner, geboren um 1410 in Meersburg am Bodensee, kam um 1430 nach Köln. Der größte Meister der Kölner Malerschule verband in seinen Bildern die strenge religiöse Tradition mittelalterlicher Malerei mit dem »modernen« niederländischen Realismus zu einem unverkennbaren persönlichen Stil.

Stefan Lochners berühmter »Altar der Stadtpatrone« (um 1442)

Neben so hervorragenden rein religiösen Bildern wie der um 1448 gemalten »Madonna im Rosenhag« (heute im Wallraf-Richartz-Museum) oder der etwa zur selben Zeit geschaffenen »Madonna mit dem Veilchen« (Kolumba) malte das zweimalige Kölner Ratsmitglied Lochner (1447 und 1451) für die Ratskapelle den berühmten »Altar der Stadtpatrone« – auch »Dombild« und »Dreikönigsaltar« genannt –, der das Selbstbewusstsein des unabhängigen Köln in einzigartiger und in der deutschen Malerei der Zeit völlig ungewohnter Weise zum Ausdruck bringt. Der um 1442 entstandene »Altar der Stadtpatrone« ist heute in der Marienkapelle im Dom zu bewundern. 1451 wurde Stefan Lochner wahrscheinlich ein Opfer der Pest.

Karl Marx (1818 – 1883)

Philosoph

Nach dem Studium der Rechtswissenschaften, der Philosophie und Geschichte in Bonn und Berlin und der Promotion in Jena zog Karl Marx nach Köln und arbeitete 1842 und 1843 als Redakteur bei der liberalen »Rheinischen Zeitung«. Seine Artikel, vor allem seine Stellungnahmen zur Pressefreiheit und dem »Holzdiebstahlgesetz«, führten zwar zum Verbot der oppositionellen Zeitung, wurden aber gleichzeitig vorbildlich für die gesamte deutsche Pressearbeit. Er lebte in den folgenden Jahren an wechselnden Orten; Paris, Brüssel und London waren die wichtigsten Stationen. In dieser Zeit schrieb er zusammen mit Friedrich Engels das berühmte »Kommunistische Manifest«. 1848 kehrte er nach Köln zurück, richtete zusammen mit Engels die Zentrale des »Bundes der Kommunisten« ein und gründete die »Neue Rheinische Zeitung«. Als deren Chefredakteur prägte er den sozialrevolutionären und radikaldemokratischen Grundton des Blattes. Nach den revolutionären »Septemberereignissen« wurde er 1849 von der konservativen preußischen Regierung ausgewiesen. Nach einem kurzen Intermezzo in Paris ging er nach London, wo er bis zu seinem Tod lebte.

Willy Millowitsch (1909 – 1999)

Schauspieler

Willy Millowitsch ist Spross einer alten Kölner Bühnendynastie. Schon sein Ururgroßvater verdiente sein Brot als Puppenspieler auf der »Schäl Sick«, im rechtsrheinischen Köln. Seine Eltern Peter und Käthe Millowitsch eröffneten ein Volkstheater, das nach etlichen Umzügen 1936 seinen jetzigen Platz an der Aachener Straße fand. Willy Millowitsch trat hier schon als Junge in kleinen Rollen auf, ohne je eine Schauspielausbildung genossen zu haben. 1940 übernahm er die Leitung des Familienbetriebs. Nach dem Zweiten Weltkrieg baute Willy Millowitsch das beschädigte Theater mit Hilfe des damaligen Oberbürgermeisters Konrad Adenauer wieder auf. Gerade in dem total zerstörten Köln, bei Hunger und Elend, meinte Adenauer, »müssen die Leute wieder was zu lachen haben«. 1953 riskierte das Deutsche Fernsehen die erste Liveübertragung aus einem Theater mit dem Stück »Etappenhasen«;

Der Volksschauspieler wurde bereits zu Lebzeiten mit einem Denkmal geehrt.

die Hauptrolle spielte Willy Millowitsch. Der Erfolg war riesig, weit über Köln hinaus. Willy Millowitsch, der nie Subventionen bekommen hat, spielte danach noch viele Rollen in seinem Theater, im Film und im Fernsehen, auch ernste Rollen von weltbekannten Autoren, wovon jedoch kaum Notiz genommen wurde. 1989 wurde er Ehrenbürger seiner Vaterstadt. Die dankbaren Kölner haben ihm schon zu Lebzeiten ein Denkmal gesetzt, das ihn auf einer Bank sitzend vor dem Eingang des Hänneschen-Theaters am Eisenmarkt zeigt. Millowitsch starb am 9. September 1999 und wurde unter enormer Anteilnahme der Kölner Bevölkerung beerdigt.

Wolfgang Niedecken (geb. 1951)

Musiker 1976 hatte noch keiner damit gerechnet, dass BAP zu einer der erfolgreichsten deutschen Bands werden würde; es ging eher darum, »einen Kasten Bier leer zu proben«. Aber schon mit ihren ersten Plattenveröffentlichungen schrieben die Kölner Musikgeschichte. Bis heute erreicht jedes BAP-Album die vordersten Chartplätze. Entstanden ist die Kölsch-Rock-Band BAP – abgeleitet von Bapp = Vater – aus einer Hobbycombo um den Sänger und Bob-Dylan-Fan Wolf-

Kölsch-Rocker Wolfgang Niedecken beim Tourneestart zum 30-jährigen Bandjubliäum von BAP im Januar 2004 in der Kölnarena.

gang Niedecken. Zwar war die Kultband während ihres nunmehr über 30-jährigen Bestehens mal größer, mal kleiner, doch Stillstand herrschte nie: 17 Alben bis 2011, die letzte mit dem für einen mittlerweile sechzigjährigen Altrocker sinnigen Titel »Halv su wild« – und immer noch ist BAP erfolgreich unterwegs.

Geschrieben und gesungen werden die Texte ausschließlich in der Heimatsprache von Wolfgang Niedecken. »All meine Gedanken, all meine Gefühle habe ich – solang ich denken kann – ausgelebt oder ertragen in unserer eigenen Sprach«, heißt es in einer Strophe seines Liedes »Für ne Moment«.

Doch der 1951 in der Kölner Südstadt geborene Niedecken gibt sich mit seiner Rolle als Sänger und Frontmann von BAP allein nicht zufrieden. Er nahm drei Soloalben auf – »Schlagzeiten« (1987), »Leopardefell« (1995), »NiedeckenKöln« (2004, mit der WDR Big Band) – und betätigt sich seit seinem Kunststudium in Köln Anfang der 1970er-Jahre auch als Maler und Grafiker. So hat er die meisten BAP-Plattencover selbst gestaltet und präsentiert seine Werke in zahlreichen Ausstellungen. Darüber hinaus zeigt Wolfgang Niedecken immer wieder großes politisches und gesellschaftliches Engagement. 1992 war er Mitorganisator des Kölner Konzerts gegen Rassismus und Fremdenhass »Arsch huh – Zäng ussenander« auf dem Chlodwigplatz, seit 2005 ist er Botschafter der Hilfsaktion »Gemeinsam für Afrika«.

Jacques Offenbach (1819 – 1880)

Komponist

Der französische Vorname täuscht über Offenbachs Herkunft hinweg: Der in Köln geborene und Jakob getaufte berühmte Komponist legte sich den neuen Namen in Paris zu, wo er den Großteil seines Lebens verbrachte. In vielen seiner Werke spiegeln sich die Erfahrungen, die Offenbach in seiner Kölner Jugend und auch später während seiner vielen Kölnbesuche machte. Vor allem das Ironisch-Satirische, der beißende Spott und das Parodistische, Freche seiner Operetten soll er von der »Kölner Schnauze« und dem Kölner Karneval abgeguckt haben. Offenbachs Stücke gelten als Beginn der modernen Operette, z. B. »Orpheus in der Unterwelt«. Bis heute populär ist Offenbachs Cancan, eigentlich eine Tanzeinlage in einer seiner Operetten. Er schrieb nur eine einzige Oper, »Hoffmanns Erzählungen«, die noch heute oft aufgeführt wird. Passenderweise benannte man den Platz vor der Oper, wo überdies sein Elternhaus stand, nach ihm.

Rainald von Dassel (um 1120 – 1167)

Erzbischof

Der Kölner Erzbischof Rainald von Dassel legte 1164 mit der Überführung der Gebeine der Heiligen Drei Könige aus dem eroberten Mailand nach Köln den Grundstein für Kölns Aufstieg zu einer der bedeutendsten Wallfahrtsorte der Christenheit, was für die Stadt von erheblicher wirtschaftlicher Bedeutung war. Rainald selbst, Spross einer Grafenfamilie, war ein Verfechter kaiserlicher Macht über die päpstliche, was ihm zwar keine Sympathie seitens der Päpste, wohl aber die des Kaisers Friedrich I. Barbarossa einbrachte, der ihn 1156 zum Reichskanzler berief und dem er schließlich auch seine kirchliche (!) Karriere verdankte: 1159 ernannte der Kaiser ihn zum Kölner Erzbischof; zum Priester und Bischof wurde er – trotz päpstlichen Bannes – erst sechs Jahre später geweiht.

August Sander (1876 – 1964)

Fotograf

Der in Herdorf im Siegerland geborene August Sander arbeitete zunächst als Bergmann, bevor er sich 1897 während seines Militärdienstes in Trier der Fotografie zuwandte. 1901 übersiedelte Sander nach Linz an der Donau und arbeitete in einem Fotoatelier, dessen Teilhaber er bereits ein Jahr später wurde. 1910 zog er nach Köln, wo er u. a. ab 1924 im »Kreis der Progressiven« um Hoerle und Seiwert mitwirkte. 1929 erschien das hervorragende Werk »Antlitz der Zeit«, in dem Sander Menschen und Berufsstände der 1920er-Jahre festgehalten hat.

Verfemt in der Nazizeit, wurden die Bilder Sanders erst nach 1945 wieder geschätzt. Seine unter dem Titel »Köln wie es war« veröffentlichten Fotografien aus der Zeit vor dem Zweiten Weltkrieg sind nicht nur künstlerisch von hohem Wert, sie stellen auch einzigartige Zeugnisse des alten Köln dar. 1962 erhielt Sander das Bundesverdienstkreuz. Der größte Teil seines Werks liegt im August-Sander-Archiv der Photographischen Sammlung / SK Stiftung Kultur im MediaPark.

Alice Schwarzer (geb. 1942)

Publizistin

Sie ist die Galionsfigur der deutschen Frauenbewegung, die Mehrheit der deutschen Bevölkerung kennt sie. Doch die Thematisierung von Sexismus und Patriarchat auf breitenwirksamer Ebene hat Alice Schwarzer auch viel böse Kritik eingebracht. Von »frustrierter Emanze« bis »Männerhasserin« musste sie alle Klischees, die die Welt für Feministinnen bereitstellt, über sich ergehen lassen. Nach jahrzehntelangen feministischen Aktionen und Publikationen gibt sich die Autorin und Journalistin heute jedoch gelassen: »Mein eigenes Beispiel zeigt, dass eine Frau auch unbequem sein kann, dann zwar nicht immer dafür geliebt wird, aber auch nicht gleich geköpft.«

Ihre journalistische Tätigkeit begann die gebürtige Wuppertalerin 1966 als Volontärin bei den »Düsseldorfer Nachrichten«. Von 1970 bis 1974 lebte und arbeitete sie als freie Korrespondentin für Funk, Fernsehen und Printmedien in Paris und studierte dort Psychologie und Soziologie. Sie gehörte zu den Initiatorinnen der »Pariser Frauenbewegung« (Mouvement de Libération des Femmes) und trug deren Ideen nach Deutschland. Erstmals Aufsehen erregte sie 1971 mit Artikeln, Büchern (»Frauen gegen den § 218«) und Aktionen

Alice Schwarzer vor einer Wand mit »Emma«-Titelbildern in ihrer Kölner Redaktion

gegen das Abtreibungsverbot. Im Januar 1977 erschien in Köln die erste Ausgabe der von ihr gegründeten Zeitschrift »EMMA«, einer Illustrierten für Frauen von Frauen. 1983 gründete sie in Köln den »FrauenMediaTurm«, ein Informationszentrum zur Geschichte der Emanzipation. Seit 1994 hat das Informationszentrum seinen Sitz im mittelalterlichen Bayenturm in der Nähe des Ubierrings.

Bis heute veröffentlichte Alice Schwarzer 16 Bücher als Herausgeberin und 21 Bücher als Autorin, darunter Biografien über die Grünen-Politiker Petra Kelly und Gert Bastian und über die Schauspielerin Romy Schneider. Die Publizistin, die immer wieder durch ihre Auftritte in Talkshows von sich reden macht, wurde für ihr politisches Engagement mehrfach ausgezeichnet, u. a. mit dem Bundesverdienstkreuz.

SÜNNER
HOTEL
PONCHO'S

Praktische Informationen

WIE KOMMT MAN AM BESTEN VORAN IN KÖLN? WO GIBT'S DAS BESTE KÖLSCH UND WO KANN MAN AM BEQUEMSTEN ÜBERNACHTEN? UND WAS WIRD ABENDS IN DER RHEINMETROPOLE GEBOTEN?

Anreise

Mit der Bahn Köln ist mit seinen Hochgeschwindigkeitsverbindungen nach Amsterdam, Berlin, Brüssel, Hamburg, London, Paris und Frankfurt einer der wichtigsten Verkehrsknotenpunkte Europas und bequem und schnell von allen deutschen und vielen europäischen Großstädten aus mit der Bahn zu erreichen. Täglich fahren über 1300 Züge in den Kölner Hauptbahnhof ein, der mitten im Stadtzentrum direkt neben dem Dom liegt.

Von den Colonaden des Hauptbahnhofs aus im Blick: der Dom

Weitere Bahnhöfe, die von Nahverkehrszügen angefahren werden, befinden sich im Westen (Köln-West) und Süden (Köln-Süd), in Ehrenfeld, Mülheim und Deutz – hier, direkt bei der Messe, kommen auch die Autoreisezüge an.

Daneben gibt es ein weit verzweigtes Netz von S-Bahn-Linien, die vom Hauptbahnhof aus in die verschiedenen Kölner Stadtteile und in die weitere Umgebung der Stadt führen.

Köln ist von einem geschlossenen, mindestens sechsspurigen Autobahnring umgeben; daneben führen zwölf Bundesstraßen in die Stadt. Am besten gelangt man **mit dem Auto** nach Köln:

– von Norden auf der A 57 (Neuss, Düsseldorf) oder der A 1 (Bremen – Münster – Dortmund – Wuppertal),
– von Osten auf der A 4 (Olpe),
– von Südosten rechtsrheinisch auf der A 3 (Passau – Regensburg – Nürnberg – Würzburg – Frankfurt – Koblenz),
– von Süden linksrheinisch auf der A 61 (Mannheim – Mainz – Koblenz),
– von Bonn aus auf der A 555 oder der A 59, die man auch vom Köln-Bonner Flughafen aus benutzt,
– von Westen auf der A 4 (Aachen) und
– von Nordwesten auf der A 61 (Venlo, Mönchengladbach).

Mit dem Bus Die Regionalbusse kommen am Busbahnhof am Breslauer Platz direkt hinter dem Hauptbahnhof an. Die Europabusse der Deutschen Touringgesellschaft fahren sehr preiswert im Linienverkehr alle europäischen Hauptstädte und viele europäische Großstädte an.

INFORMATIONEN ANREISE

BAHN

► **Tarif- und Fahrplanauskunft**
www.bahn.de
Tel. 0180 5 99 66 33
(kostenpflichtig)
Tel. 08 00 / 150 70 90
(kostenlos)

BUS

► **Deutsche Touring GmbH**
Touring-Ticket-Center
Breslauer Platz
Tel. 759 86 60
E-Mail: koeln@touring.de
www.touring.de

► **Regionalverkehr**
www.rvk.de
Tel. 0180 413 13 13

FLUGHAFEN

► **Köln Bonn Airport**
Auskunft
Tel. 022 03 / 40 40 01
www.koeln-bonn-airport.de

MITFAHRZENTRALE

► **Citynetz Mitfahrzentrale**
Maximinenstr. 2
Tel. 194 44
www.citynetz-mitfahrzentrale.de

Mit dem Flugzeug

Rund 15 km südöstlich von Köln liegt der Köln-Bonner Flughafen Konrad Adenauer in der Wahner Heide. Jährlich starten und landen hier über 10 Mio. Passagiere. Charter-, Linien- und Billigflüge verbinden den Airport mit ca. 100 nationalen und internationalen Zielen.

◄ Low-Cost-Carrier

Einige Fluggesellschaften, vor allem Germanwings (www.germanwings.com), Air Berlin (www.airberlin.com), easyjet (www.easyjet.-com) und TUIFly (www.tuifly.de), bieten preiswerte Flüge nach Köln von vielen in- und ausländischen Städten.

◄ Mit der Bahn zum Flug

Zwischen ca. 3.00 Uhr und 1.30 Uhr pendelt täglich überwiegend im 20-Minuten-Takt die S-Bahn (S 13) zwischen Köln-Bonner Flughafen und dem Kölner Hauptbahnhof über den Bahnhof Deutz/Messe (Fahrtzeit ca. 18 Min.). Auch Regionalzüge und Intercity-Züge halten am Flughafenbahnhof.

Ausgehen

Biergärten und Ausflugslokale

Sommergastronomie

In den Sommermonaten werden in Köln vielerorts die Bierbänke herausgestellt – die Kölner danken es den Biergartenbesitzern durch häufigen Besuch. Draußen sitzen kann man an sonnigen Tagen auch in der Altstadt, vor den Cafés und Restaurants an der Frankenwerft, am Alter Markt und in vielen Einkaufsstraßen in der Innenstadt.

Köln *Ausgehen und Cafés*

Ausgehen

① Capri Lounge
② Lotte Haifischbar
③ Rosebud
④ Scheinbar
⑤ Decksteiner Mühle
⑥ Deutzer Bahnhof
⑦ Em Ahle Kohberg
⑧ Gasthaus Rennbahn
⑨ Haus am See
⑩ Herbrand's
⑪ Hyatt-Terrasse
⑫ Kap am Südkai
⑬ Rathenauplatz
⑭ Stadtgarten
⑮ Volksgarten
⑯ Alter Wartesaal
⑰ Gebäude 9
⑱ Kantine
⑲ MTC
⑳ Subway

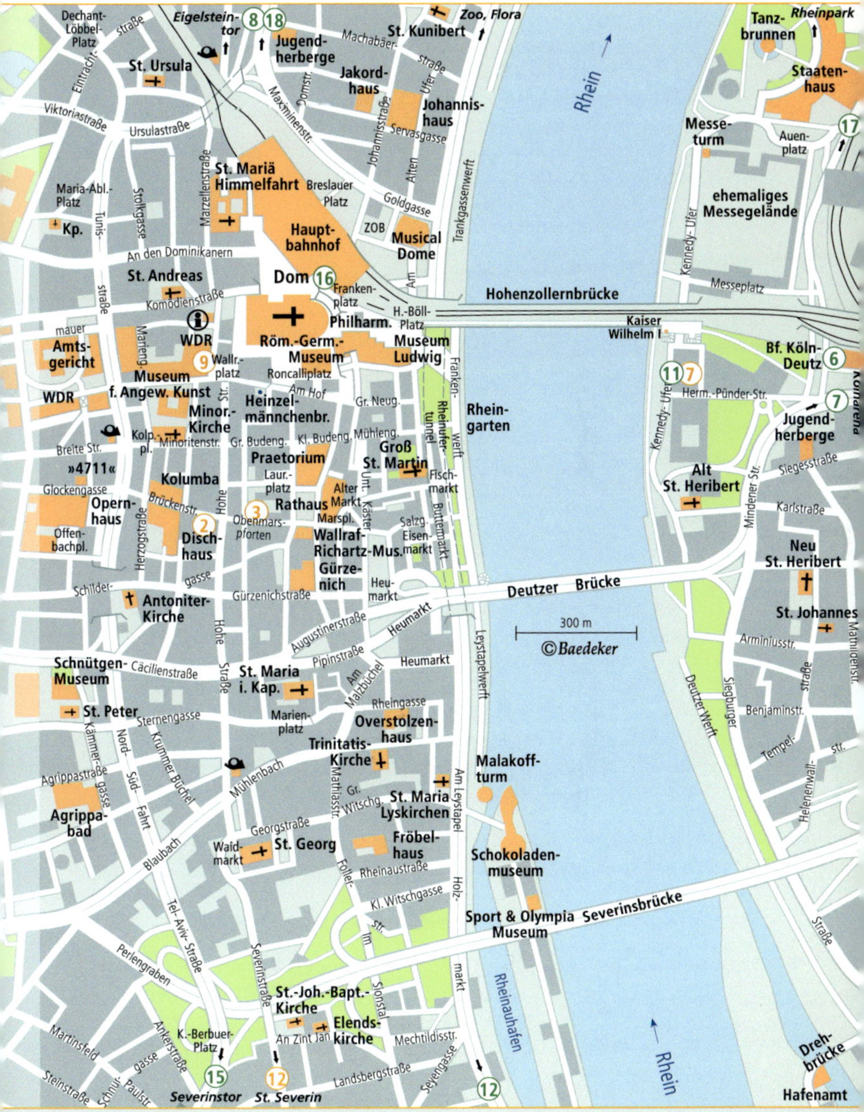

㉑ Underground
㉒ Die Wohngemeinschaft
㉓ Salon Schmitz

Cafés

① Bauturm-Café
② Eigel
③ Jansen
④ Fromme
⑤ Hirsch
⑥ Central
⑦ Glashaus im Hyatt-Regency
⑧ Bastians
⑨ Campi im Funkhaus
⑩ Kommödchen
⑪ Alte Feuerwache
⑫ Filos

Kino

In Köln gibt es, wie in jeder anderen Großstadt auch, ein breites Spektrum an Kinos. Neben dem Multiplexkino Cinedom im Media-Park und anderen Großkinos können sich hier auch die kleineren Programmkinos gut halten. Sie zeigen oft Filme in der Originalfassung mit deutschen Untertiteln. Das Kölner Filmhaus präsentiert zu bestimmten Themenschwerpunkten ein Programm außerhalb des Mainstreams. Im Sommer sind die Open-Air-Kinos ein guter Tipp für Kinogenuss unterm Sternenhimmel.

AUSGEHADRESSEN

BARS

▸ ① **Capri Lounge**
Benesisstr. 61
Tel. 257 32 26
U-Bahn: Rudolfplatz
Die Capri Lounge bietet fantastische Cocktailkreationen. Originelle, als Plattencover gestaltete Karte.

▸ ② **Lotte Haifischbar**
Im Klapperhof 41
Tel. 13 13 35
U-Bahn: Friesenplatz
Der Lieblings-Cocktail findet sich nicht auf der Karte? Kein Problem – die »Extrawurst« wird flux gemixt.

▸ ③ **Rosebud**
Heinsbergstr. 20
Tel. 240 14 55, www.rosebud.de
U-Bahn: Zülpicher Platz
Einrichtung zwischen barock und schick-modern, Musik Jazz oder Funk

▸ ④ **Scheinbar**
Brüsseler Str. 10
Tel. 923 20 48
Straßenbahn: Moltkestr.
Samtrote Sitzecken und schummriges Licht sowie Cocktails zu akzeptablen Preisen machen die Bar zu einer echten Empfehlung.

BIERGÄRTEN UND AUSFLUGSLOKALE

▸ ⑤ **Decksteiner Mühle**
Gleueler Str. 371
Tel. 43 38 44
Straßenbahn:
Gleueler Str./Gürtel
Vor allem am Wochenende gut besuchtes Ausflugslokal mit schönem Biergarten und Blick auf das laufende Mühlrad.

▸ ⑥ **Deutzer Bahnhof**
Ottoplatz 7
Tel. 880 06 15
Straßenbahn:
Bhf. Deutz/Messe
Das Kneipenrestaurant mit großem Biergarten und gelegentlicher Livemusik liegt zwar an einer stark frequentierten Straßenkreuzung, dennoch fühlt man sich hier recht wohl, was zum einen an der schattigen Lage unter großen Bäumen, zum andern am guten Essen liegt.

▸ ⑦ **Em Ahle Kohberg**
Ostmerheimer Str. 455
Tel. 69 25 25
Rustikales Restaurant im rechtsrheinischen Stadtteil Merheim mit angeschlossenem idyllischen Biergarten.

▸ ⑧ **Gasthaus Rennbahn**
Scheibenstr. 40
Tel. 740 83 00
Straßenbahn: Scheibenstraße
900 Plätze unter Kastanienbäumen an der Rennbahn; großes Speisenangebot.

▸ ⑨ **Haus am See**
Bachemer Landstr. 420
Tel. 430 92 60
Straßenbahn: Stüttgenhof
Ideal für Familien und Spaziergänger. Aus dem vornehmschwülstig ausgestatteten Lokal mit großer Terrasse kann man den Blick auf den Decksteiner Weiher genießen. Neben einem üppigen Kuchenangebot gibt es auch deftige Hauptspeisen.

! *Baedeker* TIPP

Der Biergarten ...

... am Aachener Weiher ist bei gutem Wetter sehr beliebt (Tel. 500 06 14, Öffnungszeiten: 11.00 – 24.00 Uhr). Wer lieber auf Musikbeschallung verzichtet und Ruhe sucht, sollte sich in das Café am Museum für Ostasiatische Kunst setzen.

▸ ⑩ **Herbrand's**
Herbrandstr. 21
Tel. 954 16 26
Straßenbahn:
Venloer Straße/Gürtel
Der weitläufige Biergarten erstreckt sich über mehrere Ebenen. Sonntags kann man brunchen, dann ist es auch nicht so voll wie

An sommerlichen Tagen schmeckt ein Kölsch auch unter freiem Himmel, beispielsweise im Biergarten am Alter Markt.

! *Baedeker* TIPP

Alte Liebe

Ein idyllisches Ausflugsziel ist das Bootshaus »Alte Liebe« im südlichen Stadtteil Rodenkirchen nahe der Autobahnbrücke. Während man drinnen oder auf der Terrasse des Restaurantschiffes etwas zu sich nimmt, fahren die Schiffe, die man sonst nur von Weitem sieht, in greifbarer Nähe vorbei. Serviert wird hier leckere gutbürgerliche Küche (Öffnungszeiten: ab 11.00 Uhr, Tel. 39 23 61, Ruhetag im Winterhalbjahr: Mo.).

während der Woche. Partyabende mit Pop, Salsa und anderen Richtungen drinnen im Lokal.

► ⑪ **Hyatt-Terrasse**
Kennedy-Ufer 2a
Tel. 82 81 17 60
U-Bahn: Bhf Deutz/Messe
Von dem Biergarten bietet sich eine fantastische Sicht auf die Kölner Altstadt; Flammkuchen, Würste und Salat stehen auf der Speisekarte.

► ⑫ **Kap am Südkai**
Agrippinawerft 30
Tel. 35 68 33 33
Straßenbahn: Ubierring
Bei gutem Wetter trinken Spaziergänger und Fahrradausflügler Bier oder Capuccino im Rheinauhafen. Wenn es kühler ist, bleibt man in der Bar oder speist im schicken Bistro.

► ⑬ **Rathenauplatz**
Rathenauplatz
Tel. 801 73 49
U-Bahn: Zülpicher Platz
Kleiner, stimmungsvoller Biergarten unter alten Bäumen auf einem der schönsten Plätze der Innenstadt.

► ⑭ **Stadtgarten**
Venloer Str. 40
Tel. 95 29 94 33
U-Bahn: Hans-Böckler-Platz
Über 600 Plätze draußen und weitere 90 drinnen zur Verfügung; Selbstbedienung. Feiner ist das Gartenrestaurant »Al Bosco« abends.

► ⑮ **Volksgarten**
Volksgartenstr. 27
Tel. 38 26 26
Straßenbahn: Eifelplatz
Großer, immer recht gut besuchter Biergarten direkt am See.

MUSIKCLUBS

► ⑯ **Alter Wartesaal**
Hauptbahnhof
Johannisstr. 11
Tel. 912 88 50
www.wartesaal.de
U-Bahn: Dom/Hbf.
Ü30-, 80er-, 90er- und andere Themenabende.

► ⑰ **Gebäude 9**
Deutz-Mülheimer Str. 127
Tel. 58 91 94 14
www.gebaeude9.de
Straßenbahn: Stegerwaldsiedlung
Industrieambiente rechtsrheinisch mit Konzerten und Clubbing ab 23.00 Uhr.

► ⑱ **Kantine**
Neusser Landstr. 2
Tel. 16 79 16 16
www.kantine.com
Straßenbahn:
Wilhelm-Sollmann-Str.,
ab dort Shuttle-Bus
Livemusik, mittwochs House und Ü-30-Partys, samstags Generations Club für alle.

► ⑲ **MTC**
Zülpicher Str. 10

Tel. 240 41 88
www.mtcclub.de
U-Bahn: Zülpicher Platz
Rock-, Punk und Soul-Club

► ⑳ **Subway**
Aachener Str. 82
Tel. 51 79 69
www.subway-der-club.de
Straßenbahn: Moltkestr.
Schicker Kellerclub mit Dance-, Funk- und HipHop-Musik

► ㉑ **Underground**
Vogelsanger Str. 200
Tel. 54 23 26
www.underground-cologne.de
Straßenbahn:
Venloer Str./Ehrenfeldgürtel
Biergarten und Kneipe mit zwei Konzertsälen, Party mit freiem Eintritt ab 22.00 Uhr, Mo., Do., Fr., wechselnde Musikstile

SZENEKNEIPEN

► ㉒ **Die Wohngemeinschaft**
Richard-Wagner-Str. 39
Tel. 39 75 77 18
Straßenbahn: Moltkestr.
Vier Zimmer der fiktiven Bewohner einer WG. Annabells Zimmer ist kuschelig-romantisch, das Tischtenniszimmer für Sportliche, JoJos Zimmer ist Surferszene.

► ㉓ **Salon Schmitz**
Aachener Str. 28
Tel. 139 55 77
U-Bahn: Rudolfplatz
Originelle Einrichtung mit nackten Backsteinwänden und viel Glas. Hier trifft man sich zum Frühstück, Mittagessen oder abends für Bier und Cocktails.

KINOS

► **Kinoprogramm**
www.koeln.de

► **Cinedom**
Mediapark
Tel. 951 951 95
Kölns größtes Multiplexkino mit 14 Sälen und immer viel Betrieb.

► **Open-Air-Kinos**
Cinenova
Tel. 954 17 22
Im Sommer wird im Biergarten des Kinos in der Herbrandstr. 11 in Ehrenfeld eine Leinwand aufgestellt. 300 Kinofans finden Platz.

Open-Air-Kino am Schokoladenmuseum
►Baedeker Tipp S. 219

► **Programmkinos**
Filmhaus
Maybachstr. 111
Tel. 22 27 10 22
www.koelner-filmhaus.de
Das Filmhaus zeigt u. a. Retrospektiven und themenbezogene Sonderreihen. Im Sommer gibt's auch Open-Air-Kino im MediaPark.

Metropolis
Ebertplatz 19
Tel. 72 24 36
Die führende Adresse in der Stadt für Filme in der Originalsprache.

Off-Broadway
Zülpicher Str. 24
Tel. 23 24 18
Hier werden öfter Filme abseits des Mainstreams in Anwesenheit der Regisseure gezeigt.

Weißhaus
Luxemburger Str. 255
Tel. 41 84 88
Wer 1950er-Jahre-Ambiente mag, ist in diesem Kino genau richtig.

Auskunft

WICHTIGE ADRESSEN

TOURIST INFORMATION

▸ **Domforum**
Informations- und Besucherzentrum des Kölner Doms
Domkloster 3 (beim Dom)
D-50667 Köln
Tel. 0221 / 92 58 47 30
www.domforum.de
Öffnungszeiten: Mo. – Fr. 10.00 bis 18.00, Sa. 10.00 – 17.00, So. 13.00 – 17.00 Uhr
Multimediaschau über den Dom; tgl. Dom- und Kirchenführungen.

▸ **KölnTourismus**
Service-Center
Kardinal-Höffner-Platz 1
(gegenüber dem Dom)
D-50667 Köln
Tel. 0221 / 22 13 04 00
www.koelntourismus.de
Öffnungszeiten: Mo. – Sa. 9.00 – 20.00, So. 10.00 – 17.00 Uhr

INTERNET

▸ **www.koeln.de**
Hier findet sich alles, was das Herz des Kölnbesuchers begehrt, u. a. Wissenswertes über Geschichte und Sehenswürdigkeiten der Stadt, Ausflugs- und Gastronomieangebote und viele weitere Online-Links.

▸ **www.stadt-koeln.de**
Die offiziellen Webseiten der Stadt Köln mit Informationen zu Sport, Grünflächen, Freizeitgestaltung und die neuesten Entwicklungen in der Stadt.

Mit Behinderung unterwegs

Einen »Stadtführer für Behinderte« hat das »Zentrum für selbstbestimmtes Leben« herausgegeben. Die Publikation ist dort und im Service-Center von KölnTourismus erhältlich.

▸ **Zentrum für selbstbestimmtes Leben**
An der Bottmühle 2
D-50678 Köln
Tel. 32 22 90
www.zsl-koeln.de
Bürozeiten:
Mo., Di. u. Do.
10.00 – 12.00 und
14.00 – 16.00 Uhr

Essen und Trinken

Kölner Küche

Im strengen Sinne gibt es keine eigenständige Kölner Küche, jedoch nicht etwa, weil in Köln »jejesse weed, wat op dr Desch kütt« – »gegessen wird, was auf den Tisch kommt« –, was eher Ausdruck einer gewissen Vielseitigkeit ist, sondern weil man hier von alters her wegen der weitreichenden Handelsverbindungen und vielen Reisenden im kulinarischen Sinne sehr offen war. Einige Gerichte können jedoch als typisch kölsch angesehen werden:

Kölsch-Snack »Halver Hahn«: ein Brötchen, Butter und ein Stück Käse – dazu ein kühles Kölsch.

Rheinischer Sauerbraten: In Essigmarinade eingelegtes Rindfleisch, das mit Zwiebeln gebraten, in der Marinade gekocht und dann mit der Soße – Bratensud mit Rosinen und Preiselbeeren – und Kartoffelklößen serviert wird.

Himmel und Äd: Ein Gemisch aus Kartoffelpüree (aus der Erde) und gestampften Äpfeln (vom Himmel), serviert mit gebratener Blutwurst.

Hämcher entspricht der Schweinshaxe: Unterschenkel vom Schwein, gepökelt und in einem Wurzelsud gekocht. Dazu nimmt man viel Senf (auf Kölsch »Mostert«, vom französischen »moutarde«), als Beilage gibt es Sauerkraut (»suure Kappes«) und Püree.

◄ Rievkooche

Reibekuchen, Kartoffelpuffer: Geriebene Kartoffeln, mit wenig Weizenmehl, einer geriebenen Zwiebel und Salz vermengt, werden in heißem Öl knusprig ausgebacken. Dazu gibt es Schwarzbrot und Butter oder Apfelmus – Reibekuchen schmecken nirgendwo so gut wie in Köln!

◄ Halver Hahn

Der »halbe Hahn« ist keineswegs ein ganzes Gericht und schon gar nicht wird Geflügel serviert. Es handelt sich vielmehr um ein »Röggelche« (knuspriges Brötchen) mit mittelaltem Holländer Käse und Senf – ein leckerer Happen zum Bier!

◄ Kölscher Kaviar met Musik

Ein Gericht mit irreführendem Namen: Bezeichnet wird damit ein Stück Blutwurst mit einem »Röggelche« und Zwiebeln – die wegen ihrer Auswirkungen beim Verdauungsvorgang »Musik« genannt werden. Blutwurst heißt übrigens auf Kölsch nicht »Blootwoosch«, wie der Zugereiste, stolz auf erste Sprachkenntnisse, meinen mag, sondern »Flönz« – man hat es schwer als »Immi« in Köln ...

◄ Kölsch

Getrunken wird in Köln zwar auch Wein und anderes, vor allem jedoch helles, obergäriges »Kölsch« (►Baedeker Special Guide).

Restaurants

Vom Spitzenrestaurant bis zum Imbiss

In Köln gibt es eine Vielzahl von Restaurants aller Preisklassen und Nationalitäten, Bistros und natürlich die traditionellen Brauhäuser (► Baedeker Special Guide). Daneben existiert eine große Zahl von Imbissständen und Snackbars, in denen man noch um drei Uhr morgens Pommes frites, Currywurst oder Gyros bekommt. Viele davon sind im **Kwartier Lateng**, im Studentenviertel rund um die Zülpicher Straße, zu finden.

Relativ teuer isst man in den meisten Restaurants in der **Altstadt**, besonders an der Frankenwerft. Hier speisen vor allem Geschäftsleute und Messebesucher, oftmals zahlt man allerdings mehr für die Lage als für das Essen. Auch am Alter Markt, am Heumarkt und entlang der Ehrenstraße finden sich viele Lokale. Im **Belgischen Viertel** (Brüsseler Platz, Bismarck-, Antwerpener, Lütticher und Jülicher Straße) finden sich mehrere In-Lokale verschiedenster Nationalitäten. Viele der größeren Hotels bieten ebenfalls gute Restaurants.

! *Baedeker* TIPP

Curry Cologne

Wer Lust auf eine Brat- oder Currywurst hat, aber keine Pommesbuden mag, lässt sich im ersten Kölner Currywurst-Restaurant »CurryCologne« seine Lieblingswurst servieren, vielleicht mit einer Portion Pommes »nach belgischer Art« – und das Ganze zu einem annehmbaren Preis (Antwerpener Str. 5, Öffnungszeiten: Mo. – Do. 11.30 – 23.00, Fr. bis 24.00, Sa. 12.00 – 24.00, So. 13.00 – 22.00 Uhr).

EMPFOHLENE RESTAURANTS

► ① **siehe Plan S. 84 / 85**

► **Preiskategorien**
Fein & teuer (Kat. I): ab 20 €
Erschwinglich (Kat. II): 12 – 20 €
Preiswert (Kat. III): bis 12 €
Für ein Hauptgericht

SPITZENRESTAURANTS

► ① **La Société (Kat. I)**
Kyffhäuser Str. 53
Tel. 23 24 64
Tgl. ab 18.30 Uhr
U-Bahn:
Zülpicher Platz
Das Gourmetrestaurant mitten im Studentenviertel serviert feine und kreative französische Küche in einem intimen Ambiente. Besonders zu empfehlen: »Suppenapotheke« mit fünf Suppenvarianten und die abwechslungsreichen Überraschungsmenüs.

► ② **Limbourg (Kat. II)**
Limburger Str. 35
Tel. 250 88 80
tgl. ab 19.00 Uhr
U-Bahn:
Rudolfplatz
Die Karte mit mediterranem Einschlag beschränkt sich auf je drei Vor-, Haupt- und Nachspeisen, dafür sind diese hervorragend zubereitet. Wer sie nicht mag, muss nur eine Woche auf den Menüwechsel warten.

▸ ③ **Le Moissonier (Kat. I)**
Krefelder Str. 25
Tel. 72 94 79
So. und Mo. geschlossen
U-Bahn: Hansaring
Eines der beliebtesten Restaurants in Köln: ein authentisches Pariser Bistro mit zwei Michelin-Sternen (2011) und ausgezeichneter Weinkarte. Unbedingt vorbestellen!

DEUTSCHE & INTERNATIONALE KÜCHE

▸ ④ **Alcazar (Kat. II/III)**
Bismarckstr. 39 a
Tel. 51 57 33
www.alcazar-koeln.de
U-Bahn: Friesenplatz
Nachmittags ein Szene-Treff, abends ein guter Tipp für variantenreiche deutsche und südeuropäische Küche, die man in lockerer Atmosphäre genießt.

▸ ⑤ **Alter Wartesaal (Kat. II)**
Hauptbahnhof
Johannisstr. 11, Tel. 912 88 50
U-Bahn: Dom/Hbf.
Der Alte Wartesaal befindet sich in einer stilvoll eingerichteten ehemaligen Bahnhofswartehalle und bietet gehobene internationale Küche. Nebenan gibt es den alteingesessenen Club gleichen Namens.

▸ ⑥ **Bieresel (Kat. II)**
Breite Strasse 114
Tel. 257 60 90
U-Bahn: Appellhofplatz
Brauhausstil mit Tradition in der Fußgängerzone: das Haus »Zum Esel« wird bereits 1297 erwähnt und ist spätestens im Jahr 1400 eine Kneipe. Seit 1892 Ausschank der Sünner-Brauerei, heute vor allem für beste Muschelgerichte berühmt..

Nur selten geht es im »Alcazar« so ruhig zu. Aber bunt ist es immer.

Köln *Hotels und Restaurants*

Übernachten

1. Dom-Hotel
2. Excelsior Hotel Ernst
3. Hotel im Wasserturm
4. Ameron Hotel Ascot
5. Chelsea
6. Classic Hotel Harmonie
7. Flandrischer Hof
8. Santo
9. Coellner Hof
10. Conti
11. Merian Hotel
12. Rhein-Hotel St. Martin
13. Gästehaus St. Georg
14. Weber

Essen

1. La Société
2. Limbourg
3. Le Moissonier
4. Alcazar
5. Alter Wartesaal

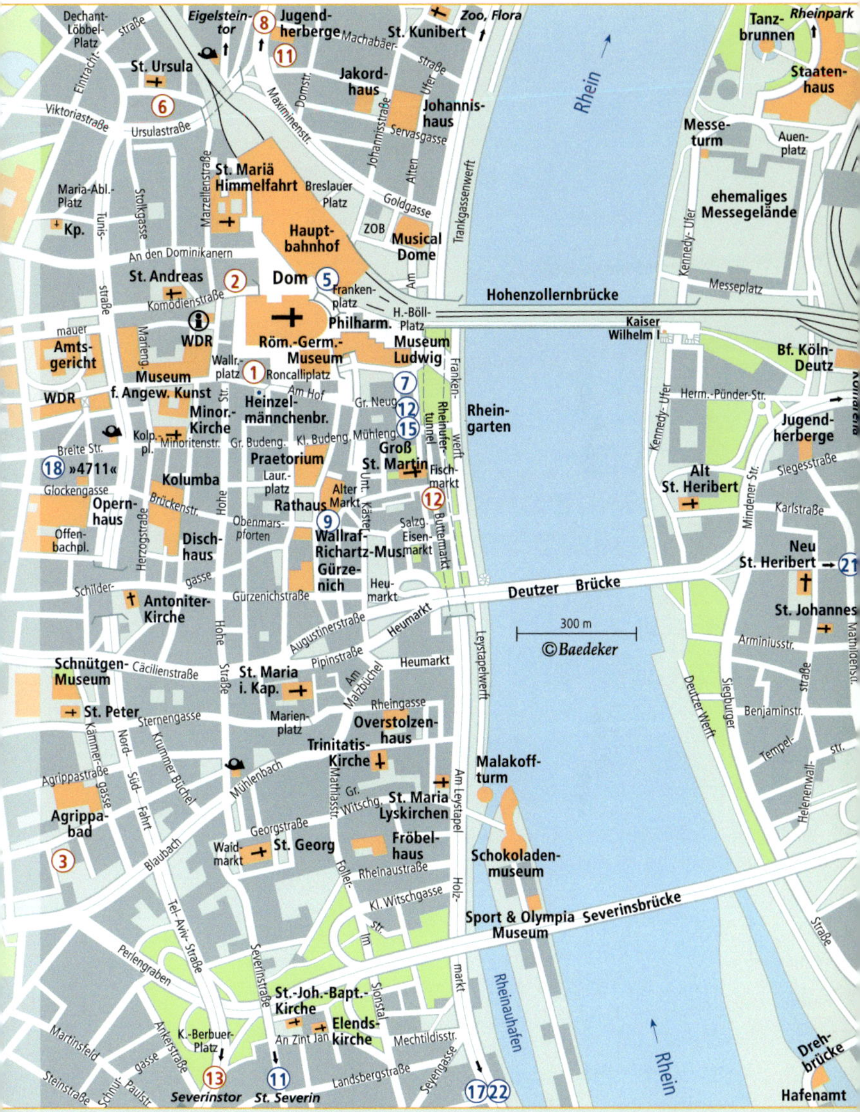

⑥ Bieresel
⑦ Em Krützche
⑧ Feynsinn
⑨ Gasthaus Brungs
⑩ Guten Abend
⑪ Mainzer Hof
⑫ Rheinzeit
⑬ Bobotie
⑭ Artischocke
⑮ Holtmann's
⑯ Diogenis
⑰ Go!Vindam
⑱ Cento
⑲ Via Bene
⑳ Blue Marlin
㉑ HoteLux
㉒ Bona'me

► ⑦ **Em Krützche (Kat. I)**
Am Frankenturm 1
Tel. 258 08 39
Straßenbahn: Heumarkt
Über 400 Jahre alt ist dieses Lokal, in dem man Deftiges aus der kölsch-deutschen Küche serviert bekommt, z.B. rheinischer Sauerbraten und Nordseescholle. Reservierung empfohlen.

► ⑧ **Feynsinn (Kat. II/III)**
Rathenauplatz 7
Tel. 240 92 10
www.cafe-feynsinn.de
Straßenbahn: Dasselstr./Bhf. Süd
tgl. 10.00 – 17.00 Uhr
Tägl. bis 16.00 Uhr leckeres Frühstück, das man sich selbst zusammenstellen kann, und preiswerte Mittagsgerichte. Abends mutiert Feynsinn zu einen Kneipen-Restaurant, wo ausschließlich Biofleisch von der eigenen Herde, u.a. von Galloway-Rindern, auf den Tisch kommt

► ⑨ **Gasthaus Brungs (Kat. II)**
Marsplatz 3
Tel. 258 16 66
www.gasthaus-brungs.de
Straßenbahn: Heumarkt
Historisches Haus mit einem urigen Keller, im Sommer Außengastronomie in angenehmer Lage am Rathaus. Flammkuchen, deutsche Fleisch- und Fischgerichte, gute Weinauswahl.

► ⑩ **Guten Abend (Kat. II)**
Brüsseler Str. 55
Tel. 51 16 00
U-Bahn: Rudolfplatz
Solide Qualität mitten im beliebten Belgischen Viertel. Deftige Gerichte – Schnitzel, Bratwurst und Co. – aus zertifiziertem Biofleisch werden serviert.

► ⑪ **Mainzer Hof (Kat. II/III)**
Maternusstr. 18
Tel. 31 25 49
Straßenbahn: Chlodwigplatz
Gut besuchtes, gemütliches »Veedel«-Lokal mit gutbürgerlicher Küche und wechselnder Tageskarte.

► ⑫ **Rheinzeit (Kat. II)**
Große Neugasse 42
Tel. 94 64 53 26
U-Bahn: Dom/Hbf.
Überraschend gute Qualität mitten in der Touristenmeile am Rheingarten. Deutsch-internationale Küche: Steak, Pasta, auch Flammkuchen für den kleineren Hunger. Tische mit Rheinblick, wenn man früh kommt.

AFRIKANISCH

► ⑬ **Bobotie (Kat. I/II)**
Marsilstein 9-13
Tel. 257 57 06
Straßenbahn: Mauritiuskirche
Südafrikanische Fleischgerichte, z.B. von Straußvogel und Antilope, Weine vom Kap, das Ambiente und die Musik passen dazu.

FRANZÖSISCH

► ⑭ **Artischocke (Kat. I/II)**
Moltkestr. 50
Tel. 25 28 61
Straßenbahn: Moltkestr.
Französische Gourmetküche in kleinem, gemütlichem Restaurant. Dass der Besitzer Weinhändler ist, kommt den Gästen zugute.

► ⑮ **Holtmann's (Kat. I)**
Am Bollwerk 21
Tel. 257 63 30
www.holtmanns.com
(tägl. 12.00 bis 24.00)
U-Bahn: Dom/Hbf.
Feine französische Küche mit

Einflüssen aus Italien und Fernost. Wild aus eigener Familienjagd in der Eifel, köstliche Meeresfrüchte.

GRIECHISCH

▸ ⑯ **Diogenis (Kat. III)**
Sudermannplatz 7
Tel. 72 92 31
www.diogenis.de
U-Bahn: Ebertplatz
Ein typischer Grieche »im Veedel«, keine kulinarischen Höhenflüge aber solide Kost zu vernünftigen Preisen mit einem ordentlichen Retsina. Im Sommer sitzt man draußen auf dem verkehrsberuhigten Platz.

INDISCH

▸ ⑰ **Go!Vindam (Kat. III)**
Roonstr. 3
Tel. 492 89 16
www.govindam.net
U-Bahn: Barbarossaplatz
Alle Gerichte sind vegetarisch und werden nach ayurvedischen Prinzipien zubereitet. Go!Vindam hat Schnellrestaurantcharakter; leider fehlt in Köln ein empfehlenswertes indisches Restaurant der gehobenen Klasse.

ITALIENISCH

▸ ⑱ **Cento (Kat. III)**
Opernpassagen, Breite Str. 43
Tel. 280 66 30
U-Bahn: Appellhofplatz
Knusprige eckige Pizzen, nicht nur mit den Standardzutaten belegt sondern z.B. auch mit Rinderfilet oder Apfelscheiben, gute Pastagerichte und köstliche kleine portugiesische Törtchen.

▸ ⑲ **Via Bene (Kat. II)**
Benesisstr. 60
Tel. 257 81 66
U-Bahn: Rudolfplatz
Modern gestyltes Lokal mit durchgehenden Fensterfronten. Ausgezeichnete Pasta- und Risottogerichte. Ideal für die Mittagspause beim Shoppingvergnügen im Viertel um die Ehrenstraße.

JAPANISCH

▸ ⑳ **Blue Marlin (Kat. III)**
Wolfsstr. 2, Tel. 25 70 651
Straßenbahn: Neumarkt
Exzellente Sushi-Gerichte, vor den Augen der Gäste zubereitet. Beste Lage für eine Stärkung während des Shopping-Tags.

RUSSISCH

▸ ㉑ **HoteLux (Kat. II)**
Von-Sandt-Platz 10
Tel. 24 11 36
(nur abends geöffnet)
Straßenbahn: Kölnarena
Wer Piroggen, Blinis oder den »Wolgatraum« genießen möchte, sollte unbedingt einen Tisch reservieren.

TÜRKISCH

▸ ㉒ **Bona'me (Kat. III)**
Anna-Schneider-Steig 22
Rheinauhafen, Tel. 39 76 04 07
Straßenbahn: Ubierring
Vor den Augen der Gäste frisch zubereitete Spezialitäten. Einfach und preiswert, aber köstlich: Pide, Hackfleischbällchen, Salate, alles gut gewürzt. Besondere Empfehlung: Feigen-Walnuss-Creme zum Nachtisch.

CAFÉS

▸ ① **siehe Plan S. 74 / 75**

... IM BELGISCHEN VIERTEL

▸ ① **Bauturm-Café**
Aachener Str. 24
Tel. 52 89 84

In den Lokalen am Friesenplatz tummelt sich hauptsächlich ein jüngeres Publikum.

U-Bahn: Rudolfplatz
Mehr Szene-Treff und Bar als Kuchen-Café, dafür kann man hier von morgens um 8.00 Uhr bis spät nachts frühstücken; das experimentelle Bauturm-Theater befindet sich gleich nebenan.

... IN DER INNENSTADT

▶ ② **Eigel**
Brückenstr. 1
Tel. 257 58 58
Straßenbahn: Heumarkt
Ein Café vom alten Schlag mit großer Tortenauswahl und feinem Pralinensortiment.

▶ ③ **Jansen**
Obenmarspforten 7
Tel. 27 27 390
U-Bahn: Dom/Hbf.
Die herrliche Einrichtung erinnert an das Wirtschaftswunder, die Tartes, Sahnetorten, Confiserie und Quiches sind vom Feinsten. Gute Lage in Rathausnähe.

▶ ④ **Fromme**
Breite Str. 122
Tel. 257 61 57
http://cafe-fromme.net
U-Bahn: Neumarkt
Erlesenes Kuchenangebot in einem der besten Cafés in Köln. Die Dependance in der Neumarktpassage dient der kurzen Unterbrechung bei der Shopping-Tour.

... IN LINDENTHAL

▶ ⑤ **Hirsch**
Dürener Str. 80 a
Tel. 40 49 53
Straßenbahn: Universitätsstr.
Von der köstlichen Trüffeltorte mit frischen Erdbeeren wird man magisch angezogen. Im Sommer kann man es sich auf der Terrasse gut gehen lassen.

FRÜHSTÜCKEN

Viele Kölner Lokale bieten ein Frühstück bzw. ein Frühstücksbüfett an. Die angegebenen Zeiten beziehen sich nicht auf die allgemeinen Öffnungszeiten der Gaststätten, sondern auf die Zeiten, zu denen Frühstück serviert wird.

... IM BELGISCHEN VIERTEL

► ⑥ **Central**
Jülicher Str. 1
Tel. 207 15 20
U-Bahn: Rudolfplatz
tgl. 7.00 – 13.00 Uhr
Umfangreiche Frühstückskarte

... IN DEUTZ

► ⑦ **Glashaus im Hyatt-Regency**
Kennedy-Ufer 2a
Tel. 82 81 17 73
Straßenbahn: Deutzer Freiheit
Teures amerikanisches Frühstücksbüfett täglich, sonntags Brunch 12.30 – 15.00 Uhr, in eleganter Atmosphäre und mit Blick über den Rhein auf die Altstadt.

... IN DER INNENSTADT

► ⑧ **Bastians**
Auf dem Berlich 3-5
Tel. 250 83 412
U-Bahn: Appellhofplatz
Der Blick in die Backstube vergewissert, dass Brötchen und Törtchen hier frisch sind. Frühstück, Kaffee und Kuchen, oder mittags Pastagerichte und Salate. Das große, modern eingerichtete Lokal mit langen Holztischen hat auch eine Terrasse hinten.

► ⑨ **Campi im Funkhaus**
Wallrafplatz 5
Tel. 925 55 55
U-Bahn: Dom/Hbf.
tgl. 8.00 – 23.00, So. ab 10.00 Uhr
Italienisches Frühstück grande oder piccolo.

... IN NIPPES

► ⑩ **Kommödchen**
Merheimer Str. 53
Tel. 72 58 78
U-Bahn: Lohsestr.
tgl. 10.00 – 14.00 Uhr
Sonntags gibt es hier ein großes Büfett mit allerlei Köstlichkeiten.

... IN DER NORDSTADT

► ⑪ **Alte Feuerwache**
Melchiorstr. 3
Tel. 973 15 50
www.lokal-koeln.de
U-Bahn: Ebertplatz
So. 10.00 – 15.00 Uhr
Sonntags wird ein großes Büfett mit viel Vegetarischem aufgefahren; schöne Terrasse.

... IN DER SÜDSTADT

► ⑫ **Filos**
Merowinger Str. 42
Tel. 32 91 47
www.filoskoeln.de
Straßenbahn: Chlodwigplatz
Tgl. 9.00 – 15.00 Uhr
Das »Filos« bietet verschiedene Frühstücksvarianten vom englischen oder französischen bis zum Bio-Frühstück.

Feste und Events

Während der karnevalsbedingten »Feiertage« im Februar/März, z. B. donnerstags (»Weiberfastnacht«) oder am Rosenmontag, schließen v. a. nachmittags viele Geschäfte und Behörden. Die Museen sind über die Karnevalstage geschlossen.

VERANSTALTUNGSKALENDER

AKTUELLE TERMINE

► **www.koelner.de**
Die Website des Stadtmagazins »Kölner« bietet Infos zu Festen, Konzerten, Kinoprogrammen etc.

JANUAR

► **Internationale Möbelmesse**
mit dem Begleitprogramm »Passagen«: Einrichtungshäuser, Galerien und Showrooms werden zum »hot spot« der Design Community (www.imm-cologne.com).

FEBRUAR

► **Straßenkarneval**
Schull- und Veedelszöch am Karnevalssonntag und Rosenmontagszug in der Innenstadt (►Baedeker Special S. 224)

MÄRZ

► **lit.Cologne**
Internationales Literaturfest an unterschiedlichen Orten (www.litcologne.de)

APRIL

► **Art Cologne**
Internationaler Kunstmarkt auf dem Messegelände, begleitet von zahlreichen Ausstellungseröffnungen in Galerien und Museen; www.artcologne.de

► **Expedition Colonia**
Jährliches Stadterkundungsfestival mit über 100 teils ungewöhnlichen Besichtigungen und Stadtführungen (www.expedition-colonia.de, Karten: KölnTicket, Tel. 2801).

Ausgelassene Stimmung beim Straßenkarneval auf dem Neumarkt

MAI

► **Acht Brücken. Musik für Köln**
Festival für die Musik der Moderne, das 2011 erstmals stattfindet. (www.achtbruecken.de)

► **Kölner Weinwoche**
Ende Mai/Anfang Juni gibt's auf dem Heumarkt eine zwei Wochen lange »Wein-Reise«.

► **Tanz am Tanzbrunnen**
Von Mai bis Anfang September gibt's jeden Fr. bis So. Musik und Show im Rheinpark

JUNI

► **Fronleichnam**
Fronleichnamsprozession »Mülheimer Gottestracht« mit Schiffen auf dem Rhein (zwischen 11.00 und 13.00 Uhr)

► **c/o pop**
Über 100 Live-Konzerte auf zahlreichen Bünen begleiten das jährliche Treffen der Musikbranche (Infos auf www.c-o-pop.de).

► **Orgelfeierstunden im Dom**
bis Anfang September dienstags um 20.00 Uhr

JULI

► **Christopher Street Day**
Parade der Schwulen und Lesben am ersten Juliwochenende (www.csd-cologne.de)

► **Kölner Lichter**
Uferfeste, Partys und großes Feuerwerk (www.koelner-lichter.de)

Fronleichnamsprozession auf dem Rhein: die Mülheimer Gottestracht

Summer Jam Festival
Auf dem Festival-Gelände am Fühlinger See mit angrenzendem Campingplatz schlagen bis zu 25 000 Besucher ihre Zelte auf und genießen drei Tage lang Woodstock-Atmosphäre beim größten Reggae- und Worldbeat-Event Europas. (www.summerjam.de)

JULI / AUGUST

Kölner Sommerfestival
Wenn Schauspiel, Oper und die normale Konzertprogramme Sommerpause machen, gastieren in der Philharmonie internationale Ensembles mit teils spektakulären Tanz-, Show- und Musikveranstaltungen. (www.koelnersommerfestival.de)

Kölner Sommer
Unterhaltung im Sommerloch: Theater, Konzerte, Kinderprogramm an verschiedenen Orten (www.sommerkoeln.de)

SEPTEMBER

Rheinlesen
Bücherboulevard mit Lesungen im Rheinauhafen, am ersten Wochenende des Monats. (www.rheinlesen-koeln.de)

photokina
Die wichtigste Messe der Welt für die Foto-Branche findet alle zwei Jahre statt (2012, 2014 etc; www.photokina.de), parallel dazu Ausstellungen der Internationalen Photoszene (www.photoszene.de)

OKTOBER

Pferderennen
Preis von Europa (Pferderennbahn Weidenpesch)

Köln Marathon
sprtveranstaltung mit Hunderttausenden Zuschauern und rund 25 000 Teilnehmern (Läufer und Inline-Skater; Infos auf: www.koeln-marathon.de).

Köln Comedy Festival
Sprungbrett für Newcomer der Comedy-Szene mit etwa 150 Live-Shows in über 20 Spielstätten (www.koeln-comedy.de)

Reliquienprozessionen
an den Sonntagen nach den Gedenktagen der heiligen Ursula (21. Okt.), des heiligen Severin (23. Okt.) und des heiligen Kunibert (12. Nov.)

NOVEMBER

Cologne Fine Art
Die große Antiquitäten- und Kunstmesse wird von zahlreichen »Premieren« in den Kölner Galerien begleitet .

Eröffnung der Karnevalssaison
auf dem Alter Markt am 11.11. um 11.11 Uhr

DEZEMBER

Weihnachtsmärkte
Weihnachtsmärkte auf dem Alter Markt, dem Heumarkt, dem Neumarkt, der Domplatte, dem Rudolfplatz und auf einem der Rheinschiffe sowie ein mittelalterlicher Weihnachtsmarkt am Schokoladenmuseum locken jedes Jahr Besucherströme an (21. Nov. bis 23. Dez.).

Silvester
Den besten Ausblick auf das Silvesterfeuerwerk hat man von einer der Rheinbrücken aus.

Fundbüros

► **Fundbüro der Stadt Köln**
Ottmar-Pohl-Platz 1
Tel. 22 12 63 13
E-Mail: fundbuero@stadt-koeln.de
www.stadt-koeln.de (Bürgerservice, Onlinedienste
Öffnungszeiten:
Mo., Do. 8.00 – 16.00,
Di. bis 18.00,
Mi., Fr. bis 12.00 Uhr

► **Deutsche Bahn AG**
Eingangshalle A
Passage im Hauptbahnhof
Öffnungszeiten:
6.00 – 22.00 Uhr

Fundservice-Hotline: Mo. – Sa. 8.00 – 20.00, So. bis 20.00 Uhr
Tel. 0900 / 199 05 99
(0,59€/Min. aus dem Festnetz)

Geld

In den allermeisten Hotels, Pensionen, Restaurants, Kaufhäusern und größeren Geschäften werden **Kreditkarten** akzeptiert. Bei Verlust der Kreditkarte, der Bank-Karte oder auch bei Verlust eines Handys sollte man umgehend den rund um die Uhr besetzten Service des **Allgemeinen Sperr-Notrufs (Tel. 116 116)** benachrichtigen, der sofort die entsprechenden Institute informiert und Karte, Konto oder Handy sperren lässt.

Mit Kindern in Köln

Reiches Freizeitangebot

In der Domstadt hat man sich einiges einfallen lassen, damit der Besuch der Stadt auch für Kinder interessant und kurzweilig wird. Neben »Klassikern« wie dem Zoo – zu dem man sich vom Rheingarten aus auch mit der Seilbahn bringen lassen kann –, einer Fahrt auf dem Rhein oder einem Rundgang durchs Schokoladenmuseum werden auch Stadtführungen speziell für Kinder angeboten. Der Kölner Museumsdienst organisiert Kinderworkshops und -führungen durch die städtischen Museen, und so manches der zahlreichen Theater Kölns hat auch Stücke für Kinder und Jugendliche auf seinem Spielplan. Spiel und Spaß bieten auch die **Freizeitinsel »Groov«** (► S. 110/111) und v. a. das etwa 15 km südlich von Köln in Brühl gelegene »Phantasialand«.

◄ Phantasialand

In dem größten und meistbesuchten **Freizeitpark Deutschlands** werden mehr als 20 Achterbahn-, Boots- und Wildwasserfahrten geboten, dazu gibt's Kinospektakel, Paraden und verschiedene Shows. In den sechs großen Themenbereichen des Parks – Berlin, China Town, Fantasy, Mexico, Mystery und Deep in Afrika – findet man Cafés und Restaurants, diverse Showbühnen und natürlich die Fahrattraktionen, z. B. die Raftinganlage »River Quest«, die wilden Achterbahnen »Black Mamba« und »Colorado River« oder sanfte Fahrte für kleinere Kinder.

ANGEBOTE FÜR KINDER

INFORMATIONEN

► **»Äktschen-Telefon«**
Tel. 22 12 55 55
Das »Äktschen-Telefon«, ein telefonischer Ansagedienst rund um die Uhr, informiert u. a. über aktuelle Freizeitangebote, Ferienprogramme, Ausflüge und Feste.

MUSEEN FÜR KINDER

► **Museumsdienst**
►S. 98
Der Museumsdienst organisiert Führungen für Kinder, Schüler-Workshops, Kindergeburtstage und vieles mehr in den städtischen Museen.

Ein fester Magen ist Voraussetzung: Achterbahnfahrt im Phantasialand

► **Odysseum**
Corintostr. 1
Tel. 69 06 82 00
www.odysseum.de
Öffnungszeiten:
Mo. – Fr. 9.00 – 18.00,
Sa. – So., Feiertage und Schulferien in NRW: 10.00 bis 19.00 Uhr
Straßenbahn: Kalk-Post
S-Bahn: Trimbornstr.
Lernen macht Spaß in dieser neuen, 5500 m² großen, »Experimentierfläche« mit 200 Erlebnisstationen für unterschiedliche Altersstufen. Kinder sollen sich als Abenteurer und Entdecker fühlen, wenn sie im Dschungel dem Geheimnis des Lebens auf den Grund gehen oder auf einer überdimensionalen Computer-Platine den Cyberspace erforschen. Die verschiedenen Bereiche des Odysseums heißen Cyberspace, Erde, Erlebnisbereich (zum Spielen), Leben, Mensch und Kinderstadt.

STADTFÜHRUNGEN

► **Inside Cologne**
Tel. 52 19 77
www.insidecologne.de
Bürozeiten: Mo. – Do. 10.00 bis 13.00, 14.00 – 17.00, Fr. 10.00 – 13.00 Uhr.
Die Führungen (unterschiedliche Treffpunkte) sind u. a. für Grundschulkinder konzipiert. Man kann daran an festen Terminen teilnehmen oder eine Privatführung buchen. Angeboten werden u. a. Stadtwanderungen zu »Römern, Rittern & Co.« oder »Schrecklich schöne Schauermärchen«.

THEATER FÜR KINDER

► **Comedia Kindertheater**
Vondelstr. 4-8
Tel. 888 77 333
www.comedia-koeln.de
Eines der besten Kinder- und Jugendtheater Nordrhein-Westfalens, jetzt in einer neuen, geräumigen Spielstätte. Die Comedia führt ein Repertoire von ca. 15 Stücken für alle Altersgruppen mit 4 bis 5 Neuinszenierungen pro Spielzeit und bietet Schauspieltraining für Jugendliche.

! *Baedeker* TIPP

Rummelplatz auf dem Wasser

Wasserscheu darf man nicht sein, wenn man mit den schwimmenden »Autoscootern« – kleinen, mit einem Gummischlauch ummantelten Booten – aufeinanderprallt: auf dem MediaPark-See geht's hin und wieder recht nass zu. Schon Kinder ab 6 Jahren dürfen den »Bumper-Boat-Spaß« genießen (Ende April bis Anfang Okt. Mo. – Fr. 15.00 – 20.00, Sa. und So. ab 12.00 Uhr).

► **Hänneschen-Theater**
►S. 114 u. 144

► **Kinderoper Köln**
Kartäuserwall 20
Tel. 221 284 00
www.kinderoper.info
Opern für Kinder ab 5 Jahren im Kulturzentrum Altes Pfandhaus in der Südstadt.

FREIZEITPARK

► **Phantasialand**
Berggeiststr. 31
D-50321 Brühl
Ticket-Hotline: 01805 / 36 66 00
www.phantasialand.de
Öffnungszeiten:
April – Okt.
tgl. 9.00 – 18.00 Uhr

Literaturempfehlungen

Geschichte und Kulturgeschichte

Zwei mehrbändige Reihen widmen der Stadtgeschichte von den Anfängen bis heute. Für ambitionierte Leser veröffentlicht der Greven Verlag nach und nach ein Werk in 13 Bänden, wovon folgende bisher erschienen: »Köln in römischer Zeit«, »Köln in einem eisernen Zeitalter 1610 – 1686«, »Köln von der französischen zur preußischen Herrschaft 1794 – 1815« und »Köln in der Zeit des Nationalsozialismus«. Handlicher und leicht zu lesen ist die kürzere Reihe des Bachem-Verlags: »Das römisch-germanische Köln« (gleichzeitig ein Führer durch das Römisch-Germanische Museum), »Das mittelalterliche Köln«, »Das neuzeitlichliche Köln« (1794 – 1914), und »Das moderne Köln« (seit 1914). Für einen unterhaltsamen doch fundierten Überblick in einem einzigen Band:
Carl Dietmar und Werner Jung: Kleine illustrierte Geschichte der Stadt Köln; Bachem, Köln 2009.

Detlef Rick und Janus Fröhlich: KölschKultur, Emons 2005.
Eine unterhaltsame Einführung in die Welt des kölschen Nationalgetränks und der Brauhäuser.

Bildbände

August Sander: Köln wie es war, Emons, Köln 2009.
Neuauflage des bedeutenden Werks, in dem Sander die Denkmäler der Stadt vor dem Zweiten Weltkrieg dokumentierte.

Henriette Meynen und Werner Schäfke: Köln im Flug durch die Zeit, Emons, Köln 2008.
Vogelschaubilder der Stadt aus fünf Jahrhunderten, von Mercators Stadtansicht aus dem Jahr 1571 über frühe Fotografien bis zu Luftaufnahmen unserer Zeit.

Worring, Stefan und Elke Heidenreich: Köln – Bilder und Geschichten, Kiepenheuer & Witsch, Köln 2001
Die Autorin Elke Heidenreich lebt genauso wie der Fotograf des Kölner Stadt-Anzeigers in der Domstadt. Beide haben ihre eigene Sichtweise auf die Stadt, die manche Kuriosität aufdeckt. Neben der kritischen Sichtweise steckt darin jedoch auch eine tiefe Verbundenheit zur Rheinmetropole.

DuMont Bildaltlas (Nr. 78): Rhein. Zwischen Köln und Mainz. DuMont Reiseverlag, Ostfildern 2010.
Wunderschöne, stimmungsvolle Bilder und informative Texte stellen den Rhein und die Region rund um die Domstadt vor.

Dom und Kirchen

Werner Schäfke: Kölns Romanische Kirchen, Emons, Köln 2004
Üppig bebilderter Band mit Beschreibungen der Geschichte, Architektur und Ausstattung der zwölf großen romanischen Kirchen.

Barbara Schock-Werner: Kölner Dom, Greven, Köln 2005
Dombaumeisterin Schock-Werner verfasste eine gute Einführung zum herausragenden Wahrzeichen der Stadt.

Harald Friese: Der Kölner Dom, Komet, Köln 2003
Eine gründliche Beschreibung des Doms und seiner Ausstattung, das beste Werk für alle, die mehr als eine knappe Einführung suchen.

Gastronomie

TagNacht: jährlich erscheinendes Heft mit Berichten über Restaurants, Cafés und Kneipen, herausgegeben von der »Stadt Revue«.

Joachim Römer: Römers Restaurant Report, Bachem Verlag, Köln, jährlich aktualisiert
Nützliche Restaurantkritiken für Köln und Umgebung, auch als iPhone- oder iPad-App. über den App-Store auf www.bachem.de.

Köln-Krimis

Wer's spannend liebt und die Kriminalgeschichten vor dem Hintergrund der Domstadt angesiedelt sehen möchte, der ist mit den Köln-Krimis des Emons-Verlags gut beraten. Ein Klassiker, mit dem die Karriere eines Bestseller-Autors begann ist:
Schätzing, Frank: Tod und Teufel. Goldmann Verlag, München 2003
Vor den Augen des jungen Herumtreibers Jacob wird Dombaumeister Gerhard von einem Gerüst gestoßen – und schon beginnt eine gnadenlose Jagd auf den Augenzeugen durchs mittelalterliche Köln.

Medien

Tageszeitungen

Die beiden großen Kölner Tageszeitungen sind der »Kölner Stadt-Anzeiger« und die »Kölnische Rundschau«, beide aus dem Hause DuMont. Die Boulevardpresse wird von zwei konkurrierenden Blättern bestimmt: dem »Express« und einer Kölnausgabe der »BildZeitung«.

Stadtmagazine

Es gibt mehrere monatlich erscheinende Stadtmagazine mit aktuellem Veranstaltungskalender, beispielsweise die »StadtRevue«, »Prinz« und die »Kölner Illustrierte«. Die »StadtRevue« betreibt über Veranstaltungslisten hinaus auch kritischen Journalismus und führt viele Kleinanzeigen.

Museen und Ausstellungen

Lange Nacht der Kölner Museen

Einmal pro Jahr im Herbst veranstalten die Kölner Museen, verschiedene Kulturinstitute und diverse Ausstellungsinstitutionen eine »Lange Nacht der Kölner Museen«. Zwischen 19.00 und 3.00 Uhr können sich Kunstinteressierte aus verschiedenen Touren, die jeweils vom Neumarkt aus starten, ein individuelles Programm zusammenstellen. Hinzu kommen zahlreiche Begleit- und Sonderveranstaltungen. Im Ticketpreis sind die Shuttle-Touren, Museumseintritte und die Eintritte zu den Rahmenprogrammen enthalten (nähere Informationen unter www.museumsnacht-koeln.de).

KÖLNER MUSEUMSLANDSCHAFT

! Baedeker TIPP

Kölntag

Alle, die in der Domstadt wohnen, haben freien Eintritt zu den neun städtischen Museen am ersten Donnerstag im Monat – allerdings nur zu den ständigen Sammlungen, nicht zu den Sonderausstellungen. Wenn man öfter ins Museum geht, lohnt sich der Kauf der Jahreskarte für alle städtischen Museen (Infos unter www.museenkoeln.de).

MUSEUMSDIENST

Leonhard-Tietz-Str. 10
Tel. 22 12 73 80
(Führungen für Erwachsene)
Tel. 22 12 34 68
(Führungen für Kinder)
www.museenkoeln.de/museumsdienst
Öffnungszeiten:
Mo. – Do. 9.00 – 13.00 und 14.00 – 16.00, Fr. 9.00 bis 13.00 Uhr
Informationen und Buchungen für Führungen, Workshops, Schülerwerkstätten, Kindergeburtstage etc. in den städtischen Museen

KUNST

► **Käthe-Kollwitz-Museum**
►S. 194

► **Kölnischer Kunstverein**
Hahnenstraße 6
Tel. 21 70 21
www.koelnischerkunstverein.de
Öffnungszeiten:
Di. – So. 13.00 – 19.00 Uhr
Der älteste Kunstverein Deutschlands, gegründet 1839, zeigt im Gebäude »Die Brücke«, 1949/1950 von Wilhelm Riphan entworfen, Wechselausstellungen zeitgenössischer Kunst. Im angeschlossenen Kino werden Filme zu den aktuellen Ausstellungen gezeigt.

► **Museum für Angewandte Kunst**
►S. 185

► **Museum für Ostasiatische Kunst**
►S. 187

► **Museum für zeitgenössische keramische Kunst – Stiftung Keramion**
Bonnstr. 12
D-50226 Frechen
Tel. 022 34 / 69 76 90
www.stiftung-keramion.de
Öffnungszeiten:
Di. – Fr. 10.00 – 17.00,
Sa. 14.00 – 17.00,
So. 10.00 – 17.00 Uhr

► **Museum Ludwig**
►S. 189

Skulpturenpark
►S. 55, 56 (Abb.) u. 171

Stiftung Kultur
►S. 179

Wallraf-Richartz-Museum – Fondation Corboud
►S. 253

SAKRALE KUNST & KULTUR

Domschatzkammer
►S. 164

Kolumba Kunstmuseum des Erzbistums Köln
►S. 174

Museum Schnütgen
►S. 191

GESCHICHTE & KULTURGESCHICHTE

Ausgrabungen unter St. Severin
►S. 226

Breslauer Sammlung
Markmannsgasse 7
Tel. 41 41 59
www.schlesisches-museum.de/hst/htm/bresl.htm
Öffnungszeiten:
Mo. 10.00 – 15.00 Uhr
Bilder, Dokumente und Exponate zur Geschichte Breslaus und Schlesiens.

Deutsches Sport & Olympia Museum
►S. 219

Deutsches Tanzarchiv
►S. 179

Duftmuseum
►S. 205

EL-DE-Haus – NS-Dokumentationszentrum
►S. 167

Geldgeschichtliches Museum
Neumarkt 18
Tel. 227 23 70
www.ksk-koeln.de
www.geldgeschichte.de
Mo. – Fr. 9.00 – 18.30,
Sa. 10.00 – 14.00 Uhr
Die Kreissparkasse Köln zeigt ihre Sammlung rund um das Thema Geld, die Exponate reichen von Sparbüchsen über Geldbörsen bis hin zu römischen Münzen.

Kölner Festungsmuseum
Zwischenwerk VIII b
Militärringstr. 10
http://museum.crifa.de
Öffnungszeiten: jeden ersten Sa. und dritten So. im Monat 12.00 bis 18.00 Uhr, Führungen: 12.00, 14.00 und 16.00 Uhr
Ausstellung in einem preußischen Fort aus dem 19. Jahrhundert mit Skulpturenpark

Kölner Karnevalsmuseum
Maarweg 134
Tel. 574 00 74
www.kk-museum.de
Öffnungszeiten: Do. 10.00 – 20.00, Fr. 10.00 – 17.00, Sa. und So. 11.00 bis 17.00 Uhr
Das größte Karnevalsmuseum Deutschlands präsentiert auf rund 1400 m² die Geschichte und Vielfalt des Karnevals und seiner Vorläufer von der Antike bis zur Gegenwart.

Kölnisches Stadtmuseum
►S. 257

Mikwe
►S. 202

- **Praetorium**
►S. 198

- **Rautenstrauch-Joest-Museum**
►S. 206

- **Rhein-Kreis-Museum Zons**
►S. 261

- **Römische Grabkammer in Köln-Weiden**
►S. 210

- **Römisch-Germanisches Museum**
►S. 213

- **Schokoladenmuseum**
►S. 217

- **Straßenbahnmuseum Thielenbruch**
Gemarkenstr. 139
www.hsk-koeln.de
Öffnungszeiten: jeden zweiten So. 11.00 – 17.00 Uhr
Liebevoll gepflegte Waggons seit den Zeiten der Pferdebahn

- **Theaterwissenschaftliche Sammlung**
Schloss Wahn
Burgallee 2, Porz-Wahn
www.schloss-wahn.de
Öffnungszeiten: nach Voranmeldung unter Tel. 022 03 / 60 09 20
Europäisches Theater seit dem 16. Jh.: Fotografien, Bühnenbilder, Plakate und vieles mehr

- **Ubier-Monument**
►S. 213

- **Weinmuseum**
Amsterdamer Str. 1, Tel. 72 75 70
www.koelner-wein-depot.de
Öffnungszeiten:
Di. – Do. 13.00 – 18.00 Uhr

Musik · Konzerte

Köln bietet jedem Musikliebhaber etwas, vom Opernenthusiasten bis zum Jazz-, Rock- und Musical-Fan (► S. 58). Für Großereignisse steht die Lanxess Arena zur Verfügung. Die Philharmonie, ein sehr schöner Saal, wird hauptsächlich für klassische Konzerte genutzt. Das Angebot sakraler Musik in den Kirchen der Stadt ist groß und zum Teil von sehr hoher Qualität. Die aktuellen Konzerttermine stehen u. a. in der Tagespresse. Während der Generalsanierung des Opernhauses von 2012 bis voraussichtlich Mitte 2015 wird der Musical Dome am Breslauer Platz Domizil der Kölner Oper sein.

KÖLNER KONZERTBÜHNEN

KARTENVORVERKAUF

- **Lanxess Arena Ticket-Shop**
Willy-Brandt-Platz 2
Tel. 80 20

- **KölnMusik Event**
Neumarkt-Galerie
in der Mayerschen Buchhandlung
Tel. 28 01
www.koelnticket.de

Im Stadtgarten gibt's fast täglich Jazz live.

- **KölnTicket**
  Roncalliplatz
  Tel. 28 01
  www.koelnticket.de

- **Theater- und Konzertkasse am Rudolfplatz**
  Hohenzollernring 2
  Tel. 258 29 57

- **www.nrw-ticket.de**
  Ticket-Hotline:
  Tel. 0180 / 570 67 00
  Überblick über Events, Vorverkaufsstellen und Veranstaltungsorte in Nordrhein-Westfalen

KLASSIK, KIRCHENMUSIK, OPER

- **Kölner Dommusik**
  www.koelner-dommusik.de

- **Kirchenmusik**
  http://kimu.kirchenmusik-koeln.info

- **Oper der Stadt Köln**
  Offenbachplatz
  Tel. 22 12 84 00
  www.buehnenkoeln.de
  U-Bahn: Appellhofplatz

- **Philharmonie**
  Bischofsgartenstr. 1
  Tel. 20 40 80
  www.koelner-philharmonie.de
  U-Bahn: Dom/Hbf

JAZZ

- **Joe's »Klimperkasten«**
  Alter Markt 50
  Tel. 258 21 32
  www.papajoes.de
  U-Bahn: Dom/Hbf
  tgl. ab 20.00 Uhr Musik im Stil der 1920er-Jahre, Swing und Blues

- **Papa Joe's Jazzlokal »Em Streckstrump«**
  Buttermarkt 37
  Tel. 257 79 31
  Straßenbahn: Heumarkt
  tgl. Livemusik ab 20.00 Uhr, meist Dixieland

- **Loft**
  Wissmannstr. 30

Tel. 952 15 55
www. loftkoeln.de
U-Bahn: Liebigstr.
Eine renommierte Adresse für neue und improvisierte Musik, Jazz

▸ **Stadtgarten**
Venloer Str. 40
Tel. 95 29 94 20
www.stadtgarten.de
U-Bahn:
Hans-Böckler-Platz/Bhf. West
Öffnungszeiten: tgl. 12.00 – 1.00, am Wochenende bis 3.00 Uhr
Sitz der Kölner Jazzhaus-Initiative

MUSICAL

▸ **Musical Dome Köln**
Goldgasse 1/Breslauerplatz
Ticket-Hotline:
Tel. 0180 / 51 52 530
www.musical-dome.de
U-Bahn: Dom/Hbf.

ROCK

▸ **E-Werk**
Schanzenstr. 37
Karten-Tel. 28 01 (KölnTicket)
www.e-werk-koeln.de
Straßenbahn: Von-Sparr-Str.
Konzerte, Partys, Disko und Events

▸ **Live-Music-Hall**
Lichtstr. 30
Tel. 95 42 99 0
www. livemusichall.de
Straßenbahn:
Venloer Str./Gürtel
Monatlich ca. 15 Veranstaltungen, Disko

▸ **MTC**
Zülpicher Str. 10
Tel. 240 41 88
www.mtcclub.de
Straßenbahn: Zülpicher Platz
Rockkeller

▸ **Underground**
Vogelsanger Str. 200
Tel. 54 23 26
www.underground-cologne.de
Straßenbahn: Venloer Str./Gürtel
Beliebter Auftrittsort für Rock- und Pop-Bands

Notdienste

WICHTIGE TELEFONNUMMERN

▸ **Polizei**
Tel. 110

▸ **Feuerwehr, Rettungsdienste, Notarzt**
Tel. 112

▸ **Ärztlicher Notdienst**
Tel. 0180 / 504 41 00

▸ **Zahnärztlicher Notdienst**
Tel. 0180 / 598 67 00

▸ **Apotheken**
Auskunft über Nacht- und Sonntagsdienste
Tel. 01805 93 88 88

Preise · Vergünstigungen

WelcomeCard

Für einen kürzeren Aufenthalt in Köln empfiehlt sich die WelcomeCard, ein 1 Tag lang gültiges **Sonderticket** für beliebig viele Fahrten im gesamten Verkehrsverbund Rhein-Sieg. Zusätzlich erhält man Preisermäßigungen und Vergünstigungen bei Stadtrundfahrten, Schiffsausflügen, in den meisten Museen der Stadt und im Zoo sowie in einigen Kölner Restaurants und Cafés. Die WelcomeCard kostet derzeit 9 € pro Person pro Tag, erhält man im Service-Center von KölnTourismus (►Auskunft) sowie in vielen Hotels.

Reisezeit

Klima

Köln liegt im Bereich des gemäßigten maritimen Klimas. Die Winter sind besonders mild – Schnee bekommt man in der Domstadt relativ selten zu sehen –, was auf die geschützte Lage in der Kölner Bucht zurückzuführen ist.
Die geringen Temperaturunterschiede sorgen für einen recht frühen Frühlingsbeginn. Im Sommer kann sich aufgrund der geschützten Lage wiederum eine große Schwüle entwickeln. Die beste Zeit für einen Köln-Besuch ist demnach April bis Juni sowie September und Oktober.

Shopping

Shoppingmeilen und Einkaufspassagen

Die Haupteinkaufsstraßen liegen zwischen Dom und Neumarkt: die **Hohe Straße** und die **Schildergasse**. Dort befinden sich die großen Kaufhäuser, Mode- und Schuhgeschäfte, Sport-, Spielzeug-, Porzellanläden und viele weitere Geschäfte für Schmuck, Design, Kosmetika usw. Auch rings um den **Neumarkt** reihen sich die Läden aneinander, u. a. finden sich dort die beiden größten Buchhandlungen der Stadt. Die Richmodis-Passage und die Neumarkt-Passage liegen beide direkt am Neumarkt.
Wer einen abwechslungsreichen Shopping-Tag mit vielen individuellen Läden sucht, begibt sich am Besten zum Viertel, das im Westen vom Friesenwall, im Osten von der Richmodstraße, im Norden von der Friesenstraße und im Süden von der Mittelstraße begrenzt wird. Die exklusiven Modegeschäfte liegen an der **Mittelstraße**. Modefreaks, Schuhliebhaber und Freunde des gepflegten Kitsches zieht es in die **Ehrenstraße** mit Pfeilstraße und Friesenwall. Da die Mieten in der Innenstadt für junge Designer meist zu hoch sind, zog die kreati-

◄ weiter auf S. 106

Historische 4711-Flakons

KÖLNER DUFT – »4711«

»Ich habe einen Duft gefunden, der mich an einen italienischen Frühlingsmorgen erinnert, an Bergnarzissen, Orangenblüten kurz nach dem Regen«. So schrieb 1708 der 23-jährige Giovanni Maria Farina. Sein Parfum wurde in ganz Europa bekannt unter dem Namen »Eau de Cologne«: Kölnisch Wasser.

Vor 300 Jahren verwendete die feine Gesellschaft schwere Düfte, um Körpergerüche zu überdecken. Das Neue an Farinas Erfindung war der leichte, frische Zitruscharakter, die Kopfnote aus Bergamotte und Pampelmuse. »Endlich ein Duft, der den Geist inspiriert«, schrieb **Voltaire** später. Der begabte junge Parfümeur aus Piemont verstand es außerdem, durch exakte Herstellungsmethoden und Kontrolle seiner Lieferanten einen gleich bleibenden Duft zu produzieren. Das Produkt passte perfekt zum 1709 gegründeten Kölner Geschäft seines Bruders **Giovanni Battista Farina**, das Luxuswaren wie Gold- und Silberartikel, Seide, Federn und Perücken verkaufte. Das neue Parfüm wurde ein Sensationserfolg in adligen Kreisen, sogar bei königlichen und kaiserlichen Herrschern in Versailles, Wien, Potsdam und St. Petersburg.

Im Jahr 1723 verlegten die Brüder ihr Geschäft in die Straße Obenmarspforten nahe dem Rathaus. Hier verkauft bis heute die mittlerweile achte Generation der Farina-Familie das immer noch nach dem Originalrezept hergestellte Toilettenwasser. Über alle Generationen blieb auch der Name des Erfinders erhalten: Nicht mehr Giovanni, sondern eingedeutscht Johann Maria Farina heißt traditionell das Familienoberhaupt.

Wunderwasser aus Köln

Der Siegeszug der Farinas rief Nachahmer auf den Plan. Viele behaupteten, ihre Wässerchen nach der ursprünglichen Rezeptur herzustellen und benutzten sogar den Namen »Farina«. Die **aqua mirabilis**, d.h. Wunderwasser genannten Produkte wurden als Heilmittel gegen körperliche Beschwerden angepriesen und

Das altehrwürdige 4711-Haus in der Glockengasse

gleichermaßen für die innere und äußere Anwendung empfohlen. Als 1810 in der Zeit der französischen Herrschaft ein Dekret die Preisgabe aller Geheimrezepturen verordnete, die als Medizin verkauft wurden, entschied der Geschäftsmann **Wilhelm Mülhens**, dessen **»Kölnisch Wasser«** aus einer Manufaktur in der Glockengasse stammte, sein Produkt als reines Parfüm zu deklarieren. Das Haus in der Glockengasse trug infolge eines weiteren Gesetzes der französischen Besatzer, welche die fortlaufende Nummerierung aller Häuser der Stadt anordnete, die Nummer **4711**. Die Familie Mülhens hatte das Rezept 1792 von einem Kartäusermönch erhalten und sollte zum wichtigsten Konkurrenten der Firma Farina werden. Konnte die Familie Farina auf Kunden wie Napoleon verweisen, der täglich eine Flasche verbraucht haben soll und eigens für diese eine passende Einlassung in seinem Stiefelschaft anfertigen ließ, so trumpfte die Mülhens-Familie mit Namen wie Goethe und Richard Wagner auf.

Noch im Jahr 1865 nannten sich 39 Hersteller »Farina« und kauften italienischen Familien die Namensrechte ab, um dies zu rechtfertigen. Nach jahrelangen Bemühungen gelang es **Johann Maria Farina**, dem Urenkel des Firmengründers, unter dem vom Reichstag 1874 verabschiedeten Markenschutzgesetz seinen Firmennamen zu schützen. Im folgenden Jahr war sein wichtigster Konkurrent gezwungen, einen neuen Markennamen einzuführen: »4711«. Unter dieser Bezeichnung trat das »Kölnisch Wasser« mit der Lavendelnote in der türkisgoldenen Flasche einen weltweiten Siegeszug an und wurde in neu entstehenden Massenmärkten viel erfolgreicher als die Edelmarke Farina.

Heute zeigt die Ausstellung im **4711-Haus** in der Glockengasse das Bild eines französischen Soldaten, der die berühmte Nummer an die Hauswand schreibt. Am Obenmarspforten lässt der jüngste Johann Maria der Farina-Dynastie das Rokoko-Zeitalter bei Kostümführungen durch sein Duftmuseum wieder aufleben. Und Besucher aus aller Welt, denen »Eau de Cologne« schon immer ein Begriff war, lernen, dass diese Düfte tatsächlich in Köln ihren Ursprung haben.

ve Szene ein wenig weiter außerhalb ins ►Belgische Viertel. Auch der Stadtteil Ehrenfeld ist längst zum Szenetreff geworden, wo junge Designer ihre eigene Kollektionen präsentieren – zum Beispiel in der Körnerstraße.

Kunsthandel

Galerien

In der **internationalen Kunstmetropole** Köln bieten mehr als 100 private Galerien Kunst aller Richtungen und Epochen an. Ein Dreh- und Angelpunkt der Kunstszene ist die **Art Cologne**, die große Kunstmesse im April (►Feste & Events). Die meisten Galerien öffnen nicht vor 10.00 und schließen bereits um 18.00 Uhr, fast alle machen auch eine Mittagspause. In den Galerien liegt zumeist ein Folder aus, der die Ausstellungen in den Kölner Galerien und Museen sowie anderen Ausstellungsorten verzeichnet.

Märkte

Wochenmärkte

In Köln werden insgesamt etwa 60 Wochenmärkte abgehalten, auf denen von Lebensmitteln über Kleidung bis hin zu Krimskrams aller Art angeboten werden. Sie finden an unterschiedlichen Tagen meist von 7.00 – 13.00 Uhr statt.

SHOPPING-ADRESSEN

ANTIQUITÄTEN

Entlang der St.-Apern-Str. reihen sich zahlreiche Antiquitätenläden und Galerien.

► **Antiquitäten am Römerturm**
Zeughausstr. 14
Möbel, Porzellan, römische Öllampen, allerhand Kuriositäten

► **Art Deco Originale**
St.-Apern-Str.66

► **Peter Pütz**
Kreishausgalerie
St.-Apern-Str. 17
www.peterpuetz.com
alter Schmuck

BLUMEN

► **Blumen Lettmann**
Richmodstr. 7
Ein Fest für die Sinne ist dieser Blumenladen, dessen Ruf weit über Köln hinausreicht.

BÜCHER UND MUSIK

► **Buchhandlung Bittner**
Albertusstr. 6
Der Buchhändler Klaus Bittner hat sich auf das 20. Jh. konzentriert und veranstaltet regelmäßig Lesungen.

► **Buchhandlung Thalia**
Neumarkt 18 a
Riesenangebot auf mehreren Etagen

► **Kunstbuchhandlung König**
Ehrenstr. 4
Wenn man Literatur zur Kunst und Architektur des 20. Jhs. sucht, wird man hier auf jeden Fall fündig.

▸ **Mayersche Buchhandlung**
Neumarkt 2 und Schildergasse 31
Zwei große Filialen mitten in der City laden zum stundenlangen Schmökern ein.

▸ **Musikhaus Tonger**
Breite Str. 2
Die führende Adresse der Stadt für Instrumente und Noten.

DELIKATESSEN

▸ **Hoss an der Oper**
Breite Str. 25
www.hoss-delikatessen.de
Hier gibt's u. a. leckere hausgemachte Soßen und Konfitüren.

▸ **Käsehaus Wingenfeld**
Ehrenstr. 90
www.kaesehaus-wingenfeld.de
Über 300 Käsesorten bietet das kleine Geschäft an der Ecke Friesenwall an.

! Baedeker TIPP

Alles von der Biene

Ein alteingesessenes Familiengeschäft hält sich tapfer in einer Innenstadtlage, wo hauptsächlich große Ketten zu finden sind, und verkauft alles rund um den Honig: Met, Honigkekse und -bonbons, Wachskerzen und -stifte, Kosmetika und alles aus Gelée Royale (Honig Müngersdorff, An St. Agatha 37 [Seitenstraße neben Kaufhof], Tel. 925 90 50, www.honig-muengersdorff.de).

DESIGN

▸ **Balloni-Hallen**
Ehrenfeldgürtel 88
www.balloni.de
In den ehemaligen Werkshallen der Kranfabrik Voss, nicht weit von der Venloer Straße entfernt, findet man auf über 600 m² ein riesiges Angebot an Dekorationsaccessoires, Geschenk- und Papeterieartikel und Stoffen.

Kulinarische Köstlichkeiten findet man bei Hoss an der Oper.

! **Baedeker TIPP**

Pretty in Pink

Sehen und gesehen werden, lautet das Motto im riesigen Concept Store von »Apropos Köln«. Ein langer pinkfarbener Gang weist den Weg zur Mode von Alexander McQueen, Marc Jacobs oder Wunderkind Couture – zwar nicht jedermanns Geschmack oder Preisklasse, aber gucken lohnt sich allemal. Außerdem gehören Bücher und Musik, Parfüm und Kosmetik, Schuhe und Accessoire zu edlen Angebot (Mittelstraße 12).

FLOH- UND TRÖDELMÄRKTE

Von März bis Oktober finden rund 200 Floh- und Trödelmärkte in Köln statt, meist samstags von 9.00 – 18.00 oder sonntags von 11.00 – 18.00 Uhr. Die genauen Termine stehen in der Tagespresse und in den Stadtmagazinen.

▸ **Altstadt-Rheinpromenade**
Beiderseits der Hohenzollernbrücke; Termine: www.coelln-konzept.de

▸ **Alte Feuerwache**
Melchiorstr. 3; U-Bahn: Ebertplatz
März bis Okt. ca. alle 4 Wochen, s. www.altefeuerwachekoeln.de

▸ **Flohmarkt am Südstadion**

▸ **U-Bahn: Pohligstr.**
Jeden ersten So. im Monat

▸ **Nippes**
jeden vierten Sonntag im Monat auf dem Wilhelmplatz

GALERIEN

▸ **Auskunft über Ausstellungen**
www.koeln-galerien.de
Übersicht und aktuelles Programm der Kölner Galerien

▸ **Auktionshaus**
Kunsthaus Lempertz
Neumarkt 3
Tel. 925 72 90, www.lempertz.de
Auktionshaus für alte, zeitgenössische und asiatische Kunst

▸ **Forum für Fotografie und Kunst**
Schönhauser Str. 8
Tel. 340 18 30
www.forum-fotografie.info
Zusammenschluss zweier Galerien und mehrerer privater Fotostiftungen

▸ **Galerie Boisserée**
Drususgasse 7
Tel. 257 85 19, www.boisseree.com
zeitgenössische Grafik und Malerei, figürliche Bronzeplastik u. a. von Baselitz, Chagall, Miró, Matisse und Lichtenstein

▸ **Galerie Hammelehle und Ahrens**
An der Schanz 1 a
Tel. 287 08 00, www.haah.de
Im Galerienhaus im Kölner Norden sind mehrere Galeristen vertreten.

▸ **Galerie Heinz Holtmann**
Anna Schneider Steig 13 im Rheinauhafen
Tel. 257 86 07
www.galerie-holtmann.de
Internationale Avantgarde und Klassiker der Moderne, z. B. Beuys, J. Klauke, Polke, Warhol

▸ **Galerie Karsten Greve**
Drususgasse 1
Tel. 257 10 12

www.galerie-karsten-greve.com
Internationale Avantgarde nach 1945, z. B. Kounellis, Fontana, Manzoni und Joel Shapiro

► **Orangerie-Reinz**
Helenenstr. 2
Tel. 257 50 38
www.orangerie-reinz.de
Braque, Dali, Miro, Poliakoff

KAUFHÄUSER

► **Galeria Kaufhof**
Hohe Straße 41-53
Fast alles unter einem Dach. In der obersten Etage auch Musik und Unterhaltungselektronik bei Saturn.

► **Karstadt**
Breite Straße 103-135
Neben dem umfassenden Warensortiment gibt es ein exzellentes, preiswertes Selbstbedienungsrestaurant und Karstadt Sport in der Neumarktgalerie gegenüber.

► **Manufactum**
Brückenstr 23
Im denkmalgeschütztem Dischhaus gegenüber dem Museum Kolumba: ein bemerkenswertes Sortiment an Qualitätsprodukten, von Möbeln, Haushaltswaren und Gartenartikel bis zu erlesenen Käse- und Wurstsorten, die man auch im hauseigenen Café probieren können.

KURIOSITÄTEN

► **Filz Gnoss**
Apostelnstr. 21
Hier gibt's alles aus Filz, den man sich auch in allen Stärken und Farben zuschneiden lassen kann.

► **Gummi Grün**
Richmodstr. 3
Bei »Gummi Grün« gibt's selbstredend nur eines, allerdings in den verschiedensten Formen und Farben.

► **Zauberkönig**
Große Budengasse 7
Zauber-, Karnevals- und Scherzartikel

MODE, ACCESSOIRES, SCHUHE

► **Engelelf**
Engelbertstr. 11
Ausgefallenes von jungen Designern – Taschen, T-shirts, Lampen, Kunst.

► **Gesine Moritz**
Neumarktpassage
www.gesine-moritz.de
Dieser Name darf nicht fehlen, wenn man von Mode in der Domstadt spricht: Die fließenden Kreationen der Designerin treffen den Geschmack u. a. von Alice Schwarzer, Tina Turner und Doris Dörrie.

► **La Kölsche Vita**
Brüsseler Straße 82
»Flagship-Store« im Belgischen Viertel des angesagten Stuttgarter Labels »Blutsgeschwister« für bunte Kleider und Wohnaccessoires, die gute Laune machen.

! *Baedeker* TIPP

Sport-Kaufhaus

Am Ende der verkehrsberuhigten Zeppelinstraße, die von der Nordseite des Neumarkts abgeht, liegt der Olivandenhof, in dem der Outdoor-Spezialist »Globetrotter« mit Dschungelatmosphäre, Kanu- und Taucherpool und Kletterwand zum Erlebnisshopping einlädt. Das Sortiment ist riesig, auch in der Reisebuchabteilung.

! Baedeker TIPP

»Alles Gute, Barbie«

Etwas Besonderes ist die »Kölner Puppenklinik«. Joyce Merlet »verarztet« hier kranke Puppen und Teddys. Die »Klinik« ist zugleich ein Museum, das man im Rahmen einer Führung durch die Puppenexpertin besichtigen kann. Der Besuch ist nicht nur für Kinder ein Erlebnis! (Unter Goldschmied 3; Tel. 25 46 42)

► **Trippen**
Flandrische Str. 10a
Schuhe, die mit Blick auf Umweltverträglichkeit und lange Lebensdauer hergestellt werden und doch modisch sind.

SOUVENIRS

Die meisten Souvenirläden sind rund um den Dom und um den Alter Markt versammelt.

WOCHENMÄRKTE

► **Innenstadt**
Am Apostelnkloster
Di. u. Fr. 7.00 – 13.00 Uhr

► **Nippes**
Wilhelmplatz
tgl. (außer So.)
7.00 – 12.30 Uhr

► **Sudermannplatz**
Di. u. Fr. 7.00 – 13.00 Uhr

Stadtführungen · Sightseeing

Stadtrundfahrten

Durchs antike und mittelalterliche Köln

Zwei verschiedene »hop on-hop off«Busrundfahrten starten von der Straße Burgmauer gegenüber den Domtürmen. Außerdem bietet KölnTourismus zweistündige Stadtrundfahrten im Videobus an, bei denen es zusätzlich zum Kommentar historische Ton-, Bild- und Filmaufnahmen zu sehen gibt.
KölnTourismus (►Auskunft). Zahlreiche Anbieter veranstalten organisierte Stadtführungen zu unterschiedlichsten Themen an, z. B. auf den Spuren der Römer, Führungen durch das mittelalterliche Köln, durch den Dom oder Kölns romanische Kirchen, durch ausgewählte Museen, zu unterirdischen Sehenswürdigkeiten und einzelnen Stadtteilen. Die beliebte **Brauhaus-Tour** macht mit der Sprache, dem Bier und der Lebensart der Kölner bekannt, u. a. durch einen Brauhausbesuch. Angeboten werden auch spezielle **Stadtrundgänge für Kinder**.

Stadtführungen für Frauen ►

Rundgänge und Führungen ausschließlich für Frauen bietet der **Kölner Frauengeschichtsverein** an. Angeboten werden Stadtführungen unter frauengeschichtlicher Perspektive und beispielsweise Rundgänge zum Thema »Frauen im nationalsozialistischen Köln«.

Ausflüge

Freizeitinsel am Rhein

Mit ihren ausgedehnten Spazierwegen nahe dem Rheinufer, mit Auenwald und kleinen Gewässern, mit Spielplätzen und Liegewiesen,

Minigolfanlagen und Kahnverleih, Tennisplätzen, einem Freibad, einem kleinen Yachthafen und einem Café lockt die Freizeitinsel Porz-Zündorf, die sog. **Groov**, besonders an sonnigen Wochenenden viele Kölner an (Anfahrt: Straßenbahnlinie 7, Zündorf). Auch als Fahrradausflug am Rheinufer über Rodenkirchen und mit der Fußgängerfähre Weiß-Zündorf ist der Groov erreichbar.

Rodenkirchen

Ein beliebtes Ausflugsziel ist der 1975 nach Köln eingemeindete Stadtteil Rodenkirchen (►Sehenswertes von A bis Z, Rodenkirchen), ein ehemaliges Fischerdorf.

Rheinisches Freilichtmuseum

Etwa 45 km südwestlich von Köln liegt das Rheinische Freilichtmuseum bei Mechernich-Kommern: Der Besuch des romantischen, friedvollen Dörfchens mit seinen original eingerichteten Häusern, Stallungen und Scheunen ist eine Zeitreise ins 18. Jahrhundert. Zu erreichen ist das Rheinische Freilichtmuseum über die A 1 Richtung Euskirchen bis Wisskirchen, von da ab ist das Museum ausgeschildert (Öffnungszeiten: April – Okt. tgl. 9.00 – 18.00, Nov. – März tgl. 10.00 – 16.00 Uhr).

Eine Rikscha-Fahrt ist nur für eine Person anstrengend.

SIGHTSEEING & AUSFLÜGE

SCHIFFSAUSFLÜGE UND FÄHREN

► **Fähre zur Messe**
Tel. 38 47 38
April – Okt. 10.00 – 17.30, zu Messezeiten ab 7.30 Uhr
Im 10-Min.-Takt pendeln Fähren zwischen der Hohenzollernbrücke und der Messe in Deutz.

► **Fähre Weiß-Zündorf**
Tel. 022 36 / 683 34
www.faehre-koelnkrokodil.de
April – Okt. Mo. – Fr. 11.00 bis 19.00, Sa. u. So. 10.00 – 20.00 Uhr

► **KD Köln-Düsseldorfer**
Frankenwerft 35
Tel. 208 83 18, www.k-d.com

► **Dampfschifffahrt Colonia**
Anlegestelle: Hohenzollernbrücke
Tel. 257 42 25
Einstündige Rheinfahrten ab 10.00 Uhr

► **KölnTourist – Personenschifffahrt am Dom GmbH**
Konrad-Adenauer-Ufer
Tel. 12 16 00, www.koelntourist.net
Tgl. Panorama-Rundfahrten von der Hohenzollernbrücke aus nach Rodenkirchen; in den Sommerferien werden u. a. Tagesfahrten nach Königswinter, Rolandseck und Linz angeboten.

! *Baedeker* TIPP

Stadtbesichtigung einmal anders

Eine Fahrt mit der Rikscha (Infos unter Tel. 60 47 89, www.koeln-rikscha.de und www.perpedalo.de) ist eine Gelegenheit, sich bequem zurückzulehnen und die Sehenswürdigkeit im langsamen Tempo von nahem zu genießen. Die Alternative für Aktive ist eine geführte Stadtrundfahrt mit dem Fahrrad (Markmannsgasse, www.koelnerfahrrad verleih.de, Tel. 0171 / 629 87 96).

STADTFÜHRUNGEN

► **Stadtrundfahrt**
1,5 Stunden Stadtrundfahrt im Cabrio-Bus, tgl. 10.00 Uhr dann stündlich bis 16.00 Uhr ab KölnTourismus am Dom
www.ccs-busreisen.de

► **City-Tour**
Stadtrundfahrt tgl. 10.20, dann stündlich bis 17.20 Uhr ab Dom (Trankgasse ggü. Excelsior Hotel)
www.kölner-citytour.de

► **Domforum**
Domkloster 3, Tel. 92 58 47 30, www.domforum.de
Führungen in Kirchen und zu kirchlichen Themen

► **Inside Cologne**
Tel. 52 19 77, www.insidecologne.de

► **Kölner Frauengeschichtsverein**
Marienplatz 4, Tel. 24 82 65
http://frauengeschichtsverein.de
Termine und Treffpunkte auf der Website oder telefonisch erfragen

► **KoelnTourismus**
►Auskunft
Busrundfahrten und geführte Spaziergänge, Reservierungen
Tel. 221 30 400

► **Spurenlese**
Tel. 977 10 56, www.spurenlese.de

► **Stattreisen Köln**
Bürgerstr. 4, Tel. 732 51 13
www.stattreisen-koeln.de

Rund 10 km nordöstlich des Kölner Stadtzentrums kann man im 20 ha großen **»Wildpark Köln-Dünnwald«** Rot- und Damwild, Mufflons, Wildschweine und Wisente beobachten (Anfahrt: Straßenbahnlinie 4 bis Höhenhaus, dann Buslinien 154 oder 155 bis Wildpark; Öffnungszeiten: tgl. bis zur Dämmerung).

Schiffsausflüge

Köln-Düsseldorfer

Die traditionsreiche Köln-Düsseldorfer fährt von April bis Oktober täglich mit zahlreichen Ausflugsschiffen auf Rhein und Mosel. Angeboten werden neben einstündigen Panorama-Rundfahrten zwischen Zoobrücke und Rodenkirchen beispielsweise auch Abendfahrten, Tagesfahrten nach Zons, zum Drachenfels nach Königswinter und spezielle Kinderprogramme.

Theater

Bühnen in Köln

Neben den städtischen Bühnen bietet eine Vielzahl privater Theater Boulevard-Stücke und Kabarett, Zeitgenössisches, Experimentelles und Avantgardistisches.

KÖLNER THEATERLANDSCHAFT

INFORMATIONEN

www.theaterszene-koeln.de

KARTENVORVERKAUF

►S. 100

BÜHNEN DER STADT KÖLN

► **Kartenbestellung**
Tel. 22 12 84 00
www.buehnenkoeln.de

► **Opernhaus**
Offenbachplatz
Abendkasse Tel. 22 12 82 48

► **Schauspielhaus**
Offenbachplatz
Abendkasse Tel. 22 12 82 48

► **Schlosserei**
Krebsgasse

BOULEVARD-THEATER

► **Millowitsch Theater**
Aachener Str. 5
Tel. 27 27 370; www.millowitsch.de
U-Bahn: Rudolfplatz
Der klassische Schwank hat hier Tradition.

► **Theater am Dom**
Glockengasse 11
Tel. 258 01 53
www.theater-am-dom.de
U-Bahn: Appellhofplatz

KABARETT

► **atelier-Theater**
Roonstr. 78, Tel. 24 24 85
www.ateliertheater.de
Das Theater steht unter der Leitung der Kabarettistin Rosa K. Wirtz.

► **Klüngelpütz**
Gertrudenstraße 24
Tel. 257 83 60
www.kluengelpuetz.de
Unterhaltung und Satire mit Kabarettistin Marina Barth

► **Senftöpfchen**
Große Neugasse 2, Tel. 258 10 58
www.senftoepfchen-theater.de
Gemischtes Programm mit politischem Kabarett, Comedy und Chansons

► **Theater am Sachsenring**
Sachsenring 3, Tel. 31 50 15
www.theater-am-sachsenring.de
Auch Theaterstücke in englischer Sprache

LITERATURLESUNGEN

► **Literaturhaus Köln**
Schönhauser Str. 8
Tel. 99 55 58-0
www.literaturhaus-koeln.de
Lesungen, Diskussionsforen, Filme. Hier befindet sich auch das Junge Literaturhaus.

PUPPENTHEATER

► **Hänneschen-Theater**
Eisenmarkt 2, Tel. 258 12 01
www.haenneschen.de
Meist sind die Vorstellungen Wochen oder Monate vorher ausverkauft!

ZEITGENÖSSISCHES THEATER

► **Comedia Colonia**
Vondelstr. 4-8
Tel. 888 77 222
www.comedia-koeln.de

► **Freies Werkstatt-Theater**
Zugweg 10, Tel. 32 78 17
www.fwtkoeln.de

► **Horizont-Theater**
Thürmchenswall 25
Tel. 13 16 04
www.theaterszene-koeln.de/horizont-theater
Eines der renommiertesten Häuser der freien Szene.

► **Theater Der Keller**
Kleingedankstr. 6, Tel. 272 20 99-0
www.theater-der-keller.de
Moderne, gesellschaftskritische Stücke und eigenwillige Klassikeraufführungen

► **Theater im Bauturm**
Aachener Str. 24, Tel. 52 42 42
www.theater-im-bauturm.de
Kleines, literarisch ambitioniertes Theater

Übernachten

Hotels

Hotelverzeichnis

Ein Verzeichnis aller Hotels und Pensionen der Stadt ist bei Köln-Tourismus (►Auskunft) kostenlos erhältlich. Buchungen von Hotels und Pensionen lassen sich auf der Internetseite von KölnTourismus vornehmen und über Tel. 221 30 400. Auch der **Hotel Reservation Service** bucht Hotelzimmer und ist zu Messezeiten, wenn die Stadt ausgebucht zu sein scheint, besonders gefragt.

Hotelpreise

Bei vielen Hotels lohnt sich die Nachfrage nach günstigeren Gruppen- und Wochenpreisen bzw. nach Preisnachlässen in der Nebensaison. Allerdings kommt zu Messezeiten meist auch ein kräftiger Aufschlag auf den Zimmerpreis.

EMPFOHLENE HOTELS

► ① siehe Plan S. 84/85

► **Preiskategorien**
Luxus (Kat. I): ab 150 €
Komfortabel (Kat. II): 100 – 150 €
Günstig (Kat. III): bis 100 €
(Übernachtung v. 2 Pers. im DZ außerhalb der Messezeiten).

LUXUS

► **① Dom-Hotel**
Domkloster 2 a
D-50667 Köln
Tel. 202 40
www.koeln.lemeridien.de
120 Z. und Suiten, Sauna, Konferenzräume, Restaurant
Elegantes, traditionsreiches Luxushotel direkt am Dom mit einmaligem Blick auf die Kathedrale.

► **② Excelsior Hotel Ernst**
Trankgasse 1
D-50667 Köln, Tel. 27 01
www.excelsiorhotelernst.de
142 Z. und Suiten, Sauna, Konferenzräume, Restaurants
Klassisches Grandhotel, direkt am Dom. Das traditionsreiche Haus überzeugt mit eleganten Zimmern, fürstlich ausgestatteten Suiten und zwei Gourmetrestaurants.

► **③ Hotel im Wasserturm**
Kaygasse 2
D-50676 Köln
Tel. 200 80
www.hotel-im-wasserturm.de
88 Z. und Suiten, Sauna, Solarium, Konferenzräume, Restaurant, Bar mit Gartenterrasse
Der denkmalgeschützte Wasserturm aus dem 19. Jh. beherbergt ein außergewöhnliches Hotel. Schicke Zimmer und Suiten sorgen für einen angenehmen Aufenthalt; zwei Luxusrestaurants

Extravagantes Wohnen im Wasserturm

Kunst gegen Logis: zeitgenössische Werke im Chelsea

lassen Gourmetherzen höher schlagen.

KOMFORTABEL

► ④ **Ameron Hotel Ascot**
Hohenzollernring 95
D-50672 Köln
Tel. 952 96 50
www.hotel-ascot.de
44 Z., Fitnesscenter
Die Einrichtung im britischen Landhausstil passt gut zu dem denkmalgeschützten Stadthaus. Theater, Kinos und Geschäfte liegen ganz in der Nähe.

► ⑤ **Chelsea**
Jülicher Str. 1
D-50674 Köln
Tel. 20 71 50
www.hotel-chelsea.de
35 Z., 3 Suiten, Café-Restaurant
Das »Kunst-Hotel« mit einem Dach in dekonstruktivistischer Architektur liegt in der Nähe der Uni. In den gut ausgestatteten Zimmern hängen Werke zeitgenössischer Künstler.

► ⑥ **Classic Hotel Harmonie**
Ursulaplatz 13
D-50668 Köln
Tel. 165 70
www.classic-hotel-harmonie.de
72 Z., Cocktailbar
Freundliches Hotel in einer ruhigen Seitenstraße, einige Minuten zu Fuß vom Dom entfernt.

► ⑦ **Flandrischer Hof**
Flandrische Str. 3
D-50674 Köln, Tel. 203 60
www.flandrischerhof.de
195 Z., Rest., Bar, Tagungsräume
Obwohl das Hotel zentrumsnah beim belebten Hohenzollernring und dem Rudolfplatz liegt, ist es recht ruhig. Die Zimmer sind geräumig und gut ausgestattet.

► ⑧ **Santo**
Dagobertstr. 22
D-50668 Köln
Tel. 913 97 70
www.hotelsanto.de
69 Z., Konferenzräume, Bar
Das Design-Hotel in Bahnhofsnähe besticht durch eine geschmackvolle Ausstattung.

GÜNSTIG

► ⑨ **Coellner Hof**
Hansaring 100
D-50670 Köln
Tel. 16 660
www.coellnerhof.de
78 Z., Konferenzräume
Gutbürgerliches Hotel mit Restaurant im Norden der Innenstadt.

► ⑩ **Conti**
Brüsseler Str. 40
D-50674 Köln
Tel. 25 87 70
www.conti-hotel.de
49 Z., Restaurant mit thailändischer Küche
Das Hotel liegt im Belgischen Viertel inmitten von vielen Kneipen, Restaurants und Galerien.

► ⑪ **Merian Hotel**
Allerheiligenstr. 1
D-50931 Köln, Tel. 166 50
www.merian-hotel-koeln.de
31 Zi. Bequem eingerichtetes,

modernes Haus an einer verkehrsreichen Straße in Bahnhofsnähe.

▸ ⑫ **Rhein-Hotel St. Martin**
Frankenwerft 31, D-50667 Köln
Tel. 257 79 55
www.koeln-altstadt.de/rheinhotel
40 Z. Bestechende Lage an der Rheinuferpromenade.

▸ ⑬ **Tagungs- und Gästehaus St. Georg**
Rolandstr. 61, D-50667 Köln
Tel. 93 70 20 20
www.gaestehaus-st-georg.de
30 Z., Mehrbetträume für Gruppen, Bistro, Konferenzräume
Die Zimmer in dem einstigen Kloster sind einfach, aber preisgünstig. Südwestlich des Chlodwigplatzes gelegen, bieten sich gute Ausgehmöglichkeiten in die Südstadt und ins Severinsviertel.

▸ ⑭ **Weber**
Jahnstr. 22
D-50676 Köln
Tel. 27 22 99 50
28 Z. Nettes, familiär geführtes Hotel in der Innenstadt.

ZIMMERVERMITTLUNG

▸ **Hotel Reservation Service**
Blaubach 32
Tel. 207 76 00
(tgl. rund um die Uhr)
www.hrs.de

JUGENDUNTERKÜNFTE

▸ **Jugendgästehaus Köln-Riehl**
An der Schanz 14, D-50735 Köln
Tel. 76 70 81
www.jugendherberge.de
114 Z., Tagungsräume, Bolzplatz, Cafeteria
Das Jugendgästehaus liegt 3 km nördlich der Altstadt unmittelbar am Rhein zwischen Zoobrücke und Mülheimer Brücke.

▸ **City Hostel Köln-Deutz**
Siegesstr. 5, D-50679 Köln
Tel. 81 47 11, www.djh.de
157 Z., Tagungsräume, Bistro, Disko
Fast alle Sehenswürdigkeiten der Stadt sind von der Jugendherberge im Rechtsrheinischen zu Fuß zu erreichen.

▸ **Jugendherberge Pathpoint**
Machabäerstr. 26
Tel. 130 56 86-0
www.pathpoint-cologne.de
Zwei- bis Achtbettzimmer in den Räumen einer ehemaligen Kirche, nur fünf Minuten vom Hauptbahnhof entfernt.

CAMPING

▸ **Campingplatz Berger**
Uferstr. 71
D-50996 Köln-Rodenkirchen
Tel. 935 52 40
www.camping-berger-koeln.de
ganzjährig geöffnet
Am Rhein gelegen (linksrheinisch), ca. 7 km südöstlich des Kölner Stadtzentrums, 1,5 km vom Rodenkirchener Zentrum entfernt. 250 Stellplätze; mit Restaurant, Biergarten und SB-Markt.

▸ **Campingplatz der Stadt Köln**
Weidenweg 35
D-51105 Köln-Poll
Tel. 83 19 66
www.camping-koeln.de
geöffnet: Mitte April – Mitte Okt.
Ca. 5,5 km südlich des Kölner Stadtzentrums direkt am Rhein gelegen (rechtsrheinisch). Nach Poll sind's ca. 1,5 km. 140 Stellplätze, wohnmobilgeeignet, Restaurant.

Urlaub aktiv

Sport & Fun

Zuschauersport Köln nennt sich nicht ohne Grund Sportstadt: Neben den Spielen klassischer Zugpferde wie dem 1. FC Köln im RheinEnergieStadion und dem KEC (Eishockey) in der Lanxess Arena werden die Spiele des Kölner Football-Teams und der Kölner Baseballmannschaften immer populärer.

Fahrrad fahren Auch für sportlich weniger Ambitionierte ist Köln eine ideale Stadt zum Fahrradfahren, da es hier viele Fahrradwege, aber kaum Steigungen gibt.

Inlineskaten Besonders die geteerten Wege rechts und links des Rheins sind bei Inlineskatern sehr beliebt. Kilometerlang kann man hier am Fluss entlangfahren.

Joggen Da Köln über viele Parks und Grünanlagen verfügt, trifft man hier auf ein weites Terrain, das sich zum Laufen und Joggen eignet. Besonders der weitläufige Stadtwald ist sehr beliebt, gelegentlich überwiegen hier schon einmal die Läufer gegenüber den Fußgängern. Die Stadt ist außerdem Austragungsort für einen Marathon.

Jugendliche Inlineskater flitzen rund um die Kölnarena.

SPORTSTÄTTEN & SPORTANGEBOTE

INFORMATIONEN

▸ **Haus des Kölner Sports**
Ulrich-Brisch-Weg 1
Tel. 92 13 00 22
www.sportinkoeln.de
Öffnungszeiten: Mo. – Do. 9.00 – 17.00, Fr. bis 13.00 Uhr
Hier erfährt man, was in Köln sportlich läuft.

AMERICAN FOOTBALL

Die Cologne Falcons (www.cologne-falcons.com) spielen im Sportpark Müngersdorf.

BÄDER UND WELLNESS

▸ **Auskunft**
www.koelnbaeder.de
Hier gibt's Infos zu allen städtischen Frei- und Hallenbäder.

▸ **Agrippabad**
Kämmergasse 1
Tel. 27 91 73-0
Öffnungszeiten:
Mo. – Fr. 6.30 – 22.30, Sa u. So 9.00 – 21.00 Uhr
Modernes städtisches Bad mit Saunalandschaft, Sprungbecken, Wellenbad, Fitnessbereich.

▸ **Aqualand**
Merianstr. 1
Tel. 702 80
www.aqualand.de
Öffnungszeiten: Mo. – Do. 10.00 – 22.00, Fr. bis 23.30, Sa. 9.30 – 23.30, So. 9.30 – 22.30 Uhr
Überdachtes Freizeitbad mit Rutschen, Sauna, Fitnessstudio und Sonnenbank

»Mediterraner« Badespaß am Rhein in Rodenkirchen

Claudius Therme
Sachsenbergstr. 1
Tel. 98 14 40
www.claudius-therme.de
Öffnungszeiten:
tgl. 9.00 – 24.00 Uhr
Mit zehn Außen- und Innenbecken (20 °C – 36 °C), mehreren Saunen und einem osmanischem Dampfbad sind die Thermen perfekt ausgestattet.

Lentpark
Lentstr. 30
(Nähe Zoobrücke)
2012 öffnet das neue Sportzentrum mit Eisarena (1800 m² Eisfläche), 260 m langer Eishochbahn, Hallenbad mit 25-Meter-Becken, Freibad und Saunalandschaft.

Neptunbad
Neptunplatz 1
Tel. 71 00 71
www.neptunbad.de
Öffnungszeiten:
tgl. 9.00 – 24.00 Uhr
Geschmackvoll und luxuriös eingerichtete Wellnessoase mit asiatischem Flair in einer umgebauten Jugendstil-Badeanstalt. Onsen-Bäder, Hammam, Saunalandschaft, Beauty- und Massagebehandlungen, großer Fitnessbereich.

BASEBALL

Im Müngersdorfer Reit- und Baseballstadion können 2000 Besucher den Spielen des Bundesligavereins »Cologne Cardinals« folgen.

FAHRRAD FAHREN

Radrouten-Planer
www.radroutenplaner.nrw.de
Der Routenplaner für Fahrradfahrer, angereichert mit vielen Infos und Tipps, wurde vom nordrhein-westfälischen Verkehrsministerium ins Netz gestellt.

Allgemeiner Deutscher Fahrradclub (ADFC)
Melchiorstr. 3
D-50670 Köln
Tel. 32 39 19
www.adfc-koeln.de
Infos zu Touren, Tipps für Fahrradkäufe u. a.

Kölner Fahrradverleih
Markmannsgasse/Deutzer Brücke
Tel. 0171 / 629 87 96
www.koelnerfahrradverleih.de
April – Okt. tgl. 10.00 – 18.00 Uhr
Der Fahrradverleih bietet auch geführte Rad-Stadtrundfahrten an.

Radstadion Köln
Aachener Str. (Stadion)
Te. 94 97 61 20
www.radstadion-koeln.de
Auf der 250 m langen Bahn werden auch internationale Spitzenrennen ausgetragen.

GOLF

Öffentliche Golfsportanlage Roggendorf/Thenhoven
Parallelweg 1
Tel. 78 40 18
http://golfcourse.clarks-golf-world.de

JOGGEN

Lauftreffs
www.lauftreff.de

MARATHON

Köln Marathon
Tel. 33 77 73 11
www.koeln-marathon.de
Seit 1997 wird in Köln jährlich ein Marathon ausgetragen, bei dem

auch Inlineskater über die 42 km lange Strecke an den Start gehen können.

PFERDESPORT

► **Galopprennbahn Weidenpesch**
Scheibenstr.
Tel. 974 50 50
www.koeln-galopp.de
Hier findet u. a. jährlich eines der höchstdotierten Rennen in Deutschland statt – der Preis von Europa.

SPORTSTADIEN

► **RheinEnergieStadion**
Aachenerstr.
Tel. 71 61 61 50
www.koelnersportstaetten.de
Im Sportpark Müngersdorf befinden sich u. a. Fußball- und Leichtathletikstadien, Tennis- und Hockeyplätze, ein Freibad, Reitturnierplätze und Turn- und Gymnastikhallen. Im RheinEnergieStadion finden auch die ***Spiele des 1. FC Köln*** statt.

► **Lanxess Arena**
(Kölnarena)
Willy-Brandt-Platz 1
www.lanxess-arena.de
In Deutschlands größter multifunktionaler Veranstaltungshalle können bis zu 18 000 Zuschauer internationale Sportveranstaltungen erleben, u. a. auch die ***Eishockeyspiele der Kölner Haie.***

► **Stadion Süd**
Vorgebirgstr./Höninger Weg
Im Südstadion werden die Heimspiele des ***SC Fortuna Köln*** ausgetragen.

Die Lanxess Arena ist das angestammte »Jagdrevier« der Kölner Haie.

Köln *Stadtbahn- und S-Bahnnetz*

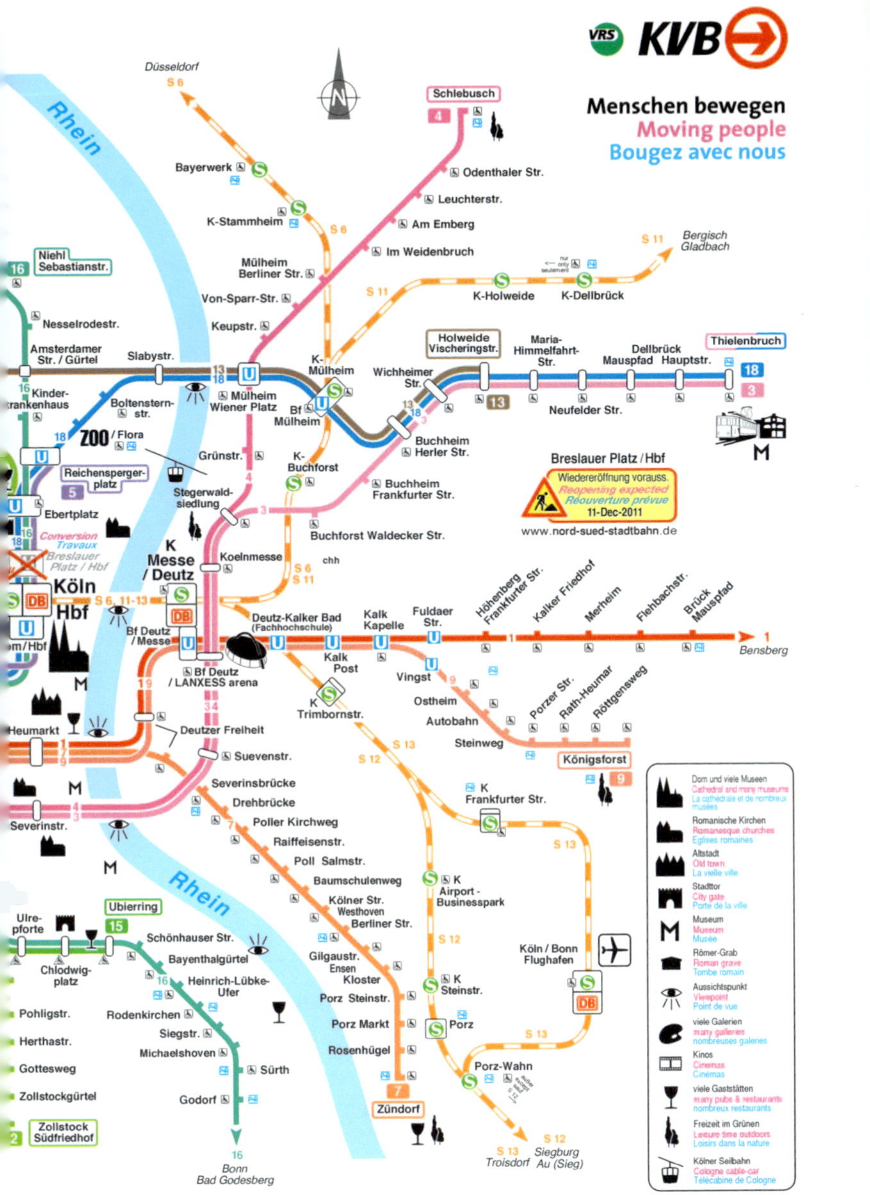
VRS KVB
Menschen bewegen
Moving people
Bougez avec nous
Düsseldorf
S 6
Schlebusch
4
Bayerwerk
K-Stammheim
Odenthaler Str.
Leuchterstr.
Am Emberg
Im Weidenbruch
Mülheim Berliner Str.
Von-Sparr-Str.
Keupstr.
S 11
Bergisch Gladbach
K-Holweide
K-Dellbrück
Niehl Sebastianstr.
16
Nesselrodestr.
Amsterdamer Str. / Gürtel
Slabystr.
Kinder-krankenhaus
Boltenstern-str.
ZOO / Flora
Mülheim Wiener Platz
K-Mülheim
Bf Mülheim
Wichheimer Str.
Holweide Vischeringstr.
Maria-Himmelfahrt-Str.
Dellbrück Mauspfad
Hauptstr.
Thielenbruch
18
3
13
Neufelder Str.
Buchheim Herler Str.
Grünstr.
K-Buchforst
Buchheim Frankfurter Str.
Buchforst Waldecker Str.
Reichensperger-platz
5
Ebertplatz
Stegerwald-siedlung
Conversion
Travaux
Breslauer Platz / Hbf
Breslauer Platz / Hbf
Wiedereröffnung voraus.
Reopening expected
Réouverture prévue
11-Dec-2011
www.nord-sued-stadtbahn.de
K Messe / Deutz
Koelnmesse
chh
S 6, 11-13
Köln Hbf
Bf Deutz / Messe
Deutz-Kalker Bad (Fachhochschule)
Kalk Kapelle
Fuldaer Str.
Höhenberg Frankfurter Str.
Kalker Friedhof
Merheim
Flehbachstr.
Brück Mauspfad
1
Bensberg
Bf Deutz / LANXESS arena
Kalk Post
Vingst
K Trimbornstr.
Ostheim
Autobahn
Porzer Str.
Rath-Heumar
Röttgensweg
Steinweg
Königsforst
9
Heumarkt
Deutzer Freiheit
Suevenstr.
S 13
S 12
Severinsbrücke
Drehbrücke
Poller Kirchweg
Raiffeisenstr.
Poll Salmstr.
Baumschulenweg
Kölner Str. Westhoven
Berliner Str.
Gilgaustr. Ensen
Kloster
Porz Steinstr.
Porz Markt
Rosenhügel
7
Zündorf
Severinstr.
K Frankfurter Str.
K Airport - Businesspark
K Steinstr.
Porz
Porz-Wahn
Köln / Bonn Flughafen
Rhein
Ubierring
15
Ulrepforte
Chlodwig-platz
Schönhauser Str.
Bayenthalgürtel
Heinrich-Lübke-Ufer
Pohligstr.
Rodenkirchen
Herthastr.
Siegstr.
Michaelshoven
Sürth
Gottesweg
Zollstockgürtel
Godorf
Zollstock Südfriedhof
Bonn Bad Godesberg
S 13 Troisdorf
S 12 Siegburg Au (Sieg)
Dom und viele Museen
Cathedral and many museums
La cathédrale et de nombreux musées
Romanische Kirchen
Romanesque churches
Eglises romaines
Altstadt
Old town
La vieille ville
Stadttor
City gate
Porte de la ville
Museum
Museum
Musée
Römer-Grab
Roman grave
Tombe romain
Aussichtspunkt
Viewpoint
Point de vue
viele Galerien
many galleries
nombreuses galeries
Kinos
Cinemas
Cinémas
viele Gaststätten
many pubs & restaurants
nombreux restaurants
Freizeit im Grünen
Leisure time outdoors
Loisirs dans la nature
Kölner Seilbahn
Cologne cable-car
Télécabine de Cologne

Verkehr

Kölner Verkehrs-Betriebe Köln besitzt ein gut ausgebautes Verkehrsnetz mit Bussen und Straßenbahnen. Tagsüber fahren die meisten Linien im 10-Minuten-Takt, zur Rushhour sogar öfter; abends werden viele Linien auf einen 15-Minuten-Takt reduziert.

Verkehrsverbund Rhein-Sieg Der Verkehrsverbund Rhein-Sieg (VRS) setzt sich aus der KVB (Kölner Verkehrs-Betriebe AG) und elf weiteren Verkehrsunternehmen zusammen. Durch einheitliche Tarife und die gemeinsame Abstimmung der Fahrpläne können viele Ziele im Kölner Umland leicht und schnell erreicht werden. Die Stadtbahnlinien 16 und 18 verbinden z. B. Köln und Bonn.

INFOS & ADRESSEN

KÖLNER VERKEHRSBETRIEBE

▸ **KVB Tarif- und Fahrplanauskunft**
Tel. 01803 / 50 40 30
(rund um die Uhr)
www.kvb-koeln.de

▸ **Kunden-Center Ehrenfeld**
Ehrenfeldgürtel 15

▸ **Kunden-Center Neumarkt**
HUGO Passage
U-Bahn Zwischenebene

▸ **Verkaufsstellen**
In den U-Bahnhöfen Dom/Hbf., Neumarkt und Ebertplatz

AUTOMOBILCLUBS · PANNENHILFE

▸ **ADAC**
Luxemburger Str. 169
Tel. 47 27 47
Pannenhilfe: Tel. 01802 / 22 22 22
www.adac.de

▸ **Automobil-Club Verkehr (ACV)**
Goldgasse 2
Tel. 912 69 10, www.acv.de

MIETWAGEN

Im Mietwagencenter (Ankunftsbereich D) des Flughafens Köln-Bonn sind alle internationalen Autovermieter vertreten.

▸ **Avis**
Hauptbahnhof, Reisezentrum
Tel. 913 00 63
www.avis.de

▸ **Europcar**
Christophstr. 26
Tel. 912 60 10
www.europcar.de

▸ **Hertz**
Hauptbahnhof, Breslauer Platz
Tel. 13 97 09 41
www.hertz.de

TAXI

▸ **Taxiruf Köln**
Tel. 28 82 oder 194 10
www.taxiruf.de

▸ **Kugel Köln Taxi**
Tel. 76 28 29
www.kugeltaxi.de
Normale und Großraumtaxis

Tarifsystem

Der Preis für eine Fahrt mit Bus oder Straßenbahn richtet sich nach der Anzahl der Tarifzonen, die man durchfährt. Insgesamt gibt es neben der Kurzstrecke (K) die vier Preisstufen A bis D. An jeder Haltestelle ist ein alphabetisch geordnetes Fahrtzielverzeichnis ausgehängt, auf dem die Anzahl der Tarifzonen von der Einstiegsstelle bis zum Ziel verzeichnet sind. Die meisten Fahrtziele innerhalb des Stadtgebietes sind mit dem Kurzstrecken-Tarif oder dem (Ein-bis-Zwei-Zonen-)Tarif A zu erreichen. Neben dem Einzelticket gibt es eine Reihe spezieller Angebote wie Mehrfahrtentickets oder Gruppentickets.

WelcomeCard

Für Köln-Kurzurlauber ist sicherlich die Welcome-Card (► Preise · Vergünstigungen) interessant, die neben Ermäßigungen in vielen Bereichen auch freie Fahrt mit den Bussen und Bahnen im gesamten Verkehrsverbund Rhein-Sieg bietet. Sie kostet derzeit 9 € pro Person und Tag.

Fahrkartenverkauf

Alle Tickets können in den Kunden-Centern, den Vorverkaufsstellen der KVB, bei privaten Verkaufsstellen, z. B. an Kiosken, und an den Fahrscheinautomaten erworben werden.

Touren

RUND UM DEN DOM DURCH ENGE ALTSTADTGÄSSCHEN, ÜBER DIE BRÜCKE ZUR ANDEREN RHEINSEITE ODER ENTLANG DES UFERS – AUF EINEM SPAZIERGANG LÄSST SICH KÖLN BESTENS ERKUNDEN.

TOUREN DURCH KÖLN

Auf diesen drei empfohlenen Spaziergängen kann man Köln und die allermeisten Sehenswürdigkeiten und wichtigsten Plätze der Stadt in relativ kurzer Zeit kennen lernen. Aber lassen Sie sich lieber etwas Zeit – es lohnt sich.

TOUR 1 **Köln auf den ersten Blick**
Wer in Köln nur Zwischenstation macht, erhält auf diesem rund zweistündigen Altstadtrundgang einen guten Eindruck von der Domstadt und ihren Attraktionen in Rheinnähe. ► **Seite 130**

TOUR 2 **Kunst, Geschichte und Einkaufsbummel**
Mit einer kleinen Shopping-Tour rund um die trendige Ehrenstraße lässt sich der Besuch zahlreicher Sehenswürdigkeiten verbinden.
► **Seite 132**

TOUR 3 **Vom Dom zum Rheinauhafen**
Am Ende dieses Spaziergangs von der Innenstadt zum Rheinauhafen zeigt sich der Rhein von seiner »Schokoladenseite«. ► **Seite 134**

Mit Inlineskates geht's etwas schneller.

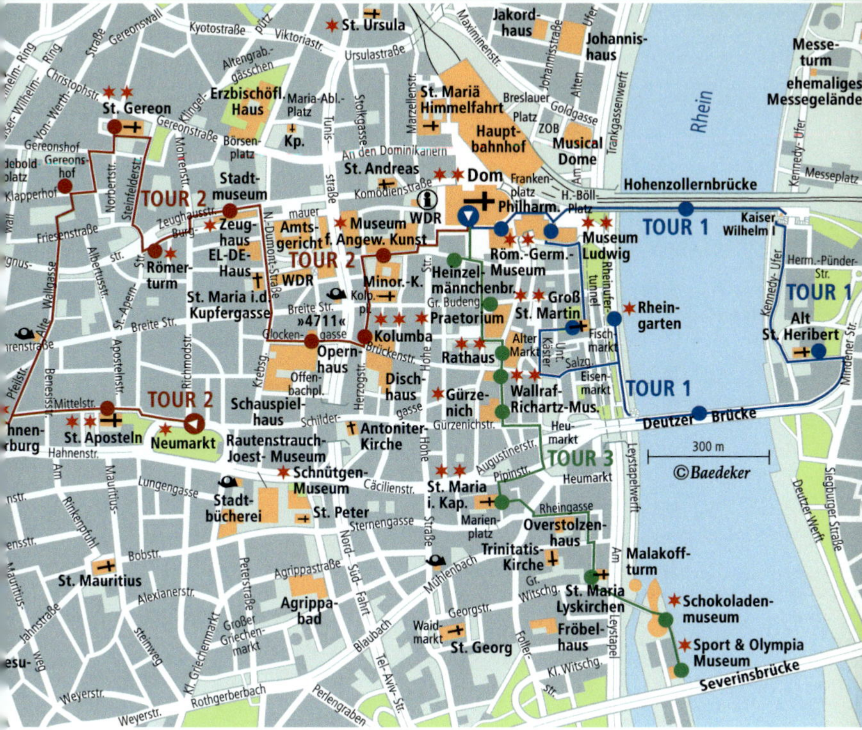

Unterwegs in Köln

Die nachstehenden Empfehlungen sollen dem Reisenden, der zum ersten Mal nach Köln kommt und nur wenig Zeit zur Verfügung hat, als Leitlinie dienen, um den Aufenthalt in der Stadt möglichst eindrucksvoll zu gestalten.

Wer sich nur einige Stunden in Köln aufhält und einen Blick auf die Highlights der Stadt werfen möchte, kann an einer organisierten Stadtrundfahrt (► Praktische Informationen, Stadtführungen) teilnehmen. Wer auf eigene Faust losziehen will, dem sei zunächst die Besichtigung des Doms empfohlen. Von hier aus sind die Altstadt und bedeutende Museen wie das Römisch-Germanische Museum, das Museum Ludwig, das

> ! *Baedeker* TIPP
>
> **Mit der Bimmelbahn unterwegs**
>
> Von der direkt am Dom gelegenen Straße Burgmauer aus kann man mit »Wolters Bimmelbahnen« Köln erkunden: Alle halbe Stunde geht's mit dem »Schoko-Express« durch die Altstadt zum Schokoladen-Museum (Fahrtdauer: ca. 20 Min.) und mit dem »Zoo-Express« über die Rheinpromenade zum Zoo (Fahrdauer: ca. 20 bis 25 Min.;/www.bimmelbahnen.de).

Kolumba und das Wallraff-Richartz-Museum bequem zu Fuß zu erreichen. Wem eher nach einem Einkaufsbummel zumute ist, findet in unmittelbarer Nähe des Doms die Hohe Straße, die auf die Schildergasse, Kölns Shoppingmeile Nummer eins, stößt.

Tour 1 Köln auf den ersten Blick

Start: Dom
Ziel: Rheingarten
Dauer: ca. 2 Stunden

Dieser Rundgang bietet sich für alle diejenigen an, die Köln bisher noch gar nicht kennen. Natürlich dürfen beim ersten Kölnaufenthalt Dom und Altstadt nicht fehlen. Der Rundgang führt zum rechtsrheinischen Ufer mit Panoramablick und ist in gut zwei Stunden zu bewältigen – in dieser Zeit hat man jedoch weder eines der Museen in der Altstadt besucht, noch den Dom einer genaueren Betrachtung unterzogen. Für eine ausführlichere Altstadtbesichtigung sollte man einen ganzen Tag einplanen.

Ausgangspunkt ist der ❶ ** **Dom**, das Wahrzeichen der Stadt und, wie das Kölner Tourismusamt gern betont, die meistbesuchte Sehenswürdigkeit Deutschlands. Im Schatten des Doms liegt das bedeutende ❷ ** **Römisch-Germanische Museum**, dessen breite Glasfront den Blick auf das Poblicius-Grabmal und das Dionysosmosaik freigibt.
Dahinter schließt das berühmte ❸ ** **Museum Ludwig** an, in dem Malerei und Skulptur des 20. Jhs. ausgestellt sind. Die halben Bögen auf dem mit einer speziellen Metalllegierung versehenen Dach des Museums sollen die Schaumkronen des vorbeifließenden Stromes darstellen. Unter dem imposanten Bau liegt die Philharmonie. Der Konzertsaal, der durch seine perfekte Akustik besticht und in dem Weltstars von Klassik bis Pop auftreten, befindet sich teilweise unter dem Wasserspiegel des Rheins.
Vom Heinrich-Böll-Platz an der Nordseite des Museums halten wir uns links und nehmen den Fußgängerweg am Reiterstandbild von Kaiser Wilhelm II. vorbei über die ❹ **Hohenzollernbrücke**. Diese Eisenbahnbrücke ersetzte 1911 einen Vorgängerbau aus dem Jahr 1859, der auf Wunsch des preußischen Königs Friedrich Wilhelm IV. direkt in der Achse des Doms errichtet wurde, um die Rolle der Brücke und des noch unvollendeten Doms als Symbole deutscher Einheit zu betonen. Am Metallzaun der Brücke zwischen Fußgängerweg und Gleisen hängen geschätzte 40 000 Vorhängeschlösser. Vor einigen Jahren begann unter Liebespaaren der Brauch, ihre Namen in ein Vorhängeschloss eingravieren zu lassen, dieses am Zaun zu befestigen und den Schlüssel in den Rhein zu werfen.

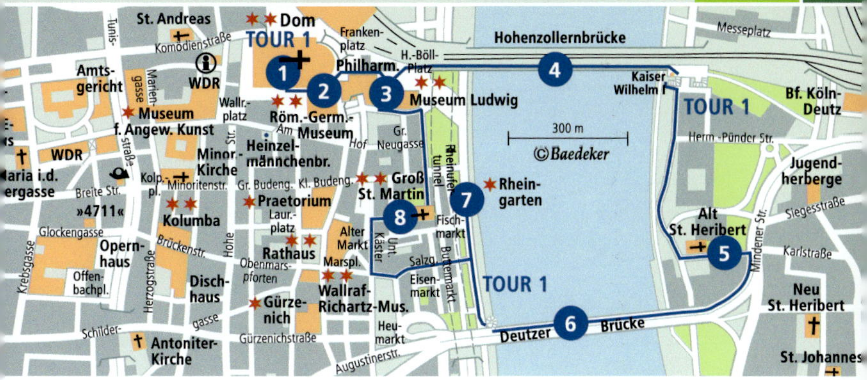

Geradeaus sind die gewölbten Glaswände des 103 m hohen **Köln-Triangle** zu sehen. Ein kurzer Abstecher dorthin lohnt sich für den Blick von der Besucherplattform auf dem Dach. Am Reiterdenkmal für Kaiser Wilhelm I. nehmen wir die Stufen hinunter zum Rheinufer, wo im Sommer der Biergarten vor dem Hyatt Hotel Erfrischungen bietet. Der Rundgang führt jetzt in südlicher Richtung zur Deutzer Brücke, vorbei an einem Denkmal, das an das 8. Kürassierregiment der Preußischen Armee erinnert, dessen Kaserne von 1850 bis zum Ende des Ersten Weltkriegs hier stand. An der Ostseite der ehemaligen Klosterkirche ❺ **Alt St. Heribert** sind Reste eines römischen Kastells aus dem 4. Jahrhundert zu sehen.

Auf der ❻ **Deutzer Brücke** geht es mit einer wunderbaren Aussicht auf die Altstadt zum linken Rheinufer zurück. Eine Wendeltreppe führt hinunter zum ❹ ✱ **Rheingarten**. Dieser liegt über dem 1982 fertiggestellten Rheinufertunnel, der den Verkehr auf einer Länge von 500 m unter die Erde verlegt. Hier kann man gemütlich schlendern, sich auf Parkbänken ausruhen, die hübschen Hausfassaden der Altstadt bewundern und sich vielleicht für eine kleine Schiffstour auf dem Rhein entscheiden.

Die kopfsteingepflasterte Salzgasse führt zum nördlichen Teil des **Heumarkts**. Diesen Platz mit Gaststätten und einigen Läden bezeichnete ein englischer Reisender des 17. Jhs. – als die Rampen der Deutzer Brücke noch nicht den Blick versperrten – als zweitschönsten Platz Europas nach dem Markusplatz in Venedig.

Zurück im Gewirr der Altstadtgassen, bietet sich ein Abstecher zum **Eisenmarkt** an, einem Platz, auf dem auf einem Bänkchen Kölns Ehrenbürger Willy Millowitsch – in Bronze – Platz genommen hat,

! *Baedeker* TIPP

Köln auf drei Rädern

Im Sommerhalbjahr bietet sich eine Rikschatour als reizvolle Alternative zum ermüdenden Pflastertreten an. Rikscha-Fahrrad-Taxis findet man – je nach Witterungsverhältnissen – häufig in der Nähe des Doms. Angeboten werden auch Sonderfahrten, z. B. Stadtrundfahrten, Brückenrundfahrten oder Mondscheinfahrten (Info-Tel. 60 47 89, www.koeln-rikscha.de).

direkt vor dem über 200 Jahre alten Puppentheater »Hänneschen«. Durch die Gasse Unter Käster gelangt man zum **Alter Markt** mit Blick auf den Rathausturm. Direkt am Platz und in der näheren Umgebung laden mehrere traditionelle Kölsch-Kneipen zur Rast ein.

Vom Alter Markt führt ein steinerner Torbogen zum Platz vor der Kirche ❽ ✶✶ **Groß St. Martin**, einer der zwölf romanischen Kirchen Kölns. Von hier aus sind es nur ein paar Schritte zu den Gaststätten am Rheingarten.

Tour 2 Kunst, Geschichte und Einkaufsbummel

Start: Neumarkt **Dauer:** ½ bis 1 Tag
Ziel: Dom

Dieser Spaziergang führt zu einem interessanten Einkaufsviertel und durch ruhigere Teile der Innenstadt. Zu den Sehenswürdigkeiten unterwegs gehören zwei schöne romanische Kirchen, einige Museen und Zeugnisse der Römerzeit.

Ausgangspunkt des Rundgangs ist der ❶ ✶ **Neumarkt**. Die Nordseite des großen Platzes säumen Kaufhäuser, an der Westseite erhebt sich der beeindruckende Kleeblattchor der Kirche ❷ ✶✶ **St. Aposteln**. Rechts der Kirche geht es am Konrad-Adenauer-Denkmal vorbei in die Mittelstraße. Hier befinden sich elegante Boutiquen und Einrichtungsgeschäfte. Am Apostelnkloster vor dem Kirchturm findet dienstags und freitags ein kleiner Wochenmarkt statt. Am Ende der Mittelstraße steht das mittelalterliche ❸ ✶ **Hahnentor**, einst für deutsche

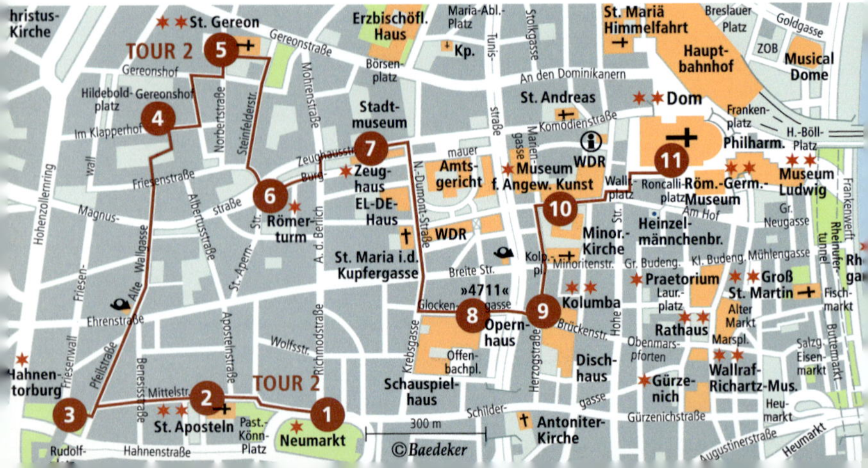

Im Zeughaus gibt das Stadtmuseum einen umfassenden Einblick in die Geschichte Kölns.

Könige das Eingangstor zur Stadt nach ihrer Krönung in Aachen. Dann geht's einige Schritte zurück; man biegt in die Pfeilstraße ein, die eine bunte Mischung kleiner Läden, Galerien und Cafés bietet, und erreicht die Ehrenstraße, wo man bei einem Einkaufsbummel ebenfalls Geschäfte mit individuellem Charakter entdecken kann. Die Alte Wallgasse führt zur engen Friesenstraße, einem lebhaften Ausgehviertel. Für eine Erfrischung empfiehlt sich ein kurzer Abstecher nach links zum »Brauhaus Päffgen«, einem echten Traditionsbrauhaus mit kölscher Stimmung (►Baedeker Special Guide).

Weiter geht's rechts in die Friesenstraße und nach ca. 50 Metern (gegenüber der Albertusstraße) über einen Fußgängerweg zwischen den Häusern zum ❹ **Gereonshof** im ehemaligen Viertel des Versicherungskonzerns Gerling. Das hauptsächlich aus den 1930er- bis 1960er-Jahren stammende, architektonisch einheitliche Gebäudeensemble wird bis 2013 in ein neues Wohnviertel mit Geschäften und Lokalen verwandelt. Über die Spiesergasse und den Gereonshof geht es zu ❺ ** **St. Gereon**, einer der schönsten Kirchen der Stadt, deren Kern ein römischer Zehneckbau aus dem 4. Jh. bildet.

Nach der Besichtigung gehen wir vom grünen Platz vor der Ostfassade der Kirche rechts in die Steinfelderstraße und weiter bis zur Zeughausstraße, wo der gut erhaltene ❻ * **Römerturm**, der die nordwestliche Ecke der römischen Stadt markierte, steht. Von hier aus geht es nach Osten zum 400 Jahre alten ❼ * **Zeughaus**, der durch rot-weiße Fensterläden und das vergoldete Flügelauto auf dem Turm auffällt. Hier wird im **Stadtmuseum** die Geschichte Kölns seit dem Mittelalter

präsentiert. Wir überqueren die Straße Burgmauer und biegen in die Neven-DuMont-Straße ein. Rechter Hand stehen das **EL-DE-Haus**, Gedenkstätte und Dokumentationszentrum zur Geschichte des Nationalsozialismus in Köln, und die Kirche **St. Maria in der Kupfergasse**, linker Hand das »Vierscheibenhaus« des Senders WDR. Der Weg geht weiter nach links in die Glockengasse, wo das in den 1950er-Jahren errichtete **Opernhaus** an der Stelle der 1938 zerstörten Synagoge steht. Gegenüber bietet das **8 4711-Haus** die Gelegenheit, »Kölnisch Wasser« zu kaufen, und unterhält Besucher und Passanten mit einem Glockenspiel zur vollen Stunde.
Die sechsspurige Nord-Süd-Fahrt muss überquert werden, um zum unbedingt sehenswerten Kunstmuseum **9 ✶✶ Kolumba** zu gelangen. Über einer archäologischen Grabung in den Ruinen der Kirche St. Kolumba entstand hier bis 2007 ein aufsehenerregendes Bauwerk des Architekten Peter Zumthor. Auf dem Weg in Richtung Dom lohnt es sich, in die **Minoritenkirche** zu schauen oder die hochwertige Sammlung des **10 ✶ Museums für Angewandte Kunst** zu bewundern. Von hier aus sind es nur noch einige wenige Meter zum **11 ✶✶ Dom** und zum **Römisch-Germanischen Museum**.

Tour 3 Vom Dom zum Rheinauhafen

Start: Dom
Ziel: Rheinauhafen
Dauer: ca. ½ Tag

Dieser Spaziergang durch 2000 Jahre STadtgeschichte zeigt die römischen Anfänge Kölns, Höhepunkte mittelalterlicher Baukunst wie die Kirche St. Maria im Kapitol und den Ursprung des »Kölnisch Wassers«. Die Tour endet im Rheinauhafen, Standort des beliebten Schokoladenmuseums und interessanter moderner Architektur.

Die Tour beginnt an der Südseite des **1 ✶✶ Doms**. Wir überqueren den Roncalliplatz und sehen rechts direkt hinter dem »Dom-Hotel« den **2 Heinzelmännchenbrunnen**. Die steinernen Reliefs links und rechts des Brunnenbeckens erzählen die Geschichte der kleinen Wichte, die einmal die Arbeit aller Kölner Handwerker während der Nacht verrichtet haben sollen. Im Sommer stellen das »Brauhaus Früh« und das benachbarte Eiscafé Tische auf den kleinen Platz am Brunnen.
Jetzt geht es die Straße Am Hof hinunter, dann in das Sträßchen Unter Goldschmied. Der tunnelartige Bau an der nächsten Kreuzung ist ein Stück des römischen Abwasserkanals, den man unterirdisch begehen kann als Teil eines Besuchs im **3 ✶ Praetorium**, dem römischen Regierungspalast. Der Eingang befindet sich links in der Bu-

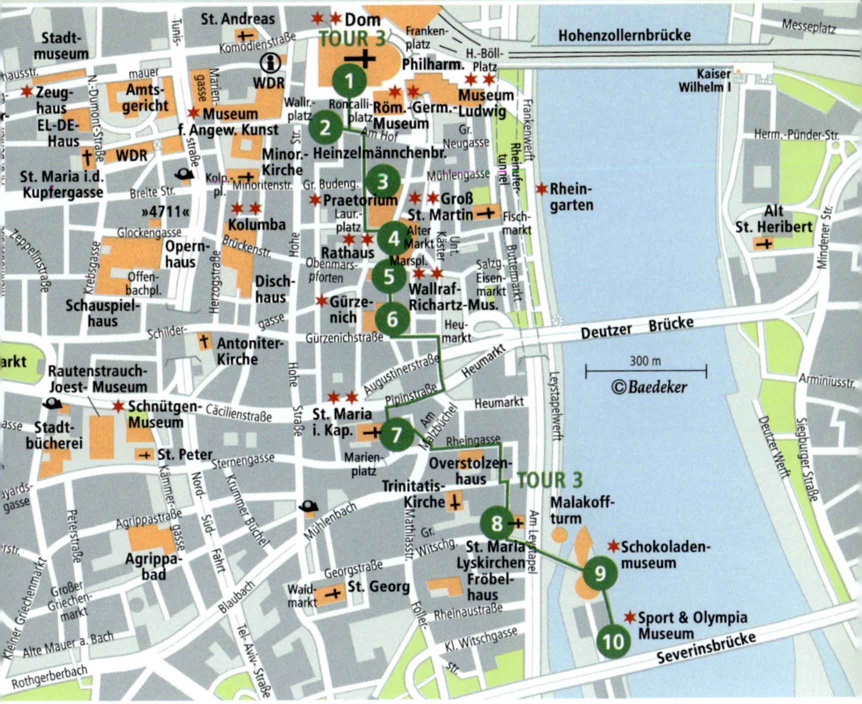

dengasse. Wir gehen geradeaus am Kardinal-Frings-Denkmal vorbei zum Platz vor dem ❹ ** **Rathaus**. Hier entsteht eine »Archäologische Zone«, die bereits zugängliche Reste des Praetoriums mit Ausgrabungen des mittelalterlichen Judenviertels verbinden wird (►Baedeker Special S. 200).

An der Ecke Unter Goldschmied/Obenmarspforten steht das stattliche Haus der Parfümerie »Farina«. An dieser Stelle hatte bereits im 18. Jh. der Erfinder des »Kölnisch Wassers«, Giovanni Maria Farina, seine Verkaufsräume (► Baedeker Special S. 104). Gegenüber dem Farina-Haus befindet sich der mit einem Vierzeiler von Goethe geschmückte Karnevalsbrunnen und an der anderen Straßenecke der Neubau des ❺ ** **Wallraf-Richartz-Museums**. Die hochkarätige Sammlung des Museums umfasst Kunstepochen vom Mittelalter bis zu den Impressionisten.

Vorbei an den Ruinen der Kirche St. Alban, heute eine Gedenkstätte, erreichen wir »Kölns gute Stube«, den ❻ * **Gürzenich**, eine Festhalle aus dem 15. Jahrhundert, die heute vor allem für Karnevalssitzungen bekannt ist. Die Gürzenichstraße führt links hinunter zum **Heumarkt**. Hier gibt es viele Möglichkeiten, sich für den weiteren Weg zu stärken, vor allem in den Sommermonaten in den gut besuchten Straßenlokalen.

Wir überqueren die Straßenbahnschienen und zwei verkehrsreiche Straßen, um zur Kirche ❼ ✶✶ **St. Maria im Kapitol** zu gelangen. Dieser wunderschöne Bau steht an der Stelle des römischen Kapitolstempels. Der Chor mit dem Grundriss eines Kleeblatts und die bemalten Holztüren aus dem 11. Jh. sind besonders beeindruckend.

Anschließend geht es über die Straße An der Malzmühle (direkt um die Ecke empfiehlt sich das gleichnamige Brauhaus), und man trifft in der Rheingasse auf das einzige erhaltene romanische Patrizierhaus Kölns, das **Overstolzenhaus** aus dem 13. Jahrhundert. Die im Jahr 1860 gebaute **Trinitatiskirche** im Filzgraben, der nächsten Parallelstraße weiter südlich, war die erste für eine evangelische Gemeinde errichtete Kirche Kölns.

Die Tour führt nun einige Schritte in Richtung Rhein, dann geht es rechts in die Straße An Lyskirchen zur einzigen romanischen Kirche der Stadt mit erhaltenen Deckenmalereien des Mittelalters: ❽ **St. Maria Lyskirchen**.

Jenseits der Rheinuferstraße liegt der Rheinauhafen. Der größte Publikumsmagnet hier ist natürlich das ❾ ✶ **Schokoladenmuseum**, das in einer geglückten Verbindung aus Neubau und dem Zollamt aus dem späten 19. Jh. sein Domizil gefunden hat. Erfrischungen gibt es im Biergarten vor der Hafenbrücke und im Museumscafé mit Rheinpanorama. Direkt nebenan widmet sich das ❿ ✶ **Deutsche Sport & Olympia Museum** der nationalen, internationalen und olympischen Sportgeschichte. Wer Ausdauer besitzt, kann diese Tour mit gesunder Anstrengung an den interaktiven Exponaten beschließen, oder auch weiter südlich durch das sanierte Hafengelände spazieren. Hier trifft man auf eine sehenswerte Mischung aus alten Hafenbauten und neuer Architektur, herausragend sind vor allem die auffälligen »Kranhäuser«. Nahe am **Bayenturm**, einem Bollwerk der mittelalterlichen Stadtbefestigung, kann man vom Ubierring mit der Straßenbahn in die Stadtmitte zurückfahren.

! *Baedeker* TIPP

Radtour zur Kölschen Riviera

Die wohl beliebteste Fahrradtour in Köln führt am Rhein entlang in Richtung Süden. Hinter der Autobahnbrücke erreicht man die »Kölsche Riviera« mit Sandstrand und Rheinwiesen, die bei Rodenkirchen beginnt und am Campingplatz Berger endet. Hat man anschließend den Wald im »Weißen Bogen« durchquert, kann man mit der Fahrradfähre nach Zündorf übersetzen und sich dort in der Nähe des Weihers in einem hübschen Ausflugslokal ausruhen oder am linksrheinischen Weiß vorbei über Sürth nach Wesseling weiterradeln. Unterwegs laden Hausboote mit Restaurantbetrieb zum Verweilen ein. Bekanntestes Lokal in Rodenkirchen ist das urige »Zum Treppchen« in der Kirchstraße, eine Kölner Institution seit Jahrzehnten.

Vor der Kulisse der hübsch restaurierten Altstadtfassaden lässt sich im Rheingarten herrlich entspannen und das Leben genießen. →

Haxenhaus zum

Sehenswertes von A bis Z

NEBEN DEM BERÜHMTEN DOM UND BEDEUTENDEN KUNSTMUSEEN BIETET DIE RHEINMETROPOLE EIN EINZIGARTIGES ALTSTADTFLAIR, QUIRLIGE SHOPPINGMEILEN, SCHÖNE ERHOLSAME PARKS UND VIELES MEHR.

Altenberg

Ausflugsziel

Lage: 20 km nordöstlich von Köln
Bus: 212 ab Bhf. Leverkusen-Mitte
Internet: www.altenberger-dom.de

Altenberg im Bergischen Land bietet neben seiner Hauptattraktion, dem Altenberger Dom, der in landschaftlich schöner Lage im Tal der Dhünn liegt, auch große Wälder zum Spazierengehen und die Gelegenheit, den malerischen Märchenwald zu besuchen, der vor allem Kinder begeistert.

Ehemalige Zisterzienserabtei

Altenberg war ursprünglich der Name einer Zisterzienserabtei, die die Grafen von Berg 1133 neben ihrem alten Stammschloss (auf dem »alten Berg«) gründeten, das sie zugunsten eines neuen Schlosses, Römerturm »Burg an der Wupper«, aufgaben. Die **Altenberger Abtei** des 1098 gegründeten strengen Reformordens bestand bis 1803, als sie säkularisiert wurde. Nach dem Verkauf der Gebäude, der Errichtung einer Farbenfabrik an ihrer Stelle und schließlich einem verheerenden Brand 1815 wurde die ehemalige Klosteranlage erst in der zweiten Hälfte des 19. Jhs. wieder aufgebaut.

Altenberger Dom

Führungen: Feb. – Dez. Sa. 11.00, So. 13.00, 15.30 und nach Anmeldung Tel. 02202 / 95 95 19

Der Altenberger Dom, dessen Fertigstellung mehr als ein Jahrhundert dauerte, wird hauptsächlich wegen seines imposanten achtteiligen Westfensters, dem **größten Kirchenfenster Deutschlands**, mit schöner Glasmalerei bewundert.
An der Stelle einer ursprünglich romanischen Kirche des Klosters entstand zwischen 1259 und 1379 eine dreischiffige gotische Basilika, die ein fast ebenso breites dreischiffiges Querhaus aufweist. Das südliche Querhaus ist verkürzt, da dort vormals die Klostergebäude angeschlossen waren.
Gemäß den strengen Ordensvorschriften ist die Kirche ein einfacher Bau, der seine Schönheit nur aus den klaren Proportionen und der Zweckmäßigkeit der gotischen Architektur bezieht. Dank des fehlenden Schmuckes ist die Bauidee der Gotik deutlich erkennbar: Soweit möglich, sind alle Wände in Fenster aufgelöst; das Gewicht der Steinmassen wird abgelenkt und aufgefangen im regelmäßigen Gerüst der Strebepfeiler. Kein Turm, nur ein bescheidener Dachreiter krönt die Kirche. Um den Chor ist ein Umgang mit einem Kranz von sieben sechseckigen Kapellen ge-

! *Baedeker* TIPP

Kirchenmusik

Berühmt sind die Kirchenmusikkonzerte im Altenberger Dom, die, mit wenigen Ausnahmen, von Mai bis Oktober sonntags um 11.45 und 14.30 Uhr veranstaltet werden. Zusätzlich finden in den Sommermonaten jeweils donnerstags um 20.00 Uhr Orgelkonzerte statt. Auskunft: www.altenberger-dommusik.de.

Großer Andrang zum Kirchenkonzert im Altenberger Dom

legt. Bei einem schweren Brand im Jahr 1815 wurden die Dächer der Kirche zerstört, 1830 stürzte auch das Vierungsgewölbe ein. Daraufhin setzte man beim Wiederaufbau (1835 bis 1847) nach dem Vorbild des Kölner Doms Walmdächer auf die Kapellen am Chor. Seit 1857 wird die Kirche – auf Anordnung des preußischen Königs – sowohl für evangelische als auch katholische Gottesdienste genutzt.

Die **Ausstattung** der Kirche zeigt sich als sparsam rot und grün akzentuierter Rahmen für die berühmten Fenster, die, gemäß gotischer Auffassung, das Licht des überirdischen Jerusalem hereinlassen. Besonders imponierend sind das 8 × 18 m große achtteilige **Westfenster** mit goldfarbener Glasmalerei (um 1400) und das 6 × 19 m große **Nordfenster** mit vorwiegend grauen ornamentalen Gläsern (vor 1300). Da die Zisterzienser kein buntes Glas verwenden durften, sind die Fenster vom Ende des 13. Jhs. in Grautönen gehalten. Vor dem schönen schmiedeeisernen Lettnergitter steht rechts eine Figur des Ordensheiligen **Bernhard von Clairvaux**, links eine des Moses (beide 17. Jh.). An der Ostwand des nördlichen Chorseitenschiffs fand die steinerne Verkündigungsgruppe vom Westportal (um 1380) Aufstellung. Im Chorhaupt steht ein Altarkreuz des 15. Jhs., wenig nördlich das spätgotische Sakramentshaus von 1490. In den Chorkapellen finden sich Grabplatten verschiedener Äbte, in der Achsenkapelle wird das Herz des 1225 ermordeten Kölner Erzbischofs Engelbert von Berg in einem Reliquiar aufbewahrt. Der Marienaltar (15. Jh.) im südlichen Chorseitenschiff zeigt eine Marienkrönung.

◄ Querhaus

Das nördliche Querhaus hat seinen Namen **Herzogenchor** von den acht Gräbern bergischer Herzöge, die sich hier befinden. Das erste Grab von der Vierung her ist das des Klosterstifters Adolf II. Auf einer Konsole links des Nordportals steht die 1985 von W. Franzen geschaffene Bronzeplastik »Bernhard von Clairvaux als Mystiker«, in der Von-Steinen-Kapelle im Nordquerhaus befindet sich die Bronzeplastik »Der Gekreuzigte umarmt die beiden Kreuzestheologen Bernhard von Clairvaux und Martin Luther«, ebenfalls von W. Franzen (1986/1987). In die wegen des ehemals dahinter liegenden Kreuzgangs nicht in Fenster aufgelöste Wand des südlichen Nebenschiffs sind Grabplatten eingelassen, von denen die erste, die des Abtes Johann Blanckenberg († 1662), besonders beachtenswert ist.

Reste der ehemaligen Klosteranlage

Barocktor Der alte Zugang zum Kloster führte westlich der Kirche über die Dhünnbrücke durch das erhaltene Barocktor (18. Jh.). In der Mittelnische des Portalbogens steht außen die Figur des Ordensheiligen Bernhard von Clairvaux, innen eine Madonna.

Links neben der Brücke erhebt sich auf den Grundmauern des ehemaligen Pförtnerhauses und der Pilgerherberge der **»Altenberger Hof«** mit einer schönen Gartenterrasse. Rechts der Pforte befand sich eine Marienkapelle, deren Reste in das Brauhaus (Bau von 1715) vermauert sind. Der eigentliche Klosterbezirk befand sich weiter südlich, getrennt in mehrere Höfe durch nordsüdlich verlaufende Gebäude, von denen nur noch der Konversenflügel erhalten ist.

Im Norden standen das Wirtschaftsgebäude und das Krankenhaus, von dem noch die 1222 gebaute **Markuskapelle** erhalten ist. Bemerkenswert ist die Ausmalung: Vor 1300 entstanden das Ornament am Mittelfenster hinter dem Altar und die Marienkrönung an der Westwand. Die Fenster stammen aus der Zeit um 1900.

> ! *Baedeker* TIPP
>
> **Kulinarischer Zwischenstopp**
>
> Nicht versäumen sollte man, in einem der Ausflugslokale Bergische Waffeln – mit Sauerkirschen und Schlagsahne – zu probieren. Zu einer typischen Bergischen Kaffeetafel gehören auch das »Blatz« genannte Rosinenbrot mit Rübenkrautsirup sowie Graubrot, Schinken und Wurst – etwa im vornehm-gediegenen »Altenberger Hof« oder in der rustikalen Gaststätte »Küchenhof«.

Märchenwald
Öffnungszeiten: tgl. 9.00 – 18.00

Nördlich der Abtei, etwa 10 Minuten zu Fuß, liegt der Märchenwald. Hier lässt sich in idealer Weise ein schöner Spaziergang mit einer Attraktion für Kinder verbinden: Entlang eines Waldweges sind unter dichten Bäumen kleine Häuschen mit den bekanntesten Grimm'schen Märchen in szenischen Darstellungen aufgebaut.

★★ Altstadt · Martinsviertel

G 7/8

Lage: Zwischen Hohenzollern- und Deutzer Brücke
Bus: 132 (Rathaus), 133 (Gürzenichstr.)
Innenstadtplan: B/C 3/4
Straßenbahn: 5, 16, 18 (Dom/Hbf) oder 1, 7, 9 (Heumarkt)

Selbst bei der kürzesten Stippvisite in Köln sollte man einen Spaziergang durch die verwinkelten Gassen, über die malerischen Plätze und entlang der begrünten Rheinpromenade der historischen Altstadt unternehmen. Hier reiht sich Café an Café und Restaurants an kölsche Brauhäuser, unterbrochen von Musikkneipen und kleinen Läden.

Entwicklung der Altstadt

Das von den Kölnern üblicherweise als Altstadt bezeichnete Gebiet deckt sich weder mit den römischen noch mit den mittelalterlichen Stadtgrenzen. Das Stadtgebiet im Mittelalter reichte sogar bis zu den heutigen Ringen. Was gemeinhin »Altstadt« genannt wird, beschränkt sich auf das Martinsviertel bzw. die **ehemalige Rheinvorstadt**. Zur Römerzeit war der Stadt eine kleine Insel vorgelagert, auf der Speichergebäude standen. Köln hatte daher einen natürlichen Hafen, der wahrscheinlich im 2. Jh. verlandete. Seit frühester Zeit siedelten sich auf der Rheininsel Kaufleute und Händler an.
Mitte des 10. Jahrhunderts ließ Erzbischof **Bruno I.** den ehemaligen Rheinarm, der einst die Insel von der Stadt trennte, zuschütten. Dort entwickelte sich die Rheinvorstadt, mit der ebenfalls zu dieser Zeit erbauten Benediktinerabtei ► Groß St. Martin als kirchliches Zentrum. Da hier die Waren von Schiffen mit größerem Tiefgang, die von der Küste den Rhein heraufkamen, auf flachere Schiffe umgeladen wurden, setzte die Stadt das Stapelrecht durch: Die umzuladenden Waren mussten zum Verkauf ausgestellt werden. Anfang des 15. Jahrhunderts wurde der Rathausturm (► Rathaus) von den in »Gaffeln« (Zünften) organisierten Bürgern als Zeichen ihrer vor kurzem erstrittenen politischen Macht errichtet. Trotz der schweren Zerstörungen durch den Zweiten Weltkrieg blieb das Altkölnische im Martinsviertel bis heute gegenwärtig, an den kaufmännischen Ursprung erinnern Straßennamen wie Butter-, Fisch-, Eisenmarkt, Salz- und Mauthgasse.

Rundgang durch das Martinsviertel

Berühmtes Rheinpanorama

Das Martinsviertel umfasst das Gebiet zwischen Hohenzollernbrücke im Norden und der Deutzer Brücke im Süden sowie vom Rhein im Osten bis zur Linie Alter Markt – Heumarkt im Westen, wo einst der Rheinarm verlief. Dieses autofreie Kneipen-, Restaurant- und Wohnviertel ist berühmt wegen ihres Rheinpanoramas. Der mittelalterliche Gassenverlauf ist weitgehend erhalten; zwischen alter Bausubstanz versuchen Neubauten wie der 1975 bis 1978 von Joachim Schürmann errichtete Wohnkomplex nördlich und westlich von Groß St. Martin den Charakter des Viertels zu wahren, indem z. B. die alten Giebelformen wieder aufgegriffen werden.

Am Rheinufer (Frankenwerft)

Innenstadtplan: B/C 4

Heinrich-Böll-Platz

Ausgehend vom Roncalliplatz gelangt man links am ► Römisch-Germanischen Museum und am ► Museum Ludwig vorbei auf den Heinrich-Böll-Platz, auf dem der von Dani Karavan geschaffene schwarz-weiße Stufenturm **Ma'alot** (► S. 55) aufgestellt ist. Unter dem Platz befindet sich die Philharmonie. Über eine breite Treppe geht man zur Rheinpromenade, der Frankenwerft, hinunter.

Statt Fisch gibt's heute auf dem Fischmarkt Kölsch, Kaffee und Kuchen.

★ Rheingarten ▶ Im Rheingarten unterhalb der Treppe befindet sich die Rheingarten-Skulptur von **Eduardo Paolozzi**, ein breit angelegtes Wasserspiel, das mit Anklängen an Motorblöcke und Schiffe auf den Verkehr und insbesondere auf die Untertunnelung des Geländes für den Autoverkehr anspielt.

Stapelhaus ▶ Ein Stück weiter steht das nach dem Zweiten Weltkrieg in vereinfachter Form wiedererrichtete Stapelhaus, das im 16. Jh. als Fischkaufhaus erbaut wurde. Im frühen 19. Jh. wurde es als Stapelhaus genutzt, in dem alle auf dem Rhein transportierten Waren drei Tage lang zum Verkauf ausgestellt werden mussten.

Fischmarkt ▶ Weiter südlich trifft man auf den belebten Fischmarkt: Wo früher Fisch gehandelt wurde, sitzt man heute bei Kölsch oder Kaffee. Hier legen auch die Ausflugsschiffe der Köln-Düsseldorfer an.

Salzgasse und Eisenmarkt

Grinkopf und Walfisch In der Salzgasse 2 hängt einer der wenigen erhaltenen Grinköpfe, besuchenswert ist auch das Haus Walfisch (Nr. 13) aus dem Jahr 1626, in dem das »Brauhaus Sünner« untergebracht ist (►Baedeker Special Guide).

Hänneschen-Theater ▶ Biegt man links in den baumbestandenen Eisenmarkt ein, steht man vor dem berühmten Hänneschen-Theater, dem von Jung und Alt gleichermaßen gern besuchten urkölnischen **Stockpuppentheater**, das schon 1802 gegründet wurde. Die lustigen, in Kölscher Sprache geschriebenen Volkstheaterstücke behandeln meist aktuelle Themen und Problemstellungen. Die jedem Kölner Kind bekannten Hauptfiguren des Puppentheaters sind das »Hännesje« (Verkleinerungsform von Johannes), ein pfiffiger, etwas vorlauter, aber liebenswerter Schlingel, das »Bärbelchen«, seine schlagfertige Freundin, der »Besteva« (Bester Vater, d. h. Großvater) und seine Frau »Maritzebill« (Maria Sybilla), »Tünnes« (Anton), »Schäl« (er schielt) und der mit einer überaus feuchten Aussprache gestrafte Stotterer »Speimanes«. Die jährlich ca. 275 Vorstellungen für Kinder und Erwachsene sind fast immer ausverkauft. Vor dem Theater sitzt auf einer Bank der Schauspieler und Kölner Ehrenbürger **Willy Millowitsch** (► Berühmte Persönlichkeiten) – in Bronze.

Heumarkt

Zweigeteilter Platz

Der Heumarkt war ehemals ein lang gestreckter schöner Platz, der von prachtvollen Häusern reicher Kaufmannsfamilien umstanden war. Die alte Gliederung ist durch den Bau der Deutzer Brücke (1913 – 1915), endgültig jedoch durch die Platz raubende Verkehrsführung der Nachkriegszeit zerstört worden.
Der Teil nördlich der Deutzer Brücke hat noch am ehesten das Aussehen eines Platzes bewahrt, während sein südliches Ende mit dem Hotel Maritim und der Brauerei zur Malzmühle den Platzcharakter vollkommen eingebüßt hat.

Sehenswerte Gebäude

Von den wenigen altehrwürdigen Häusern sind vor allem das Gebäude Heumarkt 77 »Zum St. Peter« aus dem 16. Jh. und die beliebte kölsche Gaststätte »Brauerei Pfaffen« (Nr. 62, entstanden 1776, an der Nordseite des Platzes) mit einer schönen Rokokofassade sehenswert. Im Kontrast dazu steht der Neubau des Hotels Maritim, ein großer Komplex mit einem eindrucksvollen Foyer und mehreren Restaurants.

Reiterdenkmal

Zwischen den zwei Platzhälften steht in der Nähe der Brückenauffahrt das nach Kriegsschäden unvollständig wieder zusammengesetzte Reiterdenkmal **Friedrich Wilhelms III.**, einst der Mittelpunkt des Heumarkts und des geselligen Lebens, trafen sich doch »ungerm Stätz (Schweif) vum Päd« (Pferd) besonders vor dem Ersten Weltkrieg die jungen Leute. Das 1878 aufgestellte Standbild ist keine reine Huldigung an den König, der das Rheinland entsprechend den Vereinbarungen vom Wiener Kongress 1815 in den preußischen Staat eingliederte: Um den Sockel des Denkmals stehen Bürger, Gelehrte und Militärs, deren reformfreudige Ansichten der König ablehnte.

Ostermannplatz

Ostermannbrunnen

Zurück in das Herz der Altstadt kommt man durch »Unter Käster« und die enge Kastellsgasse rechts zum verwinkelten Ostermannplatz, der in den 1930er-Jahren durch den Abbruch der Hinterhäuser entstand. Der Brunnen, 1938 installiert, ist nach dem Kölner **Willi Ostermann** (1876 – 1936) benannt, der durch seine Karnevalslieder sehr populär wurde; Figuren aus seinen Liedern findet man an dem Brunnen wieder.

Alter Markt

Kölns stimmungsvollster Platz

Der Alter Markt ist einer der atmosphärischsten Plätze Kölns, obwohl nur noch wenig von der alten Bausubstanz erhalten ist. Neben dem Turm des ►Rathauses ist das Spätrenaissance-Doppelhaus »Zur Brezel« und »Zum Dorn« von 1580 mit seinen schönen Giebeln besonders sehenswert (Nr. 20 – 22), denn es ist das einzige wirklich historische Gebäude an dieser Stelle. Heute schenkt die Brauerei Gaffel hier ihr Bier aus.

Jan-von-Werth-Brunnen ►

In der Platzmitte steht seit 1884 der Jan-von-Werth-Brunnen. Die Geschichte Jan von Werths wurde erstmals in einem Lied von **Karl Cramer** festgehalten. Berichtet wird vom Bauernsohn Jan, der von der Magd Griet abgewiesen wurde, da er ihr zu arm war. So zog er fort und avancierte im Dreißigjährigen Krieg zum Reitergeneral – der wegen seiner schonungslosen Verwüstungen auch »Schwarzer Hans« genannt wurde. Als Jan Jahre später stolz zu Pferde wieder in die Stadt einzog, soll er die immer noch arme Griet wiedergetroffen und sich der berühmte Dialog abgespielt haben, der alljährlich an Weiberfastnacht nachgespielt wird und den man als Ausdruck des Kölner Pragmatismus verstehen kann:

Jan: »Griet, wer et hätt jedonn!« (nämlich ihn zu heiraten).
Griet: »Jan, wer et hätt jewoß!«

Bildhaft umgesetztes »Götz-Zitat«: Kallendresser am Alter Markt

An Jan von Werth erinnert im Kölner Karneval das gleichnamige Reiterkorps, wie überhaupt der Alter Markt im Karneval eine bedeutende Rolle spielt: Hier wird am 11.11. um 11.11 Uhr der Karneval ausgerufen und donnerstags vor dem Karnevalswochenende bricht hier der »Wieverfastelovend« (Weiberfastnacht) los (►Baedeker Special, S. 224).

Am Haus Nr. 24 befindet sich unter dem Dachvorsprung die Figur des **»Kallendressers«** (»Rinnenscheißer«), nach alten Vorlagen von Ewald Mataré geschaffen. Über den Ursprung des unfein dahockenden Männleins gibt es verschiedene Ansichten, die alle auf das 15. Jh. zurückgehen: Zum einen wird von einem Bewohner erzählt, der aus Faulheit stets die Dachrinne statt des Hinterhofes für sein »Geschäft« benutzte, zum anderen soll der nackte Hintern der Figur eine politische Meinungsäußerung gewesen sein: Auf Veranlassung unzufriedener Bürger soll er symbolisch dem ungeliebten patrizischen Stadtrat entgegengereckt worden sein. Die Antwort der Obrigkeit kann man gegenüber am Rathausturm ablesen: Zu jeder vollen Stunde streckt der »**Platzjabbek**« – das finstere Gesicht unterhalb der Uhr – den Kölnern die Zunge heraus (von »jappen«, »das Maul aufreißen«).

Mühlengasse

Brügelmannhaus

In der Mühlengasse steht das klassizistische Brügelmannhaus von 1895, das einzige erhaltene historische Fabrikgebäude in der Innenstadt. Seit 1820 stellte der Garnhändler Friedrich Wilhelm Brügelmann Textilien in der damals noch kleinen Fabrik her, in der kurz vor Ausbruch des Ersten Weltkrieges über 1000 Menschen beschäftigt waren. In dem alten Fabrikgebäude ist heute »Peters Brauhaus« untergebracht, zudem finden hier die Aufführungen des Kabaretts »Senftöpfchen« statt (Eingang Große Neugasse 2).

Belgisches Viertel

G 6

Lage: Gegend um den Brüsseler Platz
Bus: 136, 146 (Moltkestraße)
Straßenbahn: 3, 4, 5, 12, 15 (Friesenplatz)

Im Belgischen Viertel, dessen Straßen nach belgischen Städten benannt sind, hat sich neben vielen Kneipen und Restaurants eine lebendige Kunst- und Designszene etabliert.

Brüsseler Platz

Mittelpunkt des Belgischen Viertels zwischen Aachener und Venloer Straße, im Osten begrenzt vom Hohenzollernring, im Westen vom Grüngürtel, ist der Brüsseler Platz, der von Kneipen und alten Bürgerhäusern umgeben ist. Hier findet sich auch, versteckt hinter großen Bäumen, die 1902 – 1906 errichtete katholische Pfarrkirche **St. Michael**, ein von romanischen und byzantinischen Einflüssen geprägter Bau mit einer Doppelturmfassade. Zahlreiche schöne Fassaden aus der Bauzeit der Neustadt ab den 1880er Jahren sind erhalten, z.B. in der Lütticher und der Genter Straße. Kleine Läden für Designer- oder Secondhandmode, Trödel oder schicke Wohnungseinrichtung prägen das Viertel.

Friesenplatz Der ehemals begrünte Platz an den Ringen wurde nach dem Zweiten Weltkrieg lange Zeit vernachlässigt, heute hat man ihn durch die U-Bahn und Einbahnstraßen etwas verkehrsberuhigt. Von hier aus gelangt man schnell zu den Einkaufsvierteln um Ehren-, Mittel- und Hahnenstraße. Unübersehbares architektonisches Highlight des Friesenplatzes stellt das 2001 fertig gestellte **Ring-Karree** dar, das vom britischen Stararchitekten **Sir Norman Foster** entworfen wurde. Das als Verwaltungsgebäude des Gerling-Konzerns errichtete Bürohaus erinnert mit seiner dreitürmigen Gestaltung an den formalen Aufbau der Stadttore entlang des Kölner Rings. An die drei unterschiedlich hohen Türme schließen sich zwei Seitenflügel an, in denen sich ebenerdig Ladenlokale und Gastronomiebetriebe befinden.

Brauweiler

Ausflugsziel

Lage: 13 km westlich

Bus: 961 ab Bhf. Lövenich, 980 ab Bhf. Pulheim

Der heute zu Pulheim gehörige Ort Brauweiler mit einer sehenswerten mittelalterlichen Benediktinerabtei liegt westlich von Köln.

Ehemalige Benediktinerabtei Die große, den Ort dominierende ehemalige Benediktinerabtei wurde 1024 von Mathilde, einer Tochter Kaiser **Ottos II.**, an der Stelle von Vorgängerbauten, die bis ins 6. Jh. zurück belegbar sind, gegründet. Der Kirchenbau ist ein Gemisch verschiedener Epochen der Romanik von ca. 1050 bis ins 13. Jh. mit gotischen Zutaten. Weithin sichtbar erheben sich die markanten Türme der Kirche über die Ebene. Das eindrucksvolle Westwerk (um 1140) mit Turmhelm (1515) ragt 69 m hoch auf. Die Dachlandschaft wird von dem achtseitigen Vierungsturm mit seinen Flankentürmen (13. und 19. Jh.) über dem einfachen Langhaus und dem rheinisch-hochromanischen Chor (13. Jh.) bestimmt. Der Eingang zur Kirche befindet sich an der Nordwestecke der barocken Klostergebäude (18. Jh.). Das reliefierte Westportal innerhalb der Vorhalle stammt aus dem 12. Jahrhundert. In der Kirche fügen sich die romanischen Formen der Wandgliederung in Langhaus, Vierung und Chor (wegen der Krypta höher gelegen) und die spätgotischen Langhausgewölbe mit ihren Rankenmalereien zu einer harmonischen Einheit. Sehenswert sind vor allem die Reste der mittelalterlichen Ausmalung an den Chor- und Langhauspfeilern. Von der reichen Ausstattung verdienen folgende Stücke be-

Die Wandmalereien des Kapitelsaals stammen aus dem 12. Jahrhundert.

sondere Beachtung: im Südquerschiff der Renaissancealtar des Antonius, im südlichen Seitenchor ein schöner Marienaltar von 1180 und über der nach Süden führenden Tür die Figur der Stifterin Mathilde (um 1200).
An den zur Vierung hinaufführenden Stufen geht's zur **Krypta**. Die ältesten Teile der um 1200 nach dem Vorbild von ► St. Maria im Kapitol umgebauten Krypta stammen aus der Zeit um 1050.
Sehenswert sind außerdem der Kreuzgang im Süden der Kirche (zugänglich vom südlichen Seitenschiff aus), der vor 1200 entstand (West- und Nordflügel wurden um 1810 zerstört), der Kapitelsaal im Ostflügel des Kreuzgangs mit bedeutenden Deckengemälden des 12. Jhs. in den schönen romanischen Gewölben sowie das Lapidarium mit einzigartigen Reliefplatten aus dem 11. Jh.; dargestellt sind Christus, die Apostel und die Tierkreiszeichen.

Deutz

F – J 8/9

Lage: Rechtsrheinisch zwischen Zoo- und Südbrücke
Bus: 150, 250, 260 (Bhf. Deutz/Messe)
Straßenbahn: 1, 7, 9 (Deutzer Freiheit) oder 1, 9 (Bhf. Deutz/Messe)

Von keiner anderen Stelle aus lässt sich das berühmte Rheinpanorama Kölns mit dem gewaltigen Dom, Groß St. Martin, dem Rathausturm und den schmalen Altstadthäusern besser bewundern als vom Deutzer Kennedy-Ufer aus. Der Rheinpark, die Messe und Alt St. Heribert nördlich der Deutzer Brücke sind ebenso einen Besuch wert wie die abwechslungsreiche Geschäftsstraße »Deutzer Freiheit« und – im Süden der Brücke – der Deutzer Hafen mit den Poller Wiesen.

»Schäl Sick«

Das 1888 eingemeindete Deutz auf der rechten Rheinseite wurde zwar von den Kölnern schon immer skeptisch beäugt und mit abfälligen Begriffen belegt wie »Barbarenland« (so auf einer römischen

Die Rheinterrassen bieten den schönsten Blick aufs linksrheinische Köln.

Grabinschrift des 4. Jhs.) oder »Heidenland« (laut hl. Bonifatius im 8. Jh.), wo man zudem bei längerem Aufenthalt um »seinen Witz, Verstand und seine Gesundheit« fürchten müsse (so der Kölner Stadtrat 1596). Auch heute noch zeigt die Bezeichnung »Schäl Sick«, dass man als »echter« Kölner die andere Uferseite nicht so ganz ernst nimmt oder mit Konrad Adenauer (► Berühmte Persönlichkeiten) annimmt, dass »hinter Deutz Sibirien anfängt«. Die Bezeichnung »Schäl Sick« rührt von den durch ihre Scheuklappen schielenden Treidelpferden her, die die Schiffe auf der rechten Rheinseite flussaufwärts ziehen mussten.

Geschichte

Der Stadtteil Deutz entwickelte sich aus dem römischen **Kastell Divitia**, das Kaiser Konstantin um 310 mit einer Grundfläche von 141 m² bauen ließ. Zur selben Zeit errichtete er als Verbindung zum römischen Köln die erste befestigte Brücke über den Rhein, der die Grenze zwischen dem Römischen Reich und Germanien bildete. Das Kastell diente ab dem 5. Jh. als fränkischer Königshof. Um das Jahr 1000 schenkte Kaiser **Otto III.** das Gelände dem **Erzbischof Heribert**, der daraufhin mit der Errichtung des Benediktinerklosters St. Heribert begann. Das Kloster zog Handwerker und Händler an, ein kleines Städtchen entstand, 1242 wurden die alten Kastellmauern geschleift. Viel Ruhe war den Deutzern seitdem bis zum 18. Jh. nicht vergönnt: Immer wieder wurde ihr nur notdürftig gesicherter Ort von durchziehenden Heeren geplündert und zerstört, die das gut befestigte, reiche Köln nicht einzunehmen vermochten.
Zudem konnte man mit der Besetzung von Deutz auch Kölns Handelswege nach Osten kontrollieren. Die Kölner selbst fielen mehrmals in Deutz ein, damit sich Auswärtige nicht des wichtigen Stütz-

punktes bemächtigen konnten. 1856 erhielt Deutz das Stadtrecht, 32 Jahre später wurde es eingemeindet.

◄ Aufbruch

Erstreckte sich zur linken Rheinseite die Altstadt, so war im 19. Jh. rechtsrheinisch Raum zur Ansiedlung von großflächigen Industrieunternehmen gegeben. Diese sind jedoch inzwischen nach und nach abgewandert und hinterließen so Freiflächen für die weitere Stadtentwicklung. Auf dem einstigen Areal der 1858 gegründeten Chemischen Fabrik Kalk entstanden der Neubau des Polizeipräsidiums, das riesige Einkaufszentrum **Köln Arcaden** und das **Odysseum**, ein »Abenteuer-Wissenspark« für Kinder (► S. 95). Mit dem Bau der **Kölnarena** (Lanxess Arena), die als Veranstaltungshalle von weither sichtbar ist, und des Hochhauses **KölnTriangle** wurden bedeutende Projekte fertiggestellt. Im Zusammenhang mit der Messe-Erweiterung steht auch der Ausbau des Bahnhofs in Deutz zum neuen ICE-Knotenpunkt. Der Verkauf eines 5,4 Hektar großen Geländes zwischen Bahnhof und Messe an einen Privatinvestor 2011 war der Startschuss für die Planung eines neuen Büro- und Kulturviertels mit dem Namen **Messe-City**.

Messe

Geschichte

Kölns Tradition als Handels- und Messestadt reicht bis ins Mittelalter zurück. In Anlehnung an diese Zeiten wurde 1922 der Bau der ersten Ausstellungshallen im rechtsrheinischen Köln-Deutz entlang des Rheinufers nördlich der Hohenzollernbrücke in Angriff genommen. Der damalige Oberbürgermeister Konrad Adenauer eröffnete dort 1924 die erste Kölner Messe. Drei Jahre später fügte Adolf Abel den – heute ungenutzten – **Messeturm** hinzu und ummantelte die Hallen mit einer streng gegliederten Klinkerfassade. In den folgenden Jahrzehnten wurde die Messe immer wieder erweitert, so dass sie sich heute bis zur Deutz-Mühlheimer Straße erstreckt. Mit dem Bau der vier »Nordhallen«, die Anfang 2006 eröffnet wurden, verfügt Köln nunmehr über ein modern ausgestattetes Messegelände. Die entkernten alten Messehallen beherbergen hinter ihren denkmalgeschützten Fassaden jetzt die Zentrale des Fernsehsenders RTL und Büroräume eines Versicherungskonzerns.

Westlich des Messeturms findet man eine **Gedenktafel**, die auf den unrühmlichen Missbrauch der Messegebäude im »Dritten Reich« hinweist: »In den Jahren 1942 bis 1944 diente das Messelager als Häftlingslager. Seit Ende 1942 war hier ein Außenkommando des Lagers Buchenwald untergebracht ...« Von hier wurden fast 12 000 Juden in Konzentrationslager deportiert; im »Arbeitserziehungslager« wurden politische Häftlinge interniert, u. a. Konrad Adenauer.

★ Rheinpark

Erholsame Parkanlage

Der Rheinpark, der nördlich an das Messegelände anschließt und sich von dort den Rhein bis zur Zoobrücke entlangzieht, wo er in

! Baedeker TIPP

Schwebend übern Rhein

Wer gerne in höheren Sphären schwebt, dem sei eine Fahrt mit der Rheinseilbahn ans Herz gelegt. Von Ende März bis Ende Oktober schweben die Gondeln tgl. von 10.00 bis 18.00 Uhr vom Rheinpark (Auenweg) in rund 50 m Höhe über den Rhein zur einen Kilometer entfernten Riehler Straße nahe dem Zoo. Ca. 6 Min. dauert die Fahrt, bei der sich ein wunderschöner Blick auf das Panorama von Köln eröffnet (Infos unter www.koelner-seilbahn.de).

den **Jugendpark** übergeht, ist ein ideales Rückzugsgebiet vom Stadttrubel, perfekt zum Spazierengehen und mit einem großen Spielplatz für Kinder ausgestattet. Mit Blumenbeeten, Teichen, Gewächshäusern, Cafés, Schmalspurbahn sowie einem Thermalbad und – als Highlight – einer großen Seilbahn über den Rhein bietet er eine Menge Abwechslung.
Auf dem Gelände der Bundesgartenschauen von 1957 und 1971 sind auch Kunstwerke zu bewundern: Aus den 1950er-Jahren stammen die vorwiegend weiblichen Skulpturen, z. B. die »Sitzende« von Kurt Lehmann und die »Stehende« von Fritz Behn.

Tanzbrunnen ►

Auf dieser über einem künstlichen Teich gleichsam schwebenden Plattform, über der 1957 das Sternwellenzelt des Architekten **Frei Otto** angebracht wurde, wird in den Sommermonaten sowohl zu Walzermusik getanzt als auch Rock, Pop, Jazz und Folk gespielt. Seit 1971 überdachen den Platz des Orchesters sechs Terrassenschirme (wie das Sternwellenzelt), die wie vom Wind umgestülpte Regenschirme aussehen. Der Tanzbrunnen wird vom halbkreisförmigen sogenannten Staatenhaus nördlich des Messeturms umgeben.

✶ Kennedy-Ufer

Wunderschöner Panoramablick

Bei einem Spaziergang entlang des Kennedy-Ufers zwischen Hohenzollernbrücke und Deutzer Brücke kann man die spektakuläre Aussicht auf das Altstadt-Panorama mit Dom, Groß St. Martin und Rathausturm ausgiebig genießen. Dieser Uferabschnitt ist das Mittelstück eines entstehenden Rheinboulevards mit zum Wasser hinabführenden Stufen, der sich vom Tanzbrunnen bis zur Severinsbrücke erstrecken soll. Arbeiten an diesem Uferprojekt begannen 2010. Neben der Hohenzollernbrücke liegt unübersehbar der riesige Komplex aus Glas und Granit des Hyatt Regency Hotels. Weiter südlich stößt man von der Deutzer Brücke kommend auf das **Kürassier-Denkmal**, das 1928 in Erinnerung an das hier seit Anfang des 19. Jhs. ansässige preußische Militär und die im Ersten Weltkrieg Gefallenen errichtet wurde.

Einstiges Benediktinerkloster ►

Etwas weiter steht die kleine Kirche **Alt St. Heribert** auf dem Gelände eines römischen Kastells. Die heutige barocke Kirche (Urbanstraße 1) mit zwei Chorflankentürmen und den welschen Dächern stammt aus dem 17. Jh., die östlich liegenden Klostergebäude entstanden im 18. Jahrhundert. Die ehemalige Benediktinerabtei und die mehrmals völlig zerstörte prachtvolle Marienkirche, auf deren ottonischem

Schmale Spazierwege schlängeln sich durch die blühenden Gärten des Rheinparks.

Fundament die heutige Kirche errichtet wurde, gründete der Kölner **Erzbischof Heribert** (um 970 – 1021). In den nach den Kriegszerstörungen wieder hergestellten Klosterbauten zog ein Altenheim ein. Seit 1994 gehört die Kirche der griechisch-orthodoxen Gemeinde.
Der größte Schatz der Kirche, der Schrein des hl. Heribert, befindet sich heute in Neu St. Heribert (►S. 154).

Deutzer Stadtkern

Deutzer Freiheit

Die Deutzer Freiheit, eine lange Geschäftsstraße, durchschneidet von der Deutzer Brücke aus den Stadtkern. Der ungewöhnliche Straßenname erinnert an die Zeit der Deutzer Selbstständigkeit, in der der Ort mit bestimmten Freiheitsrechten ausgestattet war.

Neu St. Heribert

An der Ecke Deutzer Freiheit/Tempelstraße lohnt sich ein Besuch von Neu St. Heribert, einer Ende des 19. Jhs. nach romanisch-staufischen Vorlagen erbauten Pfarrkirche, die nach schweren Zerstörungen im Zweiten Weltkrieg 1951 wieder aufgebaut wurde. Anders als beim ursprünglichen Bau fehlt heute der Vierungsturm, die Dächer wurden niedriger angelegt, ornamentale Chorfenster eingesetzt und das Innere sparsam bemalt.

Heribertschrein ► Kostbarster Besitz der Kirche ist der im Chor aufgestellte goldene Schrein für die Gebeine des Erzbischofs und Klostergründers Heribert. Auf der im 12. Jh. in Köln entstandenen Goldschmiedearbeit ist neben den zwölf Aposteln mit Königen und Propheten auf den Längsseiten sowie Christus über dem Erzbischof auf der vorderen Giebelseite und Maria mit dem Kind auf der hinteren auch das Leben des hl. Heribert in zwölf Medaillons auf dem Schreindach festgehalten.

St. Johannes Schräg gegenüber von Neu St. Heribert steht in der Tempelstraße die evangelische Kirche St. Johannes inmitten eines typischen Garnisonsstadt-Wohnviertels des 19. Jahrhunderts. Die Mitte des 18. Jhs. entstandene Kirche musste nach 1945 wieder hergestellt werden.

! *Baedeker* TIPP

Grandioser Rundblick

Fünf Aufzüge befördern ihre »Passagiere« in nicht einmal 30 Sekunden zur rundum verglasten Aussichtsplattform des 103 m hohen Büroturms »KölnTriangle« am Deutzer Rheinufer (Ottoplatz 1). Von dort genießt man einen fantastischen Blick auf die gegenüberliegende Altstadt (Öffnungszeiten: Mai – Sept. Mo. – Fr. 11.00 bis 22.00, Sa./So. ab 10.00, Okt. – April Mo. – Fr. 12.00 – 18.00, Sa./So. ab 10.00 Uhr).

Am östlichen Ende der Deutzer Freiheit erreicht man rechter Hand den Reischplatz, an dem eine Gedenktafel (am Haus Nr. 6) an die Deutzer **Synagoge** erinnert, die in der Reichspogromnacht (9./10. November 1938) völlig zerstört und danach nicht mehr aufgebaut wurde. Die jüdische Gemeinde in Deutz wurde vor allem nach 1424 wichtig, als den Juden das Wohnrecht in der Reichsstadt Köln genommen wurde; ein Verbot, das erst 1798 während der französischen Besetzung Kölns aufgehoben wurde.

Jüdischer Friedhof Außerhalb des Stadtkerns liegt südlich des Deutzer Rings der alte jüdische Friedhof, der seit 1699 genutzt wurde. Jahrhundertealte Grabsteine mit hebräischen Inschriften und sprechender Ornamentik (Grabmäler der Familien Löw, Hirsch, Rindskopf) stehen und liegen auf dem Areal – auf Befehl des preußischen Militärs durfte die Schusslinie der nahen Festung nicht durch die aufrecht stehenden Steine behindert werden.

Bahnhof Deutz Im Norden des Stadtkerns liegt am Ottoplatz der 1914 gebaute Bahnhof Deutz, der durch seine monumentale Kuppel auffällt. Auf dem Vorplatz steht ein originaler Viertaktmotor, der an seinen Erfinder **Nicolaus August Otto** erinnern soll. Der Maschinenbauer und Unternehmer gründete 1864 zusammen mit Eugen Langen die Gasmotorenfabrik Deutz, die spätere Klöckner-Humboldt-Deutz AG.

Kölnarena Wie der Dom gehört die Kölnarena (seit Frühjahr 2008: Lanxess Arena), »Deutschlands größte und modernste Veranstaltungshalle«, zu den Wahrzeichen Kölns; sie ist städtebaulich und architektonisch einer der markantesten Neubauten der letzten Jahre. Auffälligstes Kennzeichen der 1998 eröffneten Mehrzweckhalle ist ein weithin sichtbarer, 76 m hoher Stahlbogen, von dem das Dach abgehängt wurde. Das Foyer ist vollständig verglast und lässt den Blick auf ein Netzwerk aus Treppen, Brücken und Stützen frei. Der Vorplatz wird von einer ausladenden Treppenanlage beherrscht. Das im Volksmund als **»Henkelmännche«** bezeichnete Gebäude bietet 18 000 Sitzplätze. Eine im Boden versenkbare Eisfläche verwandelt die Halle ins Heimstadion des Eishockeyteams »Kölner Haie«.

Deutzer Hafen und Poller Wiesen

Erholungsgebiet

Im Süden von Deutz bietet sich das Rheinufer – vom Deutzer Hafen bis hinunter nach Westhoven – zum Spazierengehen an. Der Eingang des 1908 fertig gestellten Deutzer Hafens liegt unterhalb der Severinsbrücke, etwas weiter südlich erreicht man über eine kurze Drehbrücke die Alfred-Schütte-Allee, die am Rhein entlang zu den Poller Wiesen führt. Hier bietet sich ein wunderbarer Blick auf den gegenüberliegenden ►Rheinauhafen.

Mit den weiten Poller Wiesen besitzen die Kölner ein attraktives Freizeit- und Erholungsgelände direkt am Rhein – inklusive Bolzplatz und »Ufertribüne«.

★★ Dom · St. Peter und Maria

G 7

Lage: Stadtzentrum
Bus: 132
Straßenbahn: 5, 16, 18 (Dom/Hbf)
Innenstadtplan: B 3/4
S-Bahn: S 6, S 11, S 12, S 13 (Hbf)
Internet: www.koelner-dom.de

Im Hochmittelalter als größte Kathedrale der Welt geplant, gehört der Kölner Dom – seit 1996 Unesco-Weltkulturerbe – zu den bedeutendsten Bauten der Christenheit. Kölns Wahrzeichen, sowohl symbolischer als auch geografischer Mittelpunkt der Stadt, ist mit rund 6 Mio. Besuchern im Jahr auch das unübertroffene Highlight der touristischen Sehenswürdigkeiten Deutschlands.

Geschichte des Dombaus

Höhepunkt gotischer Kathedralbaukunst

Der Dom gilt als Höhepunkt und Erfüllung gotischer Kathedralbaukunst, obgleich er das Produkt vieler Jahrhunderte und deren unterschiedlicher künstlerischer Auffassungen ist. Anlass zum Bau war ein Politikum: 1164 hatte Erzbischof **Rainald von Dassel**, Kanzler von **Kaiser Barbarossa**, nach einem Feldzug durch Italien die Gebeine der Heiligen Drei Könige als Kriegsbeute von Mailand nach Köln

Die Westfassade des Kölner Doms gilt als größte Kirchenfassade der Welt.

überführen lassen. Die Heiligen Drei Könige galten im Mittelalter als Ur- und Vorbilder des Königtums überhaupt, und damit war der Besitz ihrer Reliquien höchste Legitimation, gerade im Kampf um Anerkennung, den Barbarossa mit Papst Alexander III. führte. Untergebracht wurden die Reliquien zunächst im alten Dom, der bis zum Jahr 870 an Stelle von Vorgängerbauten – die ihrerseits seit dem 4. Jahrhundert entstanden waren – vollendet wurde.

◄ Baubeginn 1248

Der Pilgeransturm auf diese Reliquien war so groß, dass man bald schon aus Platz- und Prestigegründen den Bau einer neuen Kirche in Erwägung zu ziehen begann. Die Stätte der Heiligen Drei Könige sollte sich königlich abheben von den übrigen Kirchen Kölns. So legte 1248 Erzbischof **Konrad von Hochstaden** den Grundstein zum heutigen Dom. Die neue Kirche sollte nicht im Stil der gerade in Köln so fruchtbaren Romanik, sondern nach dem Vorbild französischer gotischer Königskathedralen errichtet werden. Der erste Dombaumeister war **Gerhard von Rile**.

◄ 300 Jahre Bautätigkeit

In den folgenden drei Jahrhunderten erfolgte durch die »Großbaustelle Dom« ein enormer wirtschaftlicher Aufschwung des Handwerks, das sich spezialisieren musste und zu Höchstleistungen angespornt wurde; in dieser Zeit entstanden auch die Gaffeln (Zünfte).
1277 wurde die Sakristei, die heutige Sakramentskapelle, 1322 der Chor fertig gestellt. Wegen der immensen Kosten, die durch Schenkungen und Ablasshandel gedeckt werden mussten, ging der Bau immer langsamer voran. Um das Jahr 1530, als die Bautätigkeiten für fast drei Jahrhunderte eingestellt wurden, war fast die gesamte Fläche des geplanten Doms zumindest provisorisch überdacht und der Chor mit einer Wand gegen Westen abgeschlossen. Der 58 m hohe, unvollendete Südturm mit seinem Kran bestimmte über Jahrhunderte das Stadtbild.

! *Baedeker* TIPP

Domtunnel

Auch wenn Sie nicht auf den Domturm möchten: Es lohnt sich, den Eingang zur Turmbesteigung zu besichtigen. Seit 2009 befindet er sich im Untergeschoss, wo ein Tunnel durch acht Meter starke Fundamente gebohrt wurde. Es ist wirklich beeindruckend zu sehen, auf welchem Unterbau der 157 m hohe Turm steht.

◄ Vollendung im 19. Jh.

Die Wertschätzung des Mittelalters in der deutschen Romantik, die Nationalbegeisterung, die in der Vollendung des Doms das Symbol der Einigung Deutschlands sah, sowie das Auffinden des originalen Fassadenplans aus dem 13. Jh. im Jahr 1814 ermöglichten 1842 den Weiterbau. Der preußische König **Friedrich Wilhelm IV.** legte den Grundstein, die Vollendung des Doms wurde bereits 1880 durch den deutschen Kaiser **Wilhelm I.** gefeiert.

◄ Restaurierungen

Doch richtig fertig ist der Dom eigentlich nie geworden. Die Dombauhütte ist ständig mit Restaurierungsarbeiten beschäftigt, vor allem weil durch die Luftverschmutzung der Stein – der ursprünglich hellbeige war, was an einigen gereinigten Stellen deutlich zu sehen ist – unablässig zerstört wird.

Äußeres

Abbild des Himmels Die gotische Kathedrale ist in der Auffassung des 13. Jhs. ein Abbild des Himmels, ihre Türme und Türmchen bilden die Silhouette der Gottesstadt. Deshalb wird ihr alle Schwere genommen, alle Baukörper werden sozusagen »entmaterialisiert«, von den in Fenster (ca. 10 000 m²) aufgelösten Wänden bleiben nur »Gerüste« übrig.

Westfassade ► Die 7000 m² große Fläche der Westfassade mit den Hauptportalen zeigt demnach keine Wände: In Fenstern, Strebepfeilern und Maßwerk wachsen die Türme 157 m hoch empor.

Petersportal ► In der Westfassade, rechts des Mittelportals, befindet sich das **älteste Portal des Doms**, das Petersportal mit den Standfiguren von fünf Aposteln und weiteren Skulpturen. Das Tympanon aus der zweiten Hälfte des 14. Jhs. ist das einzige Original am Portal, einige der Gewändefiguren im Stil der Baumeisterfamilie Parler befinden sich heute in den Beständen des Diözesanmuseums (► Kolumba). Das Tympanon zeigt u. a. das Martyrium des Apostels Petrus, der mit dem Kopf nach unten gekreuzigt wird, und das des Apostels Paulus, der geköpft wird.

Südfassade ► Das Gerüstartige der gotischen Architektur zeigt sich noch deutlicher an den Längsseiten, wo das stützende Strebewerk einen Wald von Pfeilern bildet, um die Schwere der Steinmassen in Leichtigkeit aufzulösen. Die südliche Querhausfassade stammt aus dem 19., der Chor aus dem 13. Jahrhundert. Die vier Bronzetüren an der Südseite schuf Mitte des 20. Jhs. **Ewald Mataré**.

Nordfassade ► Die im Krieg schwer zerstörte nördliche Querhausfassade wurde erst 1982 wieder fertig gestellt. An der Nordwestecke des Doms wurde eine nach dem Krieg notdürftig mit Ziegelsteinen geflickte Stelle an der Fassade im Jahr 2005 restauriert. Die hellere Farbe des Steins zeigt diese Stelle noch deutlich an.

Rundgang

Vollendete Harmonie Im Innern des Doms offenbart sich der Geist der gotischen Architektur. Ein mystischer Raum, dessen Grenzen wegen der Auflösung der Wände schwer auszumachen sind, empfängt sein Licht aus der wie überirdisch erscheinenden Welt der bunten Glasfenster. Über 100 Pfeiler tragen die Gewölbe, die im Mittelschiff eine Höhe von 43,35 m erreichen. Das Abbild der Gottesstadt zeigt vollkommene Harmonie: Alle Maße sind Bruchteile oder Vielfache der Seitenlänge des Vierungsquadrats (14,45 m); die Höhe des Mittelschiffs und die Breite des Langhauses z. B. sind das Dreifache, der mittlere Pfeilerabstand ist die Hälfte des Grundmaßes.

Nördliches Seitenschiff Die fünf farbenfrohen Renaissancefenster (1507 – 1509) des nördlichen Seitenschiffs zeigen Szenen aus dem Alten und Neuen Testament. Im zweiten und vierten Fenster sind unten die Stifter darge-

Strahlend glänzt der mächtige Hochchor im Sonnenlicht.

stellt, umgeben von ihren Familienwappen. Am Ostende des Seitenschiffs befindet sich der wertvolle **Clarenaltar**, der Malereien von 1350 und 1400 zeigt und lange Zeit als Hauptaltar des Doms genutzt wurde. Der Name Clarenaltar erinnert an das 1807 zerstörte Klarissenkloster, aus dem er stammt.

Nördliches Querhaus

An der Ostseite des Querhauses – vor dem ehemaligen Eingang zur Schatzkammer – fällt die barocke **Gnadenmadonna** auf: Die Marienstatue mit Kind ist mit kostbarem Schmuck überhäuft, den die Kölner als Dank oder Fürbitte durch die Jahrzehnte hindurch gespendet haben und noch spenden.

Chor

Im Mittelpunkt des Doms, der ursprünglich dem Dreikönigenschrein vorbehalten sein sollte, wurde ein moderner Bronzealtar aufgestellt. Hinter der Vierung befindet sich das um 1310 geschaffene und mit 104 Sitzen ausgestattete **Chorgestühl**, eines der größten erhaltenen mittelalterlichen Chorgestühle. Hier nahmen die 24 Domkapitulare, ihre insgesamt 27 Stellvertreter und die Besucher des Domkapitels Platz; zwei der Sitze waren für Kaiser und Papst reserviert. Den Chorschrankenmalereien (hinter dem Gestühl) aus dem 14. Jh. mit Szenen aus den Legenden der Domheiligen folgen als Pfeilerfiguren die Apostel, Christus und Maria – edle Domhüttenarbeiten des 13. Jahrhunderts.
Die knapp 18 m hohen, um 1300 entstandenen Fenster des Obergaadens zeigen im unteren Drittel einen monumentalen Königszyklus: an den Langseiten die 24 Könige von Juda und die 24 Könige der Apokalypse, im Osten die Anbetung der Heiligen Drei Könige.

KÖLNER DOM

★★ Über 600 Jahre dauerte die Fertigstellung des Doms. Aber die lange Bauzeit mit einer Pause von über 300 Jahren hat sich gelohnt: Herausgekommen ist ein gotisches Gotteshaus der Superlative.

Öffnungszeiten:
tgl. 6.00 – 19.30 Uhr
Führungen: Mo. – Sa. 11.00, 12.30, 14.00, 15.30, So. 14.00, 15.30 Uhr
Tel. 92584730 und 22123332

① Südturm
Der Südturm misst genau 157,31 m. 509 Stufen führen zur Turmspitze, von der man ein herrliches Stadtpanorama genießt. Im Glockenturm hängen 8 Glocken, u. a. der »Dicke Pitter«.

② Nordturm
Der Nordturm überragt mit 157,38 m Höhe den Südturm um gerade einmal 7 cm.

③ Dachreiter
Im 109 m hohen Dachreiter befinden sich drei weitere Glocken.

④ Fenster
Die Gesamtfläche aller Fenster beträgt ca. 10 000 m².

⑤ Gerokreuz
Das 2,88 m hohe Kreuz aus Eichenholz ist das älteste erhaltene Großkruzifix Nordeuropas. Es stammt aus der Zeit des ausgehenden 10. Jh.s und gilt somit als erstes Monumentalkreuz des Mittelalters.

⑥ Chorgestühl
Das aus dem Spätmittelalter stammende Chorgestühl mit seinen 104 Plätzen ist das größte seiner Art Deutschlands. Zwei Plätze bleiben oft leer: Diese sind für den Papst und den deutschen Kaiser reserviert.

Dom Orientierung

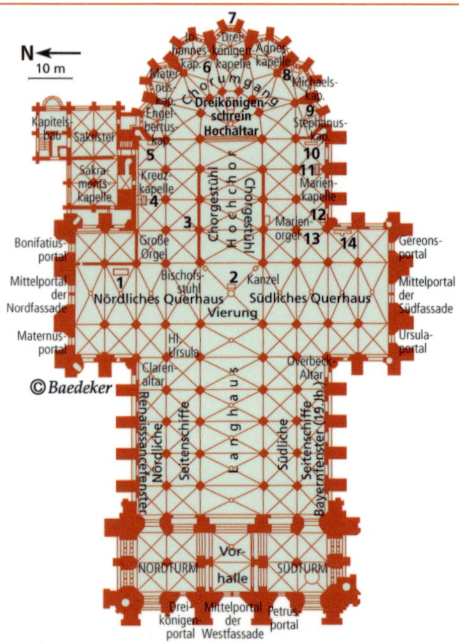

Kathedralkirche des Erzbistums Köln

1 Gnadenmadonna
2 Bronzealtar
3 Zugang zur Krypta
4 Judenprivileg
5 Gerokreuz
6 Hochgrab des Erzbischofs Konrad
7 Älteres Bibelfenster
8 Kreuzigungsaltar von B. Bruyn d. Ä.
9 Jüngeres Bibelfenster
10 »Dombild« von Stephan Lochner
11 Mailänder Madonna
12 Hochgrab des Erzbischofs Rainald von Dassel
13 St. Christophorus
14 Agilolphusaltar

Die St. Petersglocke, die größte frei pendelnde Kirchenglocke der Welt, wiegt 24 t und wurde 1923 im thüringischen Apolda gegossen. Der »Dicke Pitter«, wie die Glocke von den Kölnern genannt wird, wird nur zu besonderen Anlässen geläutet.

Über 100 Pfeiler, einige davon mit Apostel und Heiligen geschmückt, tragen die Gewölbe des Doms.

1999 wurde Barbara Schock-Werner als erste Frau Dombaumeisterin, sie ist somit verantwortlich für alle Arbeiten, die zur Erhaltung des Weltkulturerbes zählen. Unter dem »Kommando« der Professorin stehen über sechzig Steinmetze, Bildhauer, Goldschmiede und Restauratoren.

Im Dreikönigsschrein, der als schönste mittelalterliche Goldschmiedearbeit Europas gilt, befinden sich die Gebeine der Heiligen Drei Könige.

Kreuzkapelle ► Im Chor befindet sich linker Hand die **Kreuzkapelle**. An ihrer Nordwand führt ein Eingang in die **Sakramentskapelle**, den ältesten Teil des Doms. Sie wurde auch als Kapitelsaal genutzt, in dem das Domkapitel z. B. bei der Wahl eines neuen Erzbischofs zusammenkam.

Links vor dem Kapelleneingang erinnert eine Tafel an das »Judenprivileg«. Auf der steinernen Urkunde wurde den Juden u. a. Schutz gegen Überfälle und Angriffe der Christen garantiert.

✶ Gerokreuz ► An der Ostwand der Kreuzkapelle hängt das Gerokreuz. Gestiftet wurde es mit einem überlebensgroßen Christus von Erzbischof Gero († 976). Es hing ursprünglich im alten Kölner Dom und wurde um 1270 zunächst in der Stephanuskapelle, um 1350 in der Kreuzkapelle angebracht. Der Strahlenkranz wurde erst im 17. Jh. hinzugefügt.

Mosaikboden ► Der Boden des Chores ist mit einem wertvollen Mosaik ausgelegt, das Ende des 19. Jhs. hergestellt wurde und in Bild und Schrift das Weltverständnis des Mittelalters darlegen will.

Apsis mit Chorkapellen ► Die Apsis wird von sieben Kapellen umschlossen. In allen bis auf die mittlere (Dreikönigenkapelle) finden sich Grabmäler von Erzbischöfen; in der dritten, der Johanneskapelle, steht zudem der Sarg der polnischen Königin Richeza, in der Agneskapelle der Sarkophag der hl. Irmgardis.

Älteres Bibelfenster ► Besonders beachtenswert ist das sog. Ältere Bibelfenster in der Mitte der Dreikönigenkapelle, **ältestes Fenster des Doms** (um 1260). Links sind Szenen des Alten Testaments als Vorausdeutung auf die des Neuen Testaments (rechts) dargestellt. Die beiden anderen Fenster stammen aus dem Jahr 1320. In der Kapelle stand einst der Schrein der Heiligen Drei Könige, heute steht dort der Dreikönigenaltar. Das sogenannte Jüngere Bibelfenster (um 1280) in der Stephanuskapelle stammt aus der 1804 abgerissenen Dominikanerkirche.

✶✶ Dreikönigenschrein ► Im Hochchor selbst drückt sich das religiöse und politische Programm der Kathedrale am deutlichsten aus. Im Chorhaupt steht der Dreikönigenschrein, ein Höhepunkt mittelalterlicher Goldschmiedekunst, ausgeführt ab ca. 1190 bis um 1220 von **Nikolaus von Verdun** und seinen Schülern. Nikolaus selbst schuf die Propheten, Priester und Könige der unteren Teile der Langseiten. Auf der Frontseite wurde aus purem Gold – gestiftet von König Otto IV., der sich dadurch des Beistands des einflussreichen Köln im Reich versicherte – die Anbetung der Heiligen Drei Könige (links hinter ihnen als vierter König Otto IV.) und die Taufe Christi gestaltet, darüber der thronende Christus. Auf der Rückseite des Schreins befindet sich die plastische Halbfigur eines Bischofs mit Mitra, die **Rainald von Dassel** darstellt.

In dem Schrein befinden sich Reliquien, die man zu den Gebeinen der Heiligen Drei Könige erklärte. Die Stoffreste, die die Gebeine umgeben, stammen aus dem 2. Jahrhundert.

Jedes Jahr am 6. Januar, dem Feiertag der Heiligen Drei Könige, wird die Frontseite des Schreins geöffnet und gibt den Blick auf die drei Schädel frei.

Ludwig I. stiftete 1848 die farbenprächtigen »Bayernfenster«.

Das berühmteste Bild des Doms, der fälschlich »Dombild« genannte **Altar der Stadtpatrone** (um 1442) von Stefan Lochner, dem bedeutendsten Vertreter der Kölner Malerschule, befindet sich seit 1956 in der Marienkapelle. Das Bild des ursprünglich für die Ratskapelle des ► Rathauses geschaffenen Flügelalters brachte das Selbstbewusstsein der Kölner Bürger zum Ausdruck, die sich ohne Vermittlung geistlicher oder weltlicher Herren durch ihre Stadtpatrone Gereon und Ursula sowie durch die Heiligen Drei Könige direkt bei der thronenden Maria vertreten ließen.

◄ Marienkapelle

An einem Pfeiler nahe der Vierung steht eine 3,73 m hohe Skulptur des hl. Christophorus, geschaffen um 1470 von Tilman van der Burch. An der Ostseite des Querhauses sieht man den kunstvoll geschnitzten **Agilolphusaltar**, eine Antwerpener Arbeit von 1521. Der kontrovers diskutierte Blickfang in der Fassade des südlichen Querhaus ist das 2007 eingesetzte, von Gerhard Richter gestaltete Fenster. Es besteht aus 11 263 Quadraten in 72 verschiedenen Farbtönen, die anderen Domfenstern entnommen wurden.

◄ Südliches Querhaus

Südliches Seitenschiff

Auf dem Weg zurück zum Hauptportal sollte man einen Blick auf die wertvollen, 1848 eingesetzten Fenster des südlichen Seitenschiffs werfen. Sie sind Stiftungen des Bayernkönigs Ludwig I. und werden daher auch **Bayernfenster** genannt. Sie zeigen die Entstehung und Ausbreitung der christlichen Kirche im Abendland.

Südturm

Es lohnt sich, die 533 Stufen des Südturms des Doms zu erklimmen – der Eingang befindet sich in den Turmfundamenten, südlich der Außenmauer führen Stufen hinunter –, denn von der 97 m hohen Aussichtsplattform eröffnet sich ein phantastischer Blick über die Stadt. Beim Aufstieg erreicht man zunächst die Glockenstube. Bemerkenswert ist die **Petersglocke**, der 1923 gegossene, 24 t schwere »Dicke Pitter«, die **größte frei pendelnde Kirchenglocke der Welt**. Daneben hängen die Glocke Pretiosa (1448) mit 10,5 t, die Glocke Speciosa (1449) mit 5,6 t sowie fünf weitere Glocken.

Öffnungszeiten:
Nov. – Febr. 9.00 – 16.00,
März, April, Okt. bis 17.00,
Mai – Sept. bis 18.00

Rund um den Dom

Domschatzkammer

Öffnungszeiten: tgl. 10.00 – 18.00
Führungen: Do. 15.00 Uhr

Die Domschatzkammer hat außerhalb des Gotteshauses, vor dem nördlichen Langchor, ein neues Domizil gefunden. Hinter einem mit fensterlosen Bronzeplatten verkleideten braunen Kubus verbergen sich auf 500 m² die prächtigsten Kostbarkeiten des Doms: wertvolle Schreine, Reliquiare, Monstranzen, Insignien und anderes liturgisches Gerät. Im einzigen überirdischen Geschoss prunkt in der Heiltumskammer u. a. der barocke Schrein des 1225 ermordeten Erzbischofs Engelbert. Die zwei unterirdischen Geschosse entstanden aus einem um 1260 errichteten Sakristeikeller, in den bereits im 16. Jh. eine Decke eingezogen wurde.
Das erste Untergeschoss präsentiert in einer Schatzkammer und dem Dreikönigenraum liturgische Instrumente, Kelche, Kreuze und Monstranzen. Im Paramentenraum darunter fallen vor allem die reich verzierten Messgewänder und Mitren auf; im Lapidarium daneben sind einige Skulpturen sowie die Funde aus den beiden 1959 bei Domgrabungen entdeckten **Frankengräbern** (6. Jh.) zu bewundern.

Domplatte

An Stelle einer großzügigen Freitreppe vor den Domportalen wurde in den 1970er-Jahren die Domplatte angelegt. Vor dem Hauptportal unterhalb des Platzes steht die über 9 m hohe und 4,5 m breite Kopie einer Kreuzblume. Auf der Domplatte errichtete man auch wieder die Fußgängerpforte des im 2. Jh. gebauten **Nordtors** der römischen Stadtmauer, die ursprünglich etwa hier verlief.
Beim Bau der Domplatte wurden weitere Teile der römischen Stadtmauer ausgegraben, die heute in der Tiefgarage beim Dom (Eingang unterhalb des Nordtors) frei zugänglich sind. Spektakulärer sind die Funde unter dem Dom; hier sind die Fundamente der römischen, karolingischen und romanischen Vorgängerbauten des Doms zu sehen (Führungen: Auskunft im Domforum, Tel. 92 58 47 20).

Die Domplatte ist manchmal auch Atelier für Pflastermaler.

Geht man von den Hauptportalen aus rechts um den Dom herum, stößt man auf den großzügig angelegten **Roncalliplatz**, der im Osten vom ► Römisch-Germanischen Museum und im Westen vom Domhotel begrenzt wird. Vor allem im Sommer wird der Roncalliplatz gern von Skatern genutzt, während verschiedenste Jongleure und Kleindarsteller sich vor den Türmen im Westen tummeln.

Dombauhütte

Zwischen der Ostseite des Chors und dem Römisch-Germanischen Museum liegt die Dombauhütte, deren Mitarbeiter – Steinmetze, Dachdecker, Gerüstbauer, Schreiner, Maler, Elektriker und Schlosser sowie Glasrestauratoren und Goldschmiede – sich um den Erhalt des Doms und um die Restaurierung seiner Ausstattung kümmern.

✶ Heinzelmännchenbrunnen

Vom Dom nur durch den Roncalliplatz getrennt, sprudelt das Wasser des Heinzelmännchenbrunnens ebenso wie das Kölsch im viel besuchten Brauhaus »Früh« rechts dahinter. Der 1899 errichtete Brunnen – gestiftet zum 100. Geburtstag von **August Kopisch**, der 1836 die Ballade von den »Heinzelmännchen zu Köln« verfasste – erzählt die alte Kölner Geschichte von den fleißigen Männchen, die unerkannt nachts die Arbeit all derer verrichteten, die zu faul waren, selbst zu arbeiten (dargestellt in den seitlichen Reliefs), bis eine neugierige Schneidersfrau Erbsen ausstreute, um die noch nie gesehenen Helfer zu entdecken. Der Mittelteil des Brunnens zeigt die Schneidersfrau mit einer Lampe, die Erbsen auf der Treppe streute und so die Heinzelmännchen zu Fall brachte. Wegen dieses Streichs blieben die Heinzelmännchen zum Leidwesen aller Faulen bis auf den heutigen Tag verschwunden.

Eigelsteinviertel

F 7

Lage: Gegend um den Eigelstein

Straßenbahn: 5, 12, 15, 16, 18 (Ebertplatz oder Hbf)

Im Eigelsteinviertel findet man ein buntes Gemisch von kölschem Trubel mit exotischem Einschlag. Geschäfte, Cafés und Restaurants verschiedener Nationalitäten säumen die beiden zentralen Straßen des Viertels, den Eigelstein und die Weidengasse.

✶ Eigelsteintorburg

Auf dem Eigelstein zogen einst die Römer Richtung Neuss. Der innere Teil dieser Ausfallstraße wurde Anfang des 13. Jhs. durch den Bau der mächtigen Eigelsteintorburg – in der Nähe des heutigen Ebertplatzes – in die mittelalterliche Stadtmauer einbezogen. Von dem um 1890 restaurierten Torkoloss, das heute als Domizil der Jazzhausschule dient, stehen noch die zwei großen Halbtürme und das Eingangsportal. An der stadtzugewandten Seite des linken Turmes wurde 1891 der berühmte **»Kölsche Boor«**, eine Steinfigur von Christian Mohr, angebracht (das Original ist heute im Rathaus zu besichtigen). Der »Kölner Bauer« erinnert an die Schlacht von Worringen im Jahr 1288, die Köln nur mit der Unterstützung der Bauern aus den umlie-

Die mächtige Eigelsteintorburg mit dem »Kölsche Boor«

genden Dörfern gewann. Er ist ein Symbol für die Stärke der Stadt und zugleich für Kölns Treue zum Deutschen Reich – unterhalb der Figur ist der Spruch eingemeißelt: »Halt fass, do kölscher Boor, bliev beim Reich, et fall sös ov sor!« (»Halt fest, du Kölner Bauer, bleib beim Reich, es falle süß oder sauer!«) Heute kennt man den Bauern vor allem als Mitglied des karnevalistischen Dreigestirns von Prinz, Bauer und Jungfrau.

Umgebung des Eigelsteintors ▶

Viele Hausfassaden der Straßen, die sternförmig vom Eigelsteintor abgehen, stammen aus der spätklassizistischen Epoche des 19. Jahrhunderts. Erst nach 1860 erfolgte die städtische Besiedlung des Viertels, als immer mehr Wohnraum für das wachsende Köln der Industriezeit geschaffen werden musste. Im Süden des Eigelsteins schließen der ►Hauptbahnhof, der ►Dom und die ►Altstadt an, im Nordwesten gelangt man auf den Ring mit dem ►MediaPark. Etwa 600 m weiter nördlich liegt, vom Ebertplatz aus bereits gut sichtbar, die neugotische Kirche St. Agnes.

St. Agnes

Nach dem Kölner Dom ist die neugotische St.-Agnes-Kirche am Neusser Platz von ihrer Grundfläche her das größte Gotteshaus Kölns. Die 1896 – 1902 nach Plänen von Carl Rüdell und Richard Odenthal erbaute Hallenkirche wurde von **Peter Joseph Roeckerath** zum Andenken an seine erste Frau Agnes gestiftet. Mit ihrem reich mit Maßwerk verzierten Turm prägt die Kirche das Viertel nördlich vom Ebertplatz, in dem ebenfalls, vor allem zwischen Neusser und Riehler Straße, schöne Gründerzeitfassaden zu sehen sind.

EL-DE-Haus · NS-Dokumentationszentrum

G 7

Lage: Appellhofplatz 23 – 25
Internet: www.museenkoeln.de/ns-dok
Innenstadtplan: B 2
Straßenbahn: 3, 4, 5, 16, 18 (Appellhofplatz)

Das 1935 beschlagnahmte und bis 1945 als Gestapo-Hauptquartier eingerichtete Haus ist seit 1981 Gedenkstätte und seit 1988 zugleich Informations- und Dokumentationszentrum zur Geschichte des Nationalsozialismus in Köln.

Gedenkstätte
Öffnungszeiten: Di. – Fr. 10.00 – 16.00, Sa. u. So. ab 11.00

Das von dem Kölner Kaufmann **Leopold Dahmen** 1934/1935 erbaute Haus – nach seinen Initialen wurde die Gedenkstätte EL-DE-Haus genannt – wurde 1935 von der Gestapo beschlagnahmt und als »Dienstgebäude« eingerichtet: Die Obergeschosse beherbergten die Dienststelle, im Keller wurden die Gefangenen festgehalten und gefoltert. Alle zehn winzigen Zellen, in die teilweise über 30 Personen hineingezwängt wurden, sind weitgehend im originalen Zustand der Jahre 1944/1945 erhalten. Vom Leiden der hier gefangen gehaltenen Menschen berichten über 1800 erhaltene Wandinschriften. Viele der Inhaftierten hielten hier ihre Todesangst fest, kurz bevor sie ermordet wurden. Das Haus wurde sowohl für zahlreiche Oppositionelle, Kriegsgefangene und Zwangsarbeiter zur letzten Station ihres Lebens wie auch für viele Juden, die von hier in die Konzentrationslager geschickt wurden.

◂ NS-Dokumentationszentrum

Das 1988 eingerichtete und 1997 umgebaute Dokumentationszentrum zur Erforschung der Geschichte des Nationalsozialismus in Köln zeigt neben der Dauerausstellung »Köln im Nationalsozialismus« Sonderausstellungen, das Haus ist jedoch auch Forschungs- und Bildungseinrichtung mit einer Bibliothek, Medien- und Arbeitsräumen.

Flora · Botanischer Garten

E 8

Lage: Amsterdamer Straße
Bus: 140 (Zoo/Flora)
Straßenbahn: 18 (Zoo/Flora)

Mit seinen Spazierwegen durch wunderschöne Gärten, vorbei an Beeten und Teichen, und seinen Gewächshäusern und Sondergärten zu den verschiedensten Pflanzenarten bietet der weitläufige Park in der Nähe des Zoos zugleich Erholsames und Lehrreiches.

Im Jahr 1864 wurde der südliche Teil des Parks, die »Flora«, von dem berühmten Gartenarchitekten **Peter Joseph Lenné** (1789 bis

Öffnungszeiten: tgl. 8.00 bis zum Einbruch der Dunkelheit; Gewächshäuser: Okt. – März tgl. 10.00 – 16.00, April – Sept. bis 18.00; Eintritt frei

1866) angelegt, nachdem Vorgängeranlagen den Stadtsanierungen weichen mussten. Den ersten Botanischen Garten legte schon Albertus Magnus (► Berühmte Persönlichkeiten), der Begründer der wissenschaftlichen Botanik, um 1250 als Klostergarten in Köln an.
In der Flora fällt – ausgehend vom Alten Stammheimer Weg – zunächst der Wintergarten auf, ein Glaspalast des 19. Jhs., der nach dem Zweiten Weltkrieg allerdings nicht mehr in seiner alten Form restauriert wurde. Er soll nach Sanierung wieder zu einem repräsentativen Veranstaltungsraum werden. Davor erstreckt sich ein schönes Blumenparterre, dahinter liegt der Frauen-Rosenhof, ein Jugendstilbau von 1906, der heute als **»Grüne Schule Flora«** der Natur- und Umwelterziehung dient. Danach folgen die großen Gewächshäuser mit den verschiedensten tropischen Pflanzen: Orchideen und Ananasgewächse, Kaffee-, Tee- und Kakaopflanzen, Würgefeigen und Kakteen. Stilelemente des englischen Landschaftsgartens und der italienischen Renaissance ergänzen die Vielfalt der Gartenanlagen.
Ohne sichtbaren Übergang schließt sich nördlich an die Flora der Botanische Garten an. Hier überwiegen die systematisch angelegten Sondergärten, die ausgewählte Pflanzenfamilien zeigen, z. B. Gift- und Arzneipflanzen, Gewürze, Färber- und Gerberpflanzen oder Alpengewächse.

Oase der Ruhe im Kölner Norden – die Flora

★★ Groß St. Martin

G 7

Lage: Martinspförtchen 8
Straßenbahn: 1, 2, 9 (Heumarkt)
Innenstadtplan: B 4
Bus: 132 (Rathaus)

Aus dem Gassengewirr des Martinsviertels erhebt sich imponierend der gewaltige Vierungsturm der Martinskirche, der bis ins 19. Jahrhundert neben dem unvollendeten Domturm das Wahrzeichen Kölns bildete.

Öffnungszeiten:
Di. – Sa.
8.30 – 19.30,
So. 13.00 – 19.15

Vorgängerbauten der Kirche wurden auf den Fundamenten römischer Lagerhallen bzw. an der Stelle einer großen »Palaestra«, einer römischen Sportanlage, errichtet. Bei Grabungen wurden Mauerreste aus römischer und vorstaufischer Zeit und sogar einige Bodenplatten eines »Natatios«, eines römischen Schwimmbads aus dem 1. Jh. n. Chr., freigelegt, die besichtigt werden können (vom nördlichen Seitenschiff aus zugänglich).
Im 10. Jh. gründete **Erzbischof Bruno** ein Chorherrenstift, das wenig später in ein Benediktinerkloster umgewandelt wurde. Nach einem verheerenden Brand im Martinsviertel, der auch die Klosterkirche zerstörte, wurde im Jahr 1150 mit dem Neubau der Kirche begonnen. Der Kirchweihe 1172 folgten etliche Um- und Neugestaltungen, bis der Bau um 1250 fertig gestellt war. Der gotische Knickhelm des Vierungsturms ersetzte das romanische Turmdach erst im 15. Jh.; die Klostergebäude fielen der Säkularisation 1802 zum Opfer.
Die Schaufassade zum Rhein wird von einem Kleeblattchor ähnlich dem von ► St. Aposteln gebildet. Einzigartig ist die Auflösung der schweren Baumassen durch die reiche Wandgliederung: Um die mächtigen Apsiden verlaufen zwei Arkadenreihen, die von einer Zwerggalerie gekrönt werden. Darüber wurden die Kegeldächer angebracht, die auf große Dreiecksgiebel mit Fächerblenden zulaufen, in deren Mitte der beeindruckende Vierungsturm – auch dieser reich gegliedert durch eine Zwerggalerie und Biforien – mit seinen vier Ecktürmchen emporwächst. Wesentlich schmuckloser erscheint die äußere Gestaltung des Langhauses.
Die schlichte **Ausstattung** ist das Ergebnis einer vereinfachten Rekonstruktion der Kirche nach ihrer Zerstörung im Zweiten Weltkrieg. Die mittelalterliche Ausmalung und Ausstattung mit Altären und Tafelbildern ist nur ansatzweise erhalten geblieben und vermittelt ein reduziertes Bild der einst prachtvollen Erscheinung mittelalterlicher Kirchen. Hierzu gehören u. a. eine Kreuzigungs- und eine Grablegungsgruppe von **Tilman van der Burch** aus dem Jahr 1509. Sie befinden sich hinter dem staufischen Taufstein (um 1220) in der Taufkapelle im nördlichen Seitenschiff.

Tünnes und Schäl

Im nahen Brigittengässchen hat 1974 der Bildhauer **Wolfgang Reuter** den berühmten Kölner Urtypen Tünnes und Schäl ein Denkmal in Bronze gesetzt (►Abb. S. 1). Diese beiden kölnischen Charaktere sind die Hauptpersonen unzähliger Witze und »Verzällcher« (Erzählungen). Tünnes, kölsch für Antonius, ist ein kleiner, dicker, knollennasiger, eher gutmütig-harmloser, aber gewitzter Kerl. Schäl (der Schieler) ist groß, hager und hat einen Silberblick. Listig, etwas verschlagen bis boshaft, ist er ein Typ, »dessen Blicke etwas Stechendes und dessen Urteile und Ansichten etwas Salzgeschmack haben« (Adam Wrede). Er foppt gerne und ist ein »Grielächer«, jemand, der nichts ernst nimmt und für den »alles zur Variation einer Karnevalssitzung« wird (Heinrich Böll). Beide ergänzen sich notwendig und sind nur scheinbar widerstreitende Elemente des kölnischen Charakters.

Schmitzsäule

Wenige Meter weiter erinnert die »Schmitzsäule«, die z. T. aus römischen Mauerresten errichtet wurde, an so unterschiedliche Dinge wie die erste Mondlandung und die Ubierfrauen, aus deren Verbindung mit römischen Legionären der urkölnische »Adel«, die Familien Schmitz – der häufigste Name in Köln –, hervorgegangen sein soll.

Grüngürtel

F–H 6, H–M 3–8

Lage: Innerhalb der Inneren Kanalstraße und der Universitätsstraße bzw. außerhalb der Militärringstraße

Gleich zwei grüne Gürtel ziehen sich entlang der Ringstruktur der Stadt und bieten mit Park- und Sportanlagen, Weihern und Gärten Ruhe und Erholung inmitten des Stadttrubels bzw. am Rande des Stadtgebiets.

Innerer Grüngürtel

Der Innere und der Äußere Grüngürtel wurden an Stelle der nach dem Ersten Weltkrieg geschleiften Befestigungsanlagen Kölns nach Plänen von Oberbürgermeister **Konrad Adenauer** und Stadtbaumeister **Fritz Schumacher** angelegt, die allerdings eine bedeutend dichtere Bebauung der Gürtel vorsahen, was aber durch die Wirtschaftskrisen der Weimarer Republik verhindert wurde.

Der Innere Grüngürtel erstreckt sich entlang der Inneren Kanalstraße/Universitätsstraße über eine Länge von 5 km von der Luxemburger Straße im Süden bis zum ►Skulpturenpark am Rhein im Norden und umschließt damit die Kölner Alt- und Neustadt. Bereits 1816 begann die preussische Regierung mit dem Bau der Anlagen, vor denen als freies Schussfeld ein 600 m breiter Rayon unbebaut bleiben musste. Innerhalb dieses breiten Grünstreifens befinden sich heute der **Aachener Weiher** mit dem ►Museum für Ostasiatische Kunst sowie die Universität. Die angelegten Hügel bestehen aus dem Schutt der im Zweiten Weltkrieg zerbombten Kölner Innenstadt.

Fernmeldeturm ►

Der Fernmeldeturm **Colonius** zwischen Venloer und Subbelrather Straße ist mit 243 m der fünfthöchste der Bundesrepublik Deutsch-

Ein kühles Kölsch gibt's im schattigen Biergarten am Aachener Weiher.

land. Er wurde 1981 erbaut, um das Richtfunknetz der Deutschen Bundespost zu vervollständigen. Seine knapp 9 m hohe Kanzel enthält im obersten Geschoss technische Einrichtungen sowie ursprünglich ein Restaurant, das sich langsam um seine Achse drehen konnte. Leider ist die **Aussichtsplattform** für den Publikumsverkehr gesperrt. An der gegenüberliegenden Seite der Inneren Kanalstraße errichtet die Türkisch-Islamische Union (DITIB) eine Zentralmoschee. Die erste eigens gebaute Moschee der Stadt entsteht bis Anfang 2012 nach Entwürfen von Gottfried und Paul Böhm mit einer 38 m hohen Kuppel und zwei 55 m hohen Minaretten.

Im Norden des Inneren Grüngürtels und innerhalb der Inneren Kanalstraße steht am Neußer Wall in Höhe der Hülchrather Straße das gut erhaltene Fort X, das 1825 als Teil des neuen preußischen Verteidigungsrings errichtet wurde. Auf dem Dach des Forts befindet sich heute ein wunderschöner Rosengarten.

Direkt an der Rheinuferstraße am Ende des Inneren Grüngürtels lädt der Skulpturenpark zu einem Spaziergang zwischen zeitgenössischen Kunstwerken ein (► Abb. S. 56). Zu permanent installierten Werken von renommierten Künstlern wie Fischli und Weiss, Jörg Immendorff und Anish Kapoor kommen im zweijährigen Turnus weitere Skulpturen für Wechselausstellungen. Während der Verkehr auf der nahen Zoobrücke vorbeidonnert, kann man hier die auf Rasenflächen und unter Bäumen aufgestellten Werke genießen.

Skulpturenpark

Öffnungszeiten:
tgl. April – Sept. 10.30 – 19.00
Okt. – März tgl. 10.30 – 17.00,
Eintritt frei

Äußerer Grüngürtel Der Äußere Grüngürtel reicht über 12 km entlang der Militärringstraße von Müngersdorf im Westen bis Rodenkirchen am Rhein. Hier befinden sich in den Grünanlagen Reste der Forts, die die preussische Regierung ab den 1870er Jahren hier errichten ließ, da die inneren Verteidigungsringe nicht mehr zeitgemäß waren. Der **Decksteiner Weiher** durchzieht im Südwesten einen großen Teil des Parks. Innerer und Äußerer Gürtel sind durch eine grüne Zunge im Westen verbunden: Vom Aachener Weiher führt ein baumbestandener Kanal zum Stadtwald und damit zum Äußeren Grüngürtel.

Hauptbahnhof

G 7

Lage: Zentrum
Straßenbahn: 5, 16, 18 (Dom/Hbf)
Innenstadtplan: A 3/4
Bus: 132, 133 und Regionalbusse

Mit über 1200 Zügen und S-Bahnen, die pro Tag in den Hauptbahnhof einfahren, bildet Köln einen der bedeutendsten Eisenbahnknotenpunkte Europas.

Auf dem Gelände des ehemaligen Botanischen Gartens wurde 1857 Kölns erster Bahnhof angelegt. Nur die 1890 bis 1894 neu gebaute Bahnsteighalle ist erhalten und demonstriert mit 255 m Länge, 65 m Breite und 24 m Höhe den technischen Optimismus der Erbauungszeit. In der Form der Stahlkonstruktion zeigen sich gewisse Ähnlichkeiten mit der gotischen Architektur des benachbarten Doms. Auch das neue transparente Dach vor der großen Bahnhofshalle passt sich mit seinen dem Verlauf der Schienen folgenden 46 ganzen und 19 halben Kreuzgewölben aus Glas und Stahl der Architektur des Doms an. Die Eingangshalle mit einer Glasfront von 800 m², die den Blick auf den Dom freigibt, stammt von 1957.

Hohe Straße · Schildergasse

G 7

Lage: Zentrum
Innenstadtplan: B/C 2/3
Straßenbahn: Hohe Straße: 5, 16, 18 (Dom/Hbf)
Schildergasse: 1, 3, 4, 7, 9, 16, 18 (Neumarkt)

Die beiden langen, belebten Einkaufsstraßen, die Fußgängern vorbehalten sind, durchschneiden die Innenstadt Kölns. Mit fast 15 000 Passanten stündlich ist die Schildergasse Deutschlands Shoppingmeile Nummer eins.

Hohe Straße Die Hohe Straße erreicht man vom Dom aus über den Wallrafplatz mit dem markanten Funkhaus des ► WDR oder durch die Stoll-

Abendliches Lichtermeer in der Schildergasse

werck-Passage vom Heinzelmännchenbrunnen (► Dom) aus. In der Passage steht die Bronzeskulptur der griechischen Göttin der Erde »Gaia« (1965) von **Gerhard Marcks**. Die Hohe Straße war einst die prächtigste Einkaufsmeile der Stadt mit den teuersten und elegantesten Geschäften. Die Zerstörungen des Zweiten Weltkrieges und die horrenden Ladenmieten haben den Einzug v. a. großer Ladenketten begünstigt. Die Straße folgt in ihrem Verlauf einem hochwasserfreien Uferweg – daher der Name »Hohe Straße« –, der zur Zeit der Römer als »ecardo maximus« die Stadt innerhalb ihrer Mauern vom Nord- zum Südtor durchzog und im weiteren Verlauf nach Norden zum Heerlager Neuss und nach Süden zum Lager Bonn führte.

Schildergasse

Wo die Hohe Straße auf die großzügiger angelegte Schildergasse stößt, stehen die zwei bedeutendsten älteren Gebäude der Einkaufsstraße: das Palatium, auf dreieckigem Grundriss mit runden Ecktürmen, und das alte Warenhaus Tietz, heute Kaufhof. Beide Häuser wurden 1912 bis 1914 mit an die Antike erinnernden Steinfassaden gebaut. Das Kaufhaus Tietz wurde unter den Nationalsozialisten schon 1934 zwangsarisiert und die jüdischen Eigentümer enteignet, danach wurde es in Westdeutsche Kaufhaus AG umbenannt.

Vor dem Modehaus Hansen strömt nur Wasser aus dem etwa 6 m hohen **Bierbrunnen**, der 1972 von Kölner Kunst- und Designstudenten entworfen wurde. Zwar sollte einmal pro Jahr Bier statt Wasser

! *Baedeker* TIPP

Kirchen-Café

Das »Café Stanton« ist inmitten der hektischen Konsummeile der Schildergasse eine willkommene Oase der Ruhe. Direkt hinter der Antoniterkirche gelegen, bietet es die Gelegenheit zum entspannenden Zwischenstop während der Einkaufstour (Schildergasse 57, Öffnungszeiten: tgl. 10.00 – 1.00, Sa. ab 9.00 Uhr).

über den graubraunen Granit fließen, doch auf dieses Ereignis zu warten, empfiehlt sich nicht. Der Name der Straße stammt von den im Mittelalter hier wohnenden Malern (Schilderer).

Antoniterkirche ► Etwa in der Mitte der Schildergasse (Nr. 57) steht die im 14. Jh. errichtete Antoniterkirche, eine kleine dreischiffige Gewölbebasilika. Im nördlichen Nebenchor befindet sich eine Gedenkstätte für die Kriegstoten. Dort schwebt das berühmte Mahnmal von **Ernst Barlach**: der 1926/1927 geschaffene »Todesengel« (Zweitguss von 1942), der die Züge von Käthe Kollwitz trägt.

Weltstadtkaufhaus ► Direkt neben der Antoniterkirche, an der Ecke Antonsgasse/Schildergasse, entstand 2005 nach Entwürfen des italienischen Stararchitekten **Renzo Piano** das »Weltstadthaus« des Bekleidungsunternehmens Peek & Cloppenburg, ein eigenwilliges, sechsgeschossiges Gebäude aus Glas und Holz, das aussieht wie ein Walfisch und von den Kölnern sogenannt wird.

★★ Kolumba · Kunstmuseum des Erzbistums Köln

G 7

Lage: Kolumbastraße 4
Bus: 132
Internet: www.kolumba.de

Innenstadtplan: B 3
Straßenbahn: 5, 16, 18 (Dom/Hbf)

Im Zuge des Museumsneubaus auf dem Areal der einstigen Pfarrkirche St. Kolumba wurde das Diözesanmuseum in »Kolumba« umgetauft. Die Verbindung von Aufsehen erregendener Architektur, einer archäologischen Zone mit den Spuren vieler Jahrhunderte und eines spannenden Ausstellungskonzepts schuf einen neuen Höhepunkt in der Kölner Museumslandschaft.

Öffnungszeiten: tgl. außer Di. 12.00 – 17.00

Der preisgekrönte Kolumba-Neubau entstand nach Plänen des Schweizer Architekten **Peter Zumthor** auf dem Areal der im Zweiten Weltkrieg bis auf die Grundmauern zerstörten ältesten Kölner Pfarrkirche **St. Kolumba**.

Die romanische Basilika St. Kolumba wurde im 12. Jahrhundert über den Resten römischer Bauten und der Vorgängerkirche errichtet und 1460 bis 1510 zu einer spätgotischen fünfschiffigen Emporenkirche umgebaut. Nach dem Zweiten Weltkrieg stand nur noch ein Pfeiler mit einer Madonnenfigur, die bald als Hoffnungszeichen mitten in den Ruinen verehrt wurde. Für diese im Jahr 1450 geschaffene Figur baute **Gottfried Böhm** 1950 die achteckige, verglaste Kapelle **»Madonna in den Trümmern«**. 1956 wurde die mystisch-dunkle Sakramentskapelle dazugesetzt. Die noch vorhandenen Umfassungsmauern der alten Pfarrkirche und beide Kapellen wurden in den

Archäologische Schichten ► 2007 eröffneten Kolumba-Neubau integriert. Die archäologische

Zone im Erdgeschoss umschloss Zumthor mit »Filtermauerwerk« – durchbrochene Mauern aus eigens für diesen Bau entwickelten flachen, grauen Backsteinen –, um Licht, Luft und Geräusche hineinzulassen. So treten die Schichten der Ausgrabung, von einem jungneolithischen Schacht über römische Fundamente und Spuren eines merowingischen Kultbaus bis zu den Familiengrüften wohlhabender Kölner Kaufleute des Mittelalters und der Neuzeit, in eine Beziehung zur lebenden Stadt.

! *Baedeker* TIPP

Brot und Butter

Kolumba hat kein Museumscafé. Dafür gibt es gegenüber im Kaufhaus Manufactum im Bistro »brot&butter« kleine warme Gerichte, Brot und Croissant von der hauseigenen Backstube und köstlichen Kuchen.

In den beiden Ausstellungsgeschossen begegnet dem Besucher eine subtile Folge unterschiedlich großer und hoher Räume, in der ersten Etage mit Kunstlicht, in der zweiten mit großen Fenstern oder turmartig mit Oberlicht. Wände aus naturfarbenem Lehm und Terrazzoböden lassen die Exponate wirken. Im **Armarium** dagegen, einem für den Kirchenschatz der Pfarrkirche St. Kolumba direkt über den Kapellen eingerichteten Raum, sind alle Flächen schwarz, sodass die hell beleuchteten ausgestellten Reliquiare, Monstranzen und liturgischen Geräte in bestechender Brillanz präsentiert werden. Im **Lesesaal** weichen die Grautöne der anderen Räume einer opulenten Holztäfelung aus Mahagoni. Die Fenster wirken von außen wie aufgesetzt und erlauben vielfältige, unmittelbare Blicke auf die Stadt. Zumthors Bau erhielt verschiedene Auszeichnungen, darunter 2008 den ersten Preis des Deutschen Architekturmuseums für Architektur in Deutschland.

◀ Ausstellungskonzept

Das Museum stellt in jährlich wechselnden Präsentationen mit übergreifenden Themen – u.a. »Hinterlassenschaft«, »Noli me tangere« – zeitgenössische und mittelalterliche sakrale und profane Kunst gegenüber. Eine neue Wahrnehmung und ein andersartiges Erleben der Kunst soll zum Nachdenken anregen und die Möglichkeit eröffnen, auch neue religiöse Dimensionen zu entdecken. Den Exponaten, die jeweils eine kleine Auswahl aus den umfangreichen Museumsbeständen darstellen, wird viel Raum gelassen.

Die bestehenden Sammlungen frühchristlicher Kunst und der Malerei, Plastik und Goldschmiedekunst des 11. bis 16. Jhs., unter denen die »Madonna mit dem Veilchen« (um 1440) von Stefan Lochner und das »Herimannkruzifix« mit römischem Lapislazuliköpfchen besonders hervorzuheben sind, werden ergänzt und kontrastiert mit Werken des 20. und 21. Jhs. in unterschiedlichsten Medien. Unter den ausgestellten Künstlern findet man im Wechsel der Jahresausstellungen Namen wie **August Macke**, für die Klassische Moderne **Gerhard Marcks** und **Otto Dix**, als Vertreter der Avantgarde um 1970 **Joseph Beuys** und **Antoni Tàpies** oder zeitgenössische Künstler wie **Jannis Kounellis**, der mit der raumfüllenden Installation »Tragedia civile« vertreten ist.

Das Gebäude des Museums »Kolumba« integriert die Mauerreste der ältesten Pfarrkirche der Stadt.

Dischhaus Das Geschäftshaus gegenüber von St. Kolumba baute 1929/1930 der Architekt **Bruno Paul**. Es gehört zu den modernsten Bauten in der Kölner Innenstadt, die zwischen den beiden Weltkriegen entstanden. Stärkstes Charakteristikum ist die durch Fensterbänder horizontal gegliederte Fassade, die sich in einem großen Bogen um die Straßenecke zieht. Anfang der 1980er-Jahre wurde das im Zweiten Weltkrieg stark zerstörte Gebäude anhand der Originalpläne wieder aufgebaut.

Lindenthal

H/J 4/5

Lage: Westlich der Innenstadt

Der Mitte des 19. Jahrhunderts gegründete Stadtteil westlich der Innenstadt zeichnet sich durch seine großen Grünflächen und hübschen Alleen aus, die das Viertel bis heute zu einer der beliebtesten Wohngegenden Kölns machen.

Dürener Straße Zum Bummeln lädt die attraktive Einkaufsmeile Dürener Straße ein, die zwischen Universitätsstraße und Lindenthalgürtel von Geschäften, Cafés und Restaurants gesäumt ist. Wo Dürener und Universitätsstraße aufeinander treffen, befindet sich das ►Ostasiatische Museum am **Aachener Weiher**. Von hier aus führt ein ruhiger, baumbestandener Weg etwa 1,5 km entlang eines schönen Kanals Richtung Westen zum Stadtwald.

Am Ende des ersten Teilstücks des Kanals stößt man auf die 1970 von Gottfried Böhm gebaute **Kirche Christi Auferstehung** an der Bruckner Straße. Die Kirchenfassade aus Beton und Ziegelstein ist verwinkelt und vielfach abgestuft, einzelne Blöcke und die verschiedenen Materialien wurden ineinander geschoben. Schmale Fenster lockern die wuchtige Front auf. An der Seite schraubt sich ein Glockenturm mit Treppe spiralförmig in die Höhe.
In der Kirche wurde eine Gedächtnisstätte für die 1942 in Auschwitz ermordete und 1998 heilig gesprochene Philosophin **Edith Stein** eingerichtet.

Melatenfriedhof

Nördlich der Aachener Straße dehnt sich zwischen Piusstraße und Melatengürtel der fast zwei Jahrhunderte alte Melatenfriedhof, der Kölner **Zentralfriedhof**, mit vielen kunsthistorisch bedeutenden Grabmälern und Mausoleen sowie der mehrfach umgebauten Friedhofskapelle aus dem 15. Jh. aus. Der Name des Friedhofs erinnert an die »Maladen«, die Leprakranken, die vom 12. bis 17. Jh. hier außerhalb der Stadtmauern in einem Leprosenasyl leben mussten und nur an wenigen Tagen im Jahr in spezieller Kleidung und mit Klappern in der Hand, die ihr Herannahen ankündigten, in die Stadt gelassen wurden. Zudem diente Melaten bis Ende des 18. Jhs. auch als Hinrichtungsort für Verbrecher und Verbrennungsstätte von angeblichen Hexen. Zum Friedhof wurde der Ort erst 1810 im Zuge eines 1804 von Napoleon erlassenen Edikts, nachdem aus hygienischen Gründen die alten Friedhöfe aus der Stadt verlegt werden mussten.

Einige der Grabmäler auf dem Zentralfriedhof sind über 200 Jahre alt.

Das hübsche kleine Kirchlein **St. Stephan** am Suitbert-Heimbach-Platz, nicht weit von der Kreuzung Gleueler und Zülpicher Straße entfernt, geht auf eine karolingische Gründung zurück. Das heutige Mittelschiff wurde gegen 900 errichtet, der Rechteckchor Ende des 10. Jahrhunderts. Um 1100 wurden Apsis und Turm angebaut und im 13. Jh. nördlich ein Seitenschiff und südlich eine heute zerstörte Gerichtshalle errichtet. Die Sakristei entstand erst im 18. Jahrhundert. St. Stephan, auch **»Krieler Dömchen«** genannt, ist seit 1224 als Pfarrkirche bezeugt und heute eine beliebte Hochzeitskirche. Bedeutendstes Ausstattungsstück ist ein Taufstein aus dem 12. Jh. mit einem Hufeisenbogenfries.

Stadtwald Ruhe und Erholung vom Stadttrubel findet man im Stadtwald, einem etwa zwei Kilometer langen und gut 800 m breiten Park, der sich südlich der Friedrich-Schmidt-Straße und westlich des Stadtwaldgürtels bis zum Äußeren Grüngürtel zieht. Abwechslungsreiche Spazierwege führen nicht nur durch einen reichen Baumbestand, sondern auch an weiten Wiesenflächen, Weihern und einem Bachlauf vorbei. Einen schönen Blick in die englische Parkanlage hat man vom Hültzplatz, der nordöstlichen Ecke der Anlage, aus. Sehenswert sind in den umliegenden Straßen die prachtvollen Gründerzeit-Villen.

! *Baedeker* TIPP

Für die lieben Kleinen ...

... ist der Wildpark im Stadtwald ein lohnenswertes Ausflugsziel; der Eingang liegt etwa in der Mitte der Kitschburger Straße. In dem Park tummeln sich neben Rehen und Hirschen auch Wildschweine, Ziegen, Pfaue und Wasservögel.

MediaPark · Hansaring

F 6/7

Lage: Nördlich des Hansarings, entlang Erft- und Maybachstraße

Internet: www.mediapark.de

U-Bahn: 12, 15 (Hansaring oder Christophstraße)

Nach über 15-jähriger Planungs- und Bauphase entstand mit dem MediaPark ein neuer citynaher Stadtteil, der maßgeblich zur Entwicklung der Medienstadt Köln beigetragen hat.

Medienviertel Am Anfang stand die Idee, auf dem Gelände des ehemaligen Güterbahnhofs Gereon einen neuen Stadtteil zu etablieren, in dem Wohnen, Arbeiten und Freizeit gleichermaßen berücksichtigt werden sollten. Neben der Sanierung einer alten Industriebrache wollte man Kölns Status als **Medienmetropole** festigen. Schließlich ist in Köln jeder zehnte Angestellte in der Medien- und Kommunikationswirtschaft tätig und fast die Hälfte aller nordrhein-westfälischen Medienbetriebe haben ihren Sitz in und um Köln. Von hier strahlen die Ra-

Mit dem KölnTurm erhielt die Stadt ein neues, weithin sichtbares Wahrzeichen – das aber immer noch niedriger ist als der mittelalterliche Dom.

diosender WDR Eins live, Onyx und Radio Köln ihre Programme aus. Ebenso haben Betriebe für Aus- und Weiterbildung wie die renommierte Kölner Journalistenschule und Firmen der Medizinbranche hier ihren Sitz.

Im Multiplexkino Cinedom mit seinen 14 Kinosälen für insgesamt 4000 Zuschauer findet so manche Filmpremiere statt, bei der sich auch internationale Stars gern ein Stelldichein geben. ◀ Cinedom

Die »SK Stiftung Kultur der Stadtsparkasse Köln«, eine der größten Kulturstiftungen in Deutschland, ist ebenfalls im MediaPark ansässig und veranstaltet Ausstellungen. Zu ihr gehören auch die **Photographische Sammlung** mit dem August-Sander-Archiv, das Deutsche Tanzarchiv Köln und die »Akademie för uns kölsche Sproch«. ◀ Stiftung Kultur

Das Museum des Deutschen Tanzarchivs Köln zeigt eine kulturhistorische Dauerausstellung, die einen Überblick über die Entwicklungslinien und Stationen der Geschichte des Tanzes gibt (MediaPark 7; Öffnungszeiten: tgl. außer Mi. 14.00 – 19.00 Uhr; montags freier Eintritt). ◀ Tanzarchiv

Auffälligstes Gebäude des MediaParks ist der 148 m (mit Antenne 165,5 m) hohe KölnTurm, an dessen Realisierung u. a. der französische Architekt **Jean Nouvel** beteiligt war. Der KölnTurm, das 2001 eröffnete »Herzstück des MediaParks«, verfügt über 43 Geschosse und ist Kölns höchstes Bürogebäude. Ab der 29. Etage erfährt der Bau eine Reduzierung der Grundfläche und wird so abgestuft und verschlankt. ◀ KölnTurm

2004 wurde die Bebauung des Areals, die seit 1990 im Gange war, abgeschlossen. Das letzte Objekt wurde vom Architekturbüro **Her-**

man Hertzberger umgesetzt. Es besteht aus fünf halbkreisförmigen Gebäudeeinheiten, die in ein trapezförmiges Grundstück eingepasst sind. Da sich die Einheiten nach innen orientieren, wirkt der Komplex geschlossen und passt sich den Nachbargebäuden an.

Filmhaus ► Unmittelbar an den MediaPark schließt das Filmhaus in der Maybachstraße 111 an. Es bietet nicht nur bloße Kinounterhaltung, sondern regt mit Filmfestivals, Seminaren und Workshops zur Auseinandersetzung mit dem Medium Film an.

Hansaring

Hansa-Hochhaus Der Name dieses Ring-Abschnitts zwischen Ebertplatz und Kaiser-Wilhelm-Ring verweist auf die führende Stellung, die Köln innerhalb der mittelalterlichen Hanse zeitweise innehatte. Ein Spaziergang entlang des Hansarings führt nicht nur an sehr schön restaurierten Gründerzeithäusern vorbei, sondern auch zum Hansa-Hochhaus (Ecke Ritterstraße), das mit seinen 17 Geschossen und 65 m Höhe zur Zeit seiner Entstehung (1924 / 1925) das höchste Hochhaus Europas war. In dem klinkerverkleideten Turm und dem sich anschließenden siebengeschossigen Bau bietet heute die Firma Saturn u. a. eine kaum zu überblickende Auswahl an CDs und DVDs an.

Gereons-mühlenturm ► Auf der gegenüberliegenden Seite stößt man wenige Schritte weiter südlich auf den begrünten Hansaplatz mit einem knapp 300 m langen Rest der einst mächtigen ►mittelalterlichen Stadtmauer. Zudem sind hier auch zwei Stadttürme erhalten, darunter der Gereonsmühlenturm, ehemals eine Windmühle, die man im 15. Jh. der Stadtmauer hinzufügte.

Mahnmal ► Vor der Stadtmauer erinnert ein bronzenes Mahnmal von **Mari Andriessen**, die »Mutter mit totem Kind«, an die Opfer des Nationalsozialismus.

Mittelalterliche Stadtmauer · Ringstraße

F – H 6/7

Lage: Teilstücke entlang der Ringe rund um die Altstadt

Der Ursprung des ringförmig angelegten Straßennetzes des linksrheinischen Köln, in dessen innerstem Halbkreis die Altstadt zu finden ist, liegt in der im 12./13. Jh. gebauten mittelalterlichen Stadtmauer, die den Verlauf der später entstandenen Ringstraßen vorgab. Von dieser 5,5 km langen Befestigungsanlage sind noch einige beeindruckende Teilstücke, Tore und Türme erhalten, die den Kölner Plätzen ein besonderes Flair verleihen.

Baugeschichte

Der Bau der Stadtmauer (►Karte S. 27) wurde 1180 von der Kölner Bürgerschaft gegen den Willen ihres Stadtherren, Erzbischof **Philipp von Heinsberg**, durchgesetzt, nachdem durch die Ansiedlung von Kaufleuten und Händlern sowie durch die Anlage von Klöstern bereits mehrere Stadterweiterungen über die alte ► Römische Stadtmauer hinaus nötig geworden waren. Das Befestigungsrecht war Köln bereits 1106 von Kaiser **Heinrich IV.** verliehen worden.

Die neue Stadtmauer verlief innerhalb der heutigen Ringe; Straßen wie Severinswall, Kartäuserwall, Pantaleonswall erinnern noch an ihren Verlauf. Neben kleineren Pforten boten zwölf große Torbogen Einlass, deren Anzahl mit der Zahl der Tore des »Himmlischen Jerusalem« aus der Offenbarung des Johannes übereinstimmt – die weltliche Stadt sollte ein Abbild der himmlischen sein. Nach dem Bau der Stadtmauer war Köln zeitweise die größte Stadt Deutschlands, wenn auch der als Stadtgebiet zur Verfügung stehende Raum bis ins 19. Jh. noch viel Ackerland umfasste. Die Befestigungen wurden bis zum 17. Jh. in mehreren Schritten ausgebaut, um Schutz gegen Artillerie zu bieten, und wurden nie von Gegnern erfolgreich gestürmt. Erst im Industriezeitalter füllte die Stadt das ummauerte Gebiet aus und begann, darüber hinauszuwachsen; um 1820 hatte Köln knapp 50 000 Einwohner, 1880 bereits 145 000. 1881 wurde mit dem Abriss der Stadtmauer begonnen. An der Stelle des Stadtgrabens und der später hinzugefügten Bollwerke baute man bis Ende des 19. Jhs. die Ringstraße als Prachtboulevard und Standort für Stadtpalais des gehobenen Bürgertums.

! *Baedeker* TIPP

FrauenMediaTurm

Der Bayenturm aus dem 12. Jahrhundert, einst der mächtigste der mittelalterlichen Befestigungstürme, ist fest in der Hand der Frauen. In dem Turm ist das 1984 von Alice Schwarzer initiierte Feministische Archiv und Dokumentationszentrum untergebracht. Wer an einer Führung teilnehmen oder die umfangreiche Bibliothek nutzen möchte, sollte sich vorher anmelden (Tel. 931 88 10; www.frauenmediaturm.de).

◄ Erhaltene Mauerreste und Stadttore

An der nördlichsten Spitze der Befestigungsanlage – heute Konrad-Adenauer-Ufer – trafen die dem Land und die dem Rhein zugewandte Stadtmauer an der **Kunibertstorburg** zusammen, die durch zwei weitere Türme zusätzlich abgesichert war. Einer davon war die sog. **Weckschnapp**. Der Name »Weckschnapp« erinnert an ein grausiges Gefängnis: Man ließ dort Gefangene hungern, hängte aber einen Weck (Brot) an die Decke. Wenn ein Gefangener, vom Hunger getrieben, nach dem »Weck schnappte«, stürzte er unweigerlich durch eine Falltür im Boden und wurde von aufgestellten Messern tödlich verletzt. Die Kunibertstorburg und die Weckschnapp wurden 1784 bei einer Hochwasserkatastrophe zerstört, der Name »Weckschnapp« aber auf den einzigen von der Torburg erhaltenen kleinen Turm (Konrad-Adenauer-Ufer 69) aus dem 15. Jh. übertragen, der heute an ein Wohnhaus grenzt.

Am Theodor-Heuss-Ring sieht man vereinzelte erhaltene Exemplare der Gründerzeithäuser, die diese Prachtstraße des ausgehenden 19. Jhs. schmückten. Der Grünstreifen mit Teich in der Mitte der Ringstraße markiert die Stelle eines im frühen 19. Jh. angelegten Sicherheitshafens. Rund 600 m westlich des Rheinufers bildet die sorgfältig restaurierte **Eigelsteintorburg** den Beginn des ► Eigelsteinviertels, das man am besten entlang der Straße Gereonswall durchquert. Linker Hand, wo sich jetzt die Rasenflächen eines kleinen Parks ausbreiten, stand bis zu den 1960er-Jahren das 1838 errichtete preußische Gefängnis, genannt »Klingelpütz«, das unter den Nationalsozialisten eine zentrale Hinrichtungsstätte war. Der Abschnitt der Ringstraße hinter der Christophstraße erhielt in den 1980er-Jahren eine Grünanlage mit Brunnen, die an den einstigen Glanz des Boulevards anknüpft.

Dem nächsten Mauerrest begegnet man weiter südwestlich am Hansaplatz; hier bewahrte man einen ca. 300 m langen Mauerabschnitt mit zwei Türmen (►Hansaring).

★ Hahnentor ►

Nach rund 1,5 km entlang der Ringe ist das bedeutendste und schönste Tor der mittelalterlichen Stadtmauer zu besichtigen, das **Hahnentor**. Es beherrscht den **Rudolfplatz**, in dessen Mitte es aufragt. Einst zogen durch dieses Tor die in Aachen gekrönten Könige in die Stadt ein, um ihren Sitz im Domkapitel einzunehmen. Der Name des Tors erinnert an den ehemaligen Besitzer des angrenzenden Landes, den Bürger Hageno. Der zu Beginn des 19. Jhs. in Stein gehauene Name »porte des coqs« (»Tor der Hähne«) ist die Folge ei-

Der Bayenturm aus dem 12. Jh. beherbergt das »Feministische Archiv«.

ner Fehlinterpretation. Die um 1240 errichtete Torburg hat ihre Schauseite mit zwei zinnenbekrönten Halbtürmen und einem spitzbogigen Eingang, der auf der stadtzugewandten Seite rundbogig ist, nach Westen hin, d. h. in Richtung des ankommenden Krönungszuges. Auf dieser Seite ist oberhalb der Toröffnung auch das Stadtwappen angebracht. Die Räume der dreigeschossigen Torburg wurden zeitweise als Gefängnis, später als Ausstellungsort verschiedener Museen und Kunstvereine genutzt. Seit 1988 hat die »EhrenGarde«, eine der traditionellen Kölner Karnevalsgesellschaften, hier ihren Sitz.

◄ Ulrepforte

Vom südlichen Teil der Stadtmauer hat man am Sachsenring ein längeres Stück und die Ulrepforte (Ecke Ulrichgasse) vor dem Abriss bewahrt. Im Mittelalter lebten nahe dem Tor die Ulner (Töpfer), die aufgrund ihrer Arbeit mit offenem Feuer am Stadtrand wohnen mussten. Von dem ehemaligen Doppelturmtor erhielt sich nur der heutige Turm, der im 15. Jh. zur Windmühle umgebaut worden war. Heute ist er Sitz der Karnevalsgesellschaft **»Rote Funken«**. Auch der Sachsenring mit einigen imposanten Villen des frühen 20. Jhs. vermittelt noch den Eindruck der einst repräsentativen Ringstraße, die Stadtbaumeister Hermann Joseph Stübben an dieser Stelle als breite Allee mit Platz für Grünanlagen plante.Rund 600 m weiter südlich steht am Karolingerring (Ecke Severinstraße) die große Severinstorburg (►Severinsviertel).

◄ Severinstorburg

◄ Bottmühle

Biegt man nach 250 m entlang des Ubierrings links ab, trifft man auf die Bottmühle (Bott = Turmsockel) aus dem 17. Jh., eine von vier auf der Stadtmauer erbauten Mühlen. Im 19. Jh. wandelte man die Mühle wieder in einen mittelalterlich anmutenden Turm um.

◄ Bayenturm

Der Bayenturm (►Tipp S. 181) war der südliche Eckturm am Rhein, zu dem noch in den Strom hinausreichende Vorwerke gehörten. Im 17. und 18. Jh. als Festungsgefängnis genutzt, lagerten dort später die Bestände verschiedener Museen, bis die Obergeschosse des Turms im Zweiten Weltkrieg völlig zerstört wurden. Seit Abschluss der Restaurierungsarbeiten 1994 hat dieser wieder zwei achteckige Geschosse auf einem quadratischen Turmsockel.

Mülheim

E 10/11

Lage: Rechtsrheinisch nördlich der Zoobrücke

Straßenbahn: 4, 13, 18 (Wiener Platz)

Mülheim, bis 1914 eine selbstständige Stadt, bewahrt teilweise den Charakter einer historischen Siedlung am Rhein. Neben einem Spaziergang am Rhein und durch den alten Stadtkern lohnt ein Bummel an der von türkischen Immigranten geprägten Geschäftsmeile Keupstraße. In den letzten Jahren haben die Medien- und Unterhaltungsbranchen Mülheim als Standort entdeckt.

Geschichte Dort, wo Wassermühlen an der Mündung des Strunderbachs in den Rhein standen, wird 1098 zum ersten Mal eine Siedlung urkundlich erwähnt. Im Mittelalter versuchten die Grafen von Berg den Ort als Gegengewicht zu Köln aufzubauen, doch die Kölner konnten die Befestigung von Mülheim, das im Jahr 1322 die Stadtrechte erhielt, verhindern. Im 19. Jahrhundert erlebte Mülheim im Zuge der Industrialisierung einen starken Aufschwung, vor allem ab 1874, als die Drahtseilfabrik »Felten und Guilleame« aus dem Kölner Severinsviertel dorthin zog.

Im Jahr 1929 ersetzte die **Mülheimer Brücke** als damals größte Hängebrücke der Welt mit einer Bogenlänge von 315 m und einer Gesamtlänge von 708 m die Schiffsbrücke aus dem 19. Jahrhundert. Am östlichen Brückenkopf und Verkehrsknotenpunkt **Wiener Platz** liegen heute Einkaufsstraßen.

Ortskern Ein Rundgang durch den alten Ortsteil von der Schifferkirche St. Clemens am Rheinufer führt in Richtung Norden und zurück über die Straße Mülheimer Freiheit mit Abstechern zu den Parallelstraßen Wallstraße und Regentenstraße.

St. Clemens ► St. Clemens, ursprünglich eine einschiffige romanische Kirche aus dem 12. Jh., wurde zu einer dreischiffigen Hallenkirche ausgebaut und erhielt einen barocken Turmaufbau. Beim Wiederaufbau nach Zerstörungen im Zweiten Weltkrieg entstand die Bronzetür mit Motiven aus dem Leben des hl. Clemens. Die Kirche ist Ausgangspunkt der **»Mülheimer Gottestracht«**. Der Legende nach entwendeten Kirchendiebe goldene Kelche, die geweihte Hostien enthielten, doch bei der Flucht über den Rhein blieb ihr Boot mitten im Strom stehen. Eine Schiffsprozession der Gläubigen, die bis heute jährlich zu Fronleichnam wiederholt wird, brachte den Schatz zurück.

Barockhäuser ► Das barocke Haus Mülheimer Freiheit Nr. 33 neben der Kirche zeugt noch von der Blütezeit im 18. Jahrhundert. Beachtenswert sind in dieser Straße auch das Giebelhaus Nr. 102 aus dem Jahr 1762 und Häuser 117 bis 121 mit Mansardendächern. An der Ecke zur Krahnenstraße schuf Wilhelm Albermann 1884 einen Brunnen mit der allegorischen Figur der **Mülheimia** und drei Knaben als Symbole von Handel, Industrie und Landwirtschaft.

Kirchen ► Die evangelische **Friedenskirche** in der Wallstraße, ein barocker Zentralbau aus dem Jahr 1786, ersetzte die 1655 errichtete, erste lutherische Kirche der Stadt. Der Neubau wurde notwendig, weil 1784 eine verheerende Eisflut die Stadt Mülheim weitgehend vernichtete. Zwei imposante Kirchtürme in der östlichen Regentenstraße prägen den Blick auf Mülheim von der linksrheinischen Seite: Von der **Lutherkirche** blieb seit dem Zweiten Weltkrieg nur noch der steinerne Turm, während die katholische **Liebfrauenkirche**, ein neugotischer Backsteinbau des Dombaumeisters Zwirner aus den Jahren 1857 bis 1864, in den 1960er-Jahren wieder ihren hohen Turmhelm erhielt.

Keupstraße ► Der lebhafte Abschnitt der Keupstraße jenseits des Clevischen Rings ist fest in türkischer Hand. Hier befinden sich Restaurants und Konditoreien, Reisebüros, Juweliergeschäfte und Läden für bunte Festkleidung. Von der Keupstraße zweigt links die Schanzenstraße ab. Hier entsteht in einem ehemaligen Industriegebiet, vor allem auf dem Gelände des ehemaligen Kabelwerks Felten und Guilleaume, eine **neue kreative Szene**. Fernsehproduktionen, z.B. von Stefan Raab und Harald Schmidt, sowie Medienunternehmen nutzen alte Fabrikhallen und das stattliche Verwaltungsgebäude des Kabelwerks. Das alte Elektrizitätswerk wurde zum **E-Werk**, einer Halle für Konzerte und während der Karnevalszeit für die beliebte Stunksitzung, umfunktioniert, während das **Palladium** gegenüber u.a. als Ausweichspielstätte der Kölner Oper dient.

★ Museum für Angewandte Kunst

G 7

Lage: An der Rechtschule
Internet: www.museenkoeln.de/museum-fuer-angewandte-kunst

Innenstadtplan: B 3
Straßenbahn: 5, 16, 18 (Dom/Hbf)

Die Sammlungen des Museums präsentieren wichtige Werke aller wesentlichen Gattungen des künstlerisch gestaltenden Handwerks und Designs vom Mittelalter bis heute, darunter Möbel, Mode, Porzellan, Glas und Schmuck.

Das 1888 als Kunstgewerbemuseum gegründete, zweitälteste Museum Kölns ist seit 1989 im einstigen Gebäude des Wallraf-Richartz-Museums zu finden. Seine Gründung verdankt das Museum dem Nachlass des Kunstsammlers Ferdinand Franz Wallraf (1748 – 1824), dessen Denkmal vor dem Museum ihn mit einer Kunstmappe zeigt, und dem Kaufmann und Museumsstifter Johann Heinrich Richartz (1795 – 1861), der mit einem Museumsgrundriss dargestellt ist. Das 1957 von **Rudolf Schwarz** errichtete und in den 1980er-Jahren von **Walter von Lom** umgebaute Museumsgebäude zeichnet sich äußerlich durch Schmucklosigkeit und Schlichtheit aus, die bewusst in Anlehnung an die benachbarte Bettelordenskirche der Minoriten und den Standort des Museums an der Stelle des alten Minoritenklosters gewählt wurden. Reste des Kreuzgangs der Kirche wurden in den Museumsinnenhof integriert.

Öffnungszeiten:
Di. – So.
11.00 – 17.00

! *Baedeker* TIPP

Museumscafé

Wenn – wie so oft – rund um den Dom großer Trubel herrscht, ist das Café des Museums für Angewandte Kunst eine Oase der Ruhe. Es befindet sich neben der großen Halle im Erdgeschoss und lädt auch unabhängig von einem Museumsbesuch zu einer »Kunstpause« ein. Bei gutem Wetter stehen Tische im Innenhof.

◄ Sammlungen

Die Kunstschätze der etwa 30 Sammlungsgebiete des Museums werden auf drei Etagen präsentiert: Im Erdgeschoss finden in der großen

Wohnwelt des beginnenden 20. Jahrhunderts

Halle Wechselausstellungen statt. Von hier aus gelangt man in die Räume, in denen eine hochwertige Sammlung von **Design des 20. Jhs.** gezeigt wird. Die untere Ebene ist Möbeln und Alltagsgegenständen bis 1945 gewidmet, die Zwischenetage darüber dem Design ab 1945 bis zur Postmoderne.
In der ersten Etage führt ein Rundgang chronologisch durch die Jahrhunderte des **Kunsthandwerks** vom Mittelalter bis zum Jugendstil, wobei besonders den Möbeln seit der Gotik viel Raum gelassen wird, aber auch Steinzeug, Porzellan, Glas, Silber, Schmuck und Kleinplastik werden präsentiert. Die zweite Etage bietet durch wechselnde Präsentationen einen Einblick in die hervorragende **Modesammlung**.

Minoritenkirche (St. Mariä Empfängnis)

Lage: Minoritenstraße

Bettelordenskirche

Die im 13. Jh. errichtete und 1958 nach schweren Kriegszerstörungen restaurierte Gewölbebasilika, die südlich an das Museum für Angewandte Kunst anschließt, ist die einzige erhaltene Bettelordenskirche in Köln. Vom Hof des Museums aus sind Reste des ehemaligen Kreuzganges sichtbar. Das Ideal der Bettelmönche lässt sich an der Schlichtheit des gotischen Baus – ohne Querhaus und Turm – und an der einfachen Innenarchitektur ablesen.

Ausstattung ▶ Der Flügelretabel (1480) im Chor stammt aus Alfeld und gelangte im Zweiten Weltkrieg nach Köln. In der Mitte steht Maria als Himmelskönigin. Über dem Hauptaltar hängt ein 4,50 m hohes, gläsernes Kreuz (2010) des Düsseldorfer Künstlers Thomas Kesseler. Die Bemalung mit Schwarzlot stellt Christus auf der Vorderseite als leidenden Gekreuzigten, auf der hinteren Glasscheibe als erlösten König dar. In der Sakramentskapelle südlich des Chores ist **Adolph Kolping**

(1813 – 1865) bestattet, der zeitweise Rektor der Kirche war und 1849 den Kölner Gesellenverein gründete. Im nördlichen Seitenschiff, vor der Sakristei, befindet sich das »Brauweiler Kreuz«, eine Stiftung von 1024 an das Brauweiler Kloster. Aus der Stiftungszeit ist nur noch das Kreuz selbst erhalten, der Körper des Gekreuzigten ist ein Werk des 14. Jhs. Ebenfalls im nördlichen Seitenschiff befindet sich das Grabmal des berühmten mittelalterlichen Philosophen und Theologen **Johannes Duns Scotus** (1266 – 1308), der in seinem letzten Lebensjahr hier als Lehrer an der Klosterschule arbeitete. Bei der Restaurierung der Kirche 2010 gestaltete man den gläsernen Windfang am Eingangsportal als künstlerische »Infotafel« über das Leben von Kolping und Duns Scotus.

Vor der Kirche steht eine Statue des »Gesellenvaters« Adolph Kolping, der gerade einen Gesellen begrüßt. ◄ Kolpingdenkmal

Römische Wasserleitung

Lage: Am Museum/Ecke Drususgasse

Ein kleines Stück des fast 2000 Jahre alten römischen Wasserkanals ist an der Nordwestecke des Museums zu sehen. Schon im 1. Jh. wurde Wasser über etwa 10 km nach Köln geleitet, im 2. Jh. entstand die über 95 km lange Wasserleitung von der Eifel hierher. Über Aquädukte und durch Tunnel wurden so täglich ca. 20 Mio. l Wasser nach Köln geleitet. Die Wasserleitung wurde bis ans Ende der Römerzeit genutzt und verfiel dann. Im Mittelalter sah man die Reste der Wasserleitung als Teufelswerk an, wovon Namen wie **»Teufelsrinne«** oder **»Teufelsgraben«** zeugen sowie die Sage vom Dombaumeister Gerhard, der mit dem Teufel gewettet haben soll, den Dom fertigzustellen, bevor der Teufel Wasser auf die Baustelle leiten könne – was diesem aber mit Hilfe des Römerkanals gelungen sei, worauf sich Gerhard vom Domgerüst in den Tod gestürzt habe. Ein weiteres, besser erhaltenes Stück der Wasserleitung befindet sich im ►Praetorium.

★ Museum für Ostasiatische Kunst

G 5

Lage: Universitätsstr. 100
Bus: 142

Straßenbahn: 1, 7 (Universitätsstr.)
Internet: www.museenkoeln.de/museum-fuer-ostasiatische-kunst

Die Besucher des ältesten europäischen Museums für Ostasiatische Kunst erwartet nicht nur eine einzigartige Sammlung chinesischer, koreanischer und japanischer Kunst, sondern auch eine fernöstliche Atmosphäre, die durch die japanische Architektur des Gebäudes und die Einbeziehung der Natur in die Architektur entsteht.

Öffnungszeiten: Di. – So. 11.00 – 17.00, 1. Do. im Monat bis 22.00

Nachdem der erste Museumsbau im Zweiten Weltkrieg zerstört worden war, konnte 1977 der Neubau am Aachener Weiher eröffnet werden. Der Entwurf des Japaners **Kunio Maekawa** zitiert Fernöstliches, etwa durch die flache, pavillonartig gegliederte Museumsanlage, die braunroten Keramikkacheln der Außenverkleidung oder durch den japanischen Garten im Innenhof.

Große Stiftungen und Ankäufe machten 1992 den Ausbau des Museums notwendig. Den teilweise fensterlosen älteren Räumen wurden nun mehrere lichtdurchflutete Galerien angefügt, die sich L-förmig um den japanischen Innengarten legen. Die durchgängige Fensterfront der Galerie macht den Garten selbst zum Ausstellungsobjekt.

Rundgang: Älterer Trakt ► Die ersten Ausstellungsräume, die man vom Foyer aus betritt, werden mehrere Monate im Jahr für Sonderausstellungen über ostasiatische Kunst benutzt. Zu anderen Zeiten zeigen sie chinesische Skulpturen, buddhistische Kunst sowie chinesische und japanische Malerei. Nach einer weiteren Abteilung mit buddhistischer Kunst geht es weiter mit chinesischer und japanischer Malerei sowie Schriftkunst, dann über die chinesische Druckgrafik und eine Sammlung japanischer Stellschirme zu den japanischen Holzschnitten.

Neuer Trakt ► Im ersten Raum des neuen Teils stehen zwei kostbare Exponate aus Bronze: ein Satz von neun Glocken der Zhou-Zeit (1056 – 256 v. Chr.) und ein Pferd mit Knecht aus der Han-Dynastie (206 v. Chr. – 220 n. Chr.).

In den folgenden Abteilungen der Galerie wird versucht, eine ganzheitliche Sicht auf die fremden Lebenswelten zu ermöglichen, indem man Kunstwerke verschiedener Gattungen zusammen präsentiert. Der erste Bereich gibt einen Einblick in die Welt der **Shang-Kultur** (16. – 11. Jahrhundert v. Chr.), eine der ersten Hochkulturen Chinas, indem neben einer einzigartigen Sammlung von Sakralbronzen auch archaische Jaden, Frühkeramik und Fragmente von Orakelknochen aus dieser Epoche ausgestellt sind. Es folgen Keramikarbeiten der Han-Zeit und der Zeit der Sechs Dynastien (220 – 589 n. Chr.), sowie erlesene Exponate der Tang-Dynastie (618 – 907), etwa ein Pferd mit der charakteristischen grünen und ockerfarbenen Glasur. In der folgenden Abteilung soll die Lebenswelt der klassischen chinesischen Gelehrtenelite erfahrbar gemacht werden: Gezeigt werden Möbel, Lack- und Cloisonnéarbeiten, Jaden, Porzellan und ein Beamtengewand.

Im westlichen Flügel ist chinesische Keramik im schmalen Gang zu sehen, Türen links führen zur **Korea-Sammlung** mit wertvollen Seladonen (grün glasiertes Porzellan) und zur Japan-Galerie mit **Kunsthandwerk der Edo-Zeit** (1603 – 1868).

Aachener Weiher

Von der Museumsterrasse aus blickt man über den Aachener Weiher, einen quadratisch angelegten und öffentlich zugänglichen künstlichen See, auf dem sich Enten und Schwäne tummeln. Er gehört zur Parkanlage des Inneren ► Grüngürtels, der seit der Zwischenkriegszeit die Alt- und Neustadt umgibt.

★★ Museum Ludwig

G 7

Lage: Bischofsgartenstraße 1
Bus: 132
Internet: www.museum-ludwig.de

Innenstadtplan: B 4
Straßenbahn: 5, 16, 18 (Dom/Hbf)

Im 2000-jährigen Zentrum der Stadt, zu Füßen des Doms, hat sich das Museum Ludwig der Kunst des 20. und 21. Jahrhunderts verschrieben.

In den Jahren 1981–1986 wurde im Zentrum der Stadt ein großes Kulturzentrum errichtet, das die Neubauten für das Museum Ludwig, die Philharmonie und – bis zum Jahr 2000 – das Wallraf-Richartz-Museum umfasste.
Der Komplex entstand unter dem Druck, der Sammlung von **Peter und Irene Ludwig**, die Exponate der russischen Avantgarde ebenso umfasste wie Kunstwerke der amerikanischen Pop-Art, einen angemessenen Rahmen zu geben. Die Stadt ließ sich nicht lumpen und baute einen neuen Museumspalast nahe dem Dom. Planung und Ausführung des Baus lag bei den Architekten **Peter Busmann** und **Godfrid Haberer**. Die Silhouette des Museums mit seinen zinkblech-

Öffnungszeiten:
Di.–So.
10.00–18.00,
jeden 1. Do. im Monat bis 22.00

Eine gigantische Treppe führt zu den einzelnen Ausstellungsebenen des Museums Ludwig.

verkleideten Sheddächern bildet einen interessanten Kontrast zu der gotischen Domfassade. In die Gesamtplanung wurde auch das ► Römisch-Germanische Museum einbezogen, das direkt neben der Apsis des Doms steht. Der gesamte Komplex (westlich bis zum Wallrafplatz) ist Fußgängerzone; zwischen dem Museum und den Werkstätten der Dombauhütte breitet sich der **Heinrich-Böll-Platz** aus, unter dem sich die Philharmonie befindet.

In das Gebäude zogen zunächst das Wallraf-Richartz-Museum und das Museum Ludwig gemeinsam ein. Dann aber boten 1994 Peter und Irene Ludwig der Stadt 90 Werke von Pablo Picasso und weitere 82 Werke zeitgenössischer Kunst als Geschenk sowie mehr als 700 Kunstwerke als Dauerleihgabe an. Im Gegenzug sollte das Museum am Dom nur noch ihren Namen tragen.

Im Januar 2001 bezog das Wallraf-Richartz-Museum eigene Räume in der Nähe des Gürzenichs. Seitdem steht der Museumskomplex am Dom allein der Kunst des 20. und 21. Jhs. und der Fotografie zur Verfügung.

! *Baedeker* TIPP

Audioführung im Museum

Auf der Webseite des Museums stehen Dateien für MP3-Player und iPod als kostenlose Downloads zur Verfügung mit Audioführungen über aktuelle Wechselausstellungen und einzelne Werke der ständigen Sammlung. Alternativ kann man sich ein Gerät zur Audioführung gegen eine moderate Gebühr im Museum ausleihen.

Sammlungsschwerpunkte

Das Museum präsentiert mit Gemälden, Skulpturen, Zeichnungen, Druckgrafiken und Fotografien seinen Besuchern einen erstklassigen Querschnitt der modernen und zeitgenössischen Kunst. Nach weiteren großzügigen Schenkungen von über 750 Picasso-Werken durch Irene Ludwig verfügt das Museum nach Barcelona und Paris nun über die **drittgrößte Picasso-Sammlung der Welt**.

Einen weiteren Schwerpunkt bilden die Werke des **deutschen Expressionismus**, darunter Werke von Nolde, Kokoschka und Beckmann. Unter den Sammlungsstücken sind auch die Arbeiten der **russischen Avantgarde** aus der Zeit von 1906 – 1930 von herausragender Bedeutung. Gezeigt werden Werke von Malewitsch, Popowa, Larionow, Goritscharowa und Rodtschenko. Die umfangreiche Sammlung **amerikanischer Pop-Art** zeigt die gesamte Bandbreite dieser Kunstrichtung mit Arbeiten von Johns, Rauschenberg, Warhol, Lichtenstein, Rosenquist, Segal, Kienholz u. a. Der **Surrealismus** ist mit bedeutenden Werken von Ernst, Magritte, De Chirico und Dalí vertreten. Weitere künstlerische Bewegungen des 20. Jhs. wie Bauhaus und de Stijl, Fluxus und Nouveau Réalisme, Minimal und Conceptual Art finden ebenfalls ihren Platz in der Sammlung. Die **deutsche Kunst nach 1945** ist beispielsweise mit der Informellen Malerei von Schultze und Schumacher und einer umfangreichen Schau von Bildern von Nay präsent, während die späten 1960er-Jahre bis zur Gegenwart durch wichtige Werke von Beuys, Klapheck, Graubner, Richter, Kiefer, Baselitz, Penck, Polke und Trockel repräsentiert sind. Insgesamt bemüht sich das Museum Ludwig darum, durch die Art der Präsentation Zusammenhänge und Parallelen zwischen der Kunst der beginnenden Moderne und dem Kunstgeschehen der jüngsten Jahre und Jahrzehnte zu vergegenwärtigen.

◄ Fotografische Sammlungen

Die **Fotografie** stellt einen weiteren Sammlungsschwerpunkt des Museums dar. Die Sammlungen Agfa, Lebeck, L. Fritz Gruber und weitere Bestände bieten einen ausgezeichneten Überblick über Fotografie und Fototechnik seit den Anfangstagen dieses Mediums. Regelmäßige Sonderausstellungen widmen sich diesem Bereich, Fotografien werden jedoch nicht als Daueraustellung gezeigt.

◄ Videoräume

Die Videoräume im Keller des Museums präsentieren einen weiteren Sammlungsschwerpunkt: Videokunst, die seit den 1970er-Jahren angekauft und auch zukünftig gesammelt wird.

Philharmonie

In den Komplex, den man für das Museum Ludwig errichtete, wurde ein eindrucksvoller Konzertsaal integriert, der nun unter dem Heinrich-Böll-Platz liegt.

Das Rund des Konzertsaales misst 40 m im Durchmesser und wird von einer trägerlosen Dachkonstruktion überspannt. Im Zentrum des Saals, aufgrund der Sitzanordnung nach Art eines Amphitheaters von überall gut zu sehen, befindet sich das Podium für den Dirigenten. Die ansteigenden Sitzreihen bieten bis zu 2000 Besuchern Platz. Geboten werden überwiegend Konzerte klassischer Musik, aber auch Pop und Jazz finden hier ihr Publikum.

★ Museum Schnütgen

G/H 7

Lage: Cäcilienstr. 29
Bus: 136, 146
Internet: www.museenkoeln.de/museum-schnuetgen
Innenstadtplan: C 2
Straßenbahn: 1, 3, 4, 7, 9, 16, 18 (Neumarkt)

Das im 2010 eröffneten Kulturforum und in der Kirche St. Cäcilien untergebrachte Museum Schnütgen beherbergt eine bedeutende Sammlungen mittelalterlicher Kunst.

Öffnungszeiten:
Di. – So. 10.00 – 18.00, Do. bis 20.00

Den Kern des 1910 gegründeten Museums bildet die zum größten Teil aus verweltlichtem Kloster- und Kirchenbesitz stammende Sammlung des Domkapitulars **Alexander Schnütgen** (1843 – 1918), der sie 1906 der Stadt Köln stiftete. Die hervorragende Sammlung von Holz- und Steinarbeiten, Elfenbeinkunst, Glasmalerei, Textilien, Handschriften, Grafiken und Goldschmiedekunst stammt aus mehr als acht Jahrhunderten mit dem Mittelalter als Schwerpunkt. 2010 erhielt das Museum, nunmehr zusammen mit dem ►Rautenstrauch-Joest-Museum Teil des Kulturforums, durch einen Erweiterungsbau

und die Sanierung des denkmalgeschützen Verwaltungsflügels der 1950er-Jahre 400 qm zusätzliche Ausstellungsfläche. Der Eingang befindet sich im großzügigen Foyer des Kulturforums.
Ein wesentlicher Teil der Sammlung wird nach wie vor in der Kirche St. Cäcilien gezeigt. Die Pfeilerbasilika stammt weitgehend aus dem 12. Jh. Von einem ottonischen Vorgängerbau des Erzbischofs Bruno (953–965) bleiben der östliche Teil der Krypta unter dem Westchor und der sogenannte Frankenbogen aus Tuffstein und römischen Ziegeln an der Nordseite des Langhauses. Ehemals lagen hier römische Thermen. Der zwischen 1130 und 1160 errichtete Bau diente ursprünglich als Kirche eines adeligen Damenstifts. Aus dieser Zeit sind im Original nur noch der Bereich des Chors mit seinen fragmentarischen Friesen (spätes 13. Jh.) und die vier östlichen Achsen des Langhauses erhalten, da Mitte des 19. Jhs. das Mittelschiff verkürzt und eine neuromanische Westfassade hinzugefügt wurde. Das Tympanon des Nordportals mit den Figuren der hl. Cäcilia und ihres Bräutigams (ca. 1160) ist im Museum ausgestellt.

Blick in das westliche Mittelschiff des Kirchen-Museums

Rundgang

Zunächst betritt man einen neuen Verbindungstrakt, in dem links hervorragende Glasmalereien (um 1530) mit Szenen aus dem Leben des heiligen. Bernhard von Clairvaux aus dem Kloster ►Altenberg zu sehen sind. Auf der rechten Seite wird Bauplastik gezeigt: Tympana, Kapitelle, Säulen. Der nächste Teil des Erweiterungbaus ist Steinskulpturen und Glasmalereien des Mittelalters gewidmet, letztere anschaulich präsentiert in Augenhöhe. In den sanierten Räumen der 1950er-Jahre ist eine Auswahl aus einer der weltbesten Sammlungen von Kirchentextilien zu sehen.

Eine Treppe führt zur Studiensammlung hinunter, wo Buchfaksimiles und in 50 Schubladen kleinere Sammlungsgegenstände – liturgische Geräte, Buchbeschläge – aufbewahrt werden. Man gelangt auch zum neuen Cäciliengarten vor der Nordseite der Kirche, der im Stil eines Klostergartens angelegt wurde.

Weiter geht es in die Nordemporenvorraum der Kirche, wo eine Reihe von liturgischen Geräten – Kreuze, Leuchter und Weihrauchfässer – präsentiert werden. Auf der Nordempore folgen kostbare Reliquiare aus Kristall und Email. Im nördlichen wie auch im südlichen Seitenschiff kann man einem der wichtigsten Themen mittelalterlicher Kunst nachspüren: Szenen aus dem Leben von Christus und Maria sind hier zusammengefasst mit Darstellungen der thronenden Maria mit dem Kind, der Heiligen Familie, der Anbetung des Kindes durch die Heiligen Drei Könige und Darstellungen der Passion mit dem gekreuzigten Christus.

◄ Chor

Der Chor präsentiert in Anlehnung an seine ursprüngliche Bedeutung als liturgisch wichtigster Ort der Kirche das Chorgestühl, die sog. Ursulatafel sowie Engelskulpturen und Reliquiare. Die **Altartafel der hl. Ursula**, die um 1170 in Köln entstand, trug wohl einst im emaillierten Rahmenwerk Bilder von Christus und den Aposteln, die jedoch nicht erhalten sind: Im 15. Jh. hat man die Flächen mit goldgrundierten Bildern der thronenden Muttergottes, umgeben von vielen Heiligen, darunter Ursula, Laurentius und Severin, bemalt.

Die **Sakristei**, die neue Schatzkammer der Sammlung, beherbergt neben der Goldschmiedekunst auch kostbare frühe Elfenbeinarbeiten vom Hochmittelalter bis zum Barock. Zu den wertvollsten Stücken gehört das **Harrach-Diptychon** aus der Sammlung Ludwig, das um 800 am Hof **Karls des Großen** geschaffen wurde. Ursprünglich war das Elfenbeinrelief, das in vier Szenen die Heilsgeschichte zusammenfasst, wohl Teil eines prächtigen goldenen Einbandes eines Evangeliars oder Messbuchs.

◄ Mittelschiff

Im Mittelschiff erschließen sich vier besonders kostbare Werke der Sammlung im Zusammenhang mit den Hauptthemen, die jeweils im Seitenschiff vertieft werden. Die **Aachener Madonna** (um 1230) diente einst als Reliquienbehältnis. Das **Dreikönigenrelief**, eine vielschichtige, figurenreiche Darstellung, wurde 1480 – 1485 von Meister Arndt von Kalkar und Zwolle aus einem riesigen Eichenblock geschnitzt. Der **Brüsseler Altar** von Jan Bormann d. Ä. entstand um 1520 vermutlich für eine fürstliche Hauskapelle.

Der Torso des **St.-Georgs-Kruzifixus**, 189 cm groß, ist eine der hervorragendsten frühen Kölner Holzskulpturen. Christus erscheint hier nicht als Leidender, sondern als Sieger über den Tod. Die um 1067 entstandene Figur diente als Reliquienbehältnis; aufbewahrt wurde die Reliquie in einer Vertiefung am Hinterkopf.

Westempore ► Auf der Westempore wird die Vorbildfunktion der Heiligen ausführlich thematisiert. Nach katholischem Verständnis vermitteln sie zwischen Gott und den Menschen.

Vorraum der Krypta ► Vor allem im Spätmittelalter erfreuten sich »handelnde Bildwerke« großer Beliebtheit, z. B. der ausgestellte hölzerne Palmesel-Christus auf Rädern, der in Erinnerung an den Einzug Christi in Jerusalem am Palmsonntag durch die Stadt in die Kirche rollte. Kleine Skulpturen und fast spielzeughaft anmutende Hausaltäre zeigen, wie sehr fromme Bildwerke Teil des häuslichen Lebens geworden waren.

Krypta ► Die Krypta steht unter dem Thema »Memento Mori« und »Private Frömmigkeit«. Das Pestjahr von 1348 führte durch das Massensterben zu einer ganz neuen Auseinandersetzung mit dem Thema Tod, der in Gestalt des Sensenmannes in die Darstellungen Einzug hielt. Kostbare Kleinkunstwerke, im Mittelalter noch Fürsten vorbehalten, fanden seit der Renaissance auch zunehmend beim Adel und Großbürgertum Gefallen.

★ Neumarkt

G 7

Lage: Innenstadt
Straßenbahn: 1, 3, 4, 7, 9, 16, 18 (Neumarkt)
Innenstadtplan: C 2
Bus: 136, 146

Der lang gestreckte Platz im Zentrum der Kölner Innenstadt ist ein idealer Ausgangspunkt für einen Bummel über die vielen belebten Geschäftsstraßen, die sich hier kreuzen, darunter die Schildergasse, Kölns Shoppingmeile Nummer eins.

Historisches Marktzentrum Der Neumarkt liegt genau auf der Mittelachse der einstigen antiken Siedlung, vermutlich existierte daher hier eines der vornehmsten Viertel des römischen Köln. Der im 11. Jh. angelegte Platz wurde zunächst als Viehmarkt genutzt, 1815 funktionierten ihn die Preußen zum Exerzierplatz um. Wenige Jahre später antworteten die Kölner auf die steifen Paraden der ungeliebten Preußen, indem sie den alljährlichen Rosenmontagszug am Neumarkt »aufmarschieren« ließen.

Neumarkt-Passage Käthe-Kollwitz-Museum ► Wenige Schritte westlich in Richtung St. Aposteln findet man in der Neumarkt-Passage neben Cafés und Läden auch das Käthe-Kollwitz-Museum in der obersten Etage, das die weltweit größte Sammlung von Werken der Künstlerin (1867 – 1945) besitzt und Handzeichnungen, Druckgrafiken und Bronzeskulpturen zeigt (Öffnungszeiten: Di. bis Fr. 10.00 – 18.00, Sa. u. So. 11.00 – 18.00 Uhr). In der Neu-

Eine auf den Kopf gestellte Eistüte klebt auf der Neumarkt-Galerie.

markt-Passage sind auch die Räume des **Lew Kopelew Forums** untergebracht, das mit unterschiedlichen Veranstaltungen das Verhältnis zwischen Deutschland und Osteuropa fördert (Öffnungszeiten: Mo. bis Fr. 12.00 – 18.00 Uhr).

Neumarkt-Galerie

Zwischen Richmod- und Zeppelinstraße befindet sich die Neumarkt-Galerie mit Ladengeschäften, Cafés und Bistros, in deren Gebäudekomplex der Turm des Richmodishauses integriert ist. Aus dem Obergeschoss des schlanken Treppenturms schauen zwei steinerne Pferdeköpfe heraus, die an die Sage von **Richmodis von Aducht** erinnern, die 1357 als vermeintliche Pesttote begraben wurde: Gerade als Grabräuber nach dem Schmuck der Bestatteten greifen wollten, wachte die scheintote Richmodis wieder auf. Als ihr Ehemann davon erfuhr, rief er ungläubig aus: »Eher laufen meine Schimmel die Treppe hinauf, als dass meine Frau von den Toten aufersteht!« – und schon stürmten die Pferde hufeklappernd hinauf auf den Turm. Tatsächlich sind die Pferde lediglich ein Teil des Familienwappens der Hackeneys, an deren prächtigem Hof der Turm angebaut war. Im Richmodishaus wurde 1838 der Komponist **Max Bruch** geboren.
Gekrönt wird die Neumarkt-Galerie von einer großen Plastik – eine auf den Kopf gestellte Eistüte – des amerikanischen Pop-Art-Künstlers **Claes Oldenburg**.

Josef-Haubrich-Hof

Neben dem an den Kunstsammler Josef Haubrich (1889 – 1961) erinnernden Platz an der Südostecke des Neumarkts wurde 2010 das neue Gebäude des ► Rautenstrauch-Joest-Museums und des ► Museums Schnütgen eröffnet.

St. Peter

Lage: Jabachstraße 1 **Internet:** www.kunst-station.de

Öffnungszeiten: Di.–Sa. 11.00 – 17.00, So. 13.00 – 17.00

St. Peter bildet mit der benachbarten St.-Cäcilien-Kirche das einzige in Köln erhaltene Beispiel einer »Kirchenfamilie«, eines Nebeneinanders von Pfarr- und Stiftskirche. Kunstfreunde kennen St. Peter vor allem als **Ausstellungsort für zeitgenössische Kunst**.
Auf dem Gelände römischer Badeanlagen wurde um die Mitte des 12. Jhs. die Kirche St. Peter errichtet. Von dieser Kirche blieb allein der Westturm erhalten, der in den heutigen Bau, eine Emporenbasilika aus der ersten Hälfte des 16. Jahrhunderts, integriert wurde. Das Glockengeschoss des Turms stammt aus dem 17. Jahrhundert. Der bedeutendste Schatz der Kirche ist das Altarblatt mit der Kreuzigung Petri, das **Peter Paul Rubens** 1638 im Auftrag der wohlhabenden Kaufmannsfamilie Jabach fertigte. Beachtenswert sind auch die Glasfenster aus den Jahren 1528 – 1530, in denen sich schon der Einfluss der Renaissance ankündigt: Im Chor Darstellungen der Kreuzigung, der Kreuztragung und der Beweinung Christi, Apostel und Heilige in den Querschiffen, frühe Kölner Bischöfe auf den Emporenfenstern.

Opern- und Schauspielhaus

G 7

Lage: Offenbachplatz
Straßenbahn: 3, 4, 5, 16, 18 (Appellhofplatz)
Innenstadtplan: B 2/3
Internet: www.operkoeln.de

Nachdem das alte Opernhaus am Rudolfplatz im Zweiten Weltkrieg zerstört worden war, errichteten Wilhelm Riphahn und Hans Menne 1954 bis 1957 am Offenbachplatz das Große Haus, die heutige Oper. 1960 – 1962 wurde das Kleine Haus, heute Schauspielhaus genannt, südlich an die Oper angebaut.

Bühnen der Stadt Köln

Den Stil des Opernhauses bestimmen Sachlichkeit, aber auch Repräsentationsbedürfnis. Die abgeschrägten Aufbauten zu beiden Seiten des Bühnenhauses setzen Akzente. Im Zuschauerraum fällt die Gestaltung der Ränge auf, die wie Schubladen aus den holzvertäfelten Wänden herausragen. Hinter dem Gebäude befindet sich in der Krebsgasse der Eingang zum Experimentaltheater in der ehemaligen Schlosserei. Wegen der Sanierung beider Häuser ab 2011 werden einige Jahre lang Ausweichspielstätten benutzt.

An der Seitenwand des Opernhauses zur Glockengasse erinnert eine Gedenktafel an die Kölner Hauptsynagoge von 1859, die in der Reichspogromnacht 1938 zerstört wurde.

◄ Gedenktafel

Den Offenbachplatz lockert seit 1966 ein von **Hansjürgen Grummer** gestalteter Brunnen aus Beton, Stahl und Glas auf, in den Mosaiken eingearbeitet sind. Die verwendeten Materialien stammen z. T. aus Kirchenruinen, u. a. aus der Berliner Kaiser-Wilhelm-Gedächtniskirche – und aus dem Badezimmer der Jacht von Aristoteles Onassis.

◄ Opernbrunnen

4711-Haus

Lage: Glockengasse 22 **Internet:** www.4711.com

Berühmte Duftwasserfirma

Gegenüber der Oper steht ein reich verziertes, neugotisches Haus mit einer rasterförmig durchstrukturierten weißen Fassade, abgesetzt mit Lindgrün und Gold, hohen Torbögen und kleinen Ziertürmchen. Zwischen 9.00 und 21.00 Uhr erklingt hier zu jeder vollen Stunde ein **Glockenspiel**, bei dem hölzerne Figuren auf einer Schiene um die Uhr wandern. Bei dem auffälligen Gebäude handelt es sich um die nach dem Zweiten Weltkrieg errichtete Nachbildung des alten Stammhauses der Firma 4711, der berühmten Duftwasserfirma.

◄ Firmengeschichte

Das Rezept des Kölner Traditionsproduktes »4711« soll im Jahr 1792 von einem Kartäusermönch als Hochzeitsgeschenk an den späteren Firmengründer Wilhelm Mühlens übergeben worden sein. Der Name des bekannten Eau de Cologne (Kölnisch Wasser) rührt aus der Zeit der französischen Besatzung her, als 1794 die Häuser Kölns mit Nummern versehen wurden und das Firmengebäude in der Glockengasse die Hausnummer 4711 erhielt. Eine kleine Ausstellung in den Verkäufsräumen informiert über die Firmengeschichte (►Baedeker Special S. 104).

Overstolzenhaus

H 7

Lage: Rheingasse 8 **Innenstadtplan:** C 4
Straßenbahn: 1, 7, 9 (Heumarkt)

Das 1220 erbaute Overstolzenhaus, heute Sitz der Kunsthochschule für Medien, ist das hervorragendste Beispiel eines Patrizierhauses aus der Zeit der Romanik in Deutschland.

Romanisches Patrizierhaus

Typisch für die Häuser reicher Kaufleute im Mittelalter ist die Verbindung von Wohn- und Arbeitsbereich, die sich noch an der Raumaufteilung hinter der aufwändigen Giebelfassade mit ihren schönen Rundbogenfenstern ablesen lässt. Im Erdgeschoss befanden sich Eingänge und Dielen, die erste Etage mit ihren großen Räumen diente repräsentativen Zwecken. Hier legte man eine Wandmalerei aus dem

! Baedeker TIPP

Zu Gast beim Köbes

Wenige Schritte vom Overstolzenhaus entfernt lohnt es sich, an der Ecke Malzbüchel/Paradiesgasse in die traditionsreiche Brauerei und Gaststätte »Malzmühle« mit ihrem schönen alten Schankraum einzukehren (Öffnungszeiten: Mo. – Do. 11.30 – 24.00, Fr. – Sa. 11.30 – 01.00, So. 11.30 – 23.00 Uhr).

13. Jh. frei. Darüber erhoben sich vier Speicheretagen. Zusammen mit dem Keller nahmen die dem Erwerb dienenden Räume den größten Teil des Hauses ein. Die einzelnen Räume des fast 800 Jahre alten Gebäudes konnten wegen der zahlreichen Umbauten im Verlauf der Jahrhunderte und wegen der Kriegszerstörungen nicht mehr viel von ihrem ursprünglichen Charakter bewahren.

St. Trinitatis

Lage: Filzengraben 6

Erste protestantische Kirche Kölns

Am benachbarten Filzengraben steht die Trinitatiskirche, der erste protestantische Kirchenbau in Köln. Protestanten – vorwiegend Kaufleute – erhielten erst 1797, während der Besetzung Kölns durch französische Truppen, das Bürgerrecht, freie Religionsausübung gewährte ihnen die Stadt seit 1802. In den Jahren 1857 – 1860 entstand nach Plänen des Schinkel-Schülers **Friedrich August Stüler** und mit Unterstützung des preußischen Königs die Pfarrkirche der evangelischen Kaufleute. Um das Gotteshaus von den romanischen und gotischen Kirchen der katholischen Glaubensgemeinde abzuheben, orientierte man sich bewusst am Formenkanon frühchristlicher Basiliken und vermied den gotischen Stil, der den katholischen Dom kennzeichnet.

Ausstattung ►

Während die ursprüngliche Ausstattung der Kirche noch sehr farbig gehalten war, nutzte man die Instandsetzungen nach dem Zweiten Weltkrieg zur farblichen Reduktion.

★ Praetorium · Archäologische Zone

G 7

Lage: Kleine Budengasse
Straßenbahn: 5, 16, 18 (Dom/Hbf) oder 1, 7, 9 (Heumarkt)
Innenstadtplan: B 4
Bus: 132 (Rathaus)

Unter dem Rathaus, dem Spanischen Bau und dem Rathausplatz verbergen sich bedeutende Funde aus der Römerzeit und dem Mittelalter: die Ruinen des Praetoriums, des Palastes des Statthalters der römischen Provinz Niedergermanien, sowie Reste des jüdischen Viertels einschließlich der Synagoge und der Mikwe, des Bads für rituelle Waschungen.

Beim Neubau des Spanischen Baus (►Rathaus) 1953 entdeckte man das im 1. Jh. n. Chr. erbaute Praetorium, das palastartige **Verwaltungszentrum des antiken Köln**. Ein großer Teil des ca. 90 m langen Praetoriums wurde für Besucher zugänglich gemacht. Zu sehen sind hauptsächlich Fundamente, an einigen Stellen das aufgehende Mauerwerk. Dazwischen erkennt man an kleineren, runden Mauerresten die Standorte früherer Brunnen.

Öffnungszeiten:
Di. – So.
10.00 – 17.00

In einem Vorraum der unterirdischen Ausgrabungsstätte sind interessante Funde aus dem Grabungsgelände, ein Querschnitt durch die römische Wasserleitung und schöne Modelle römischer Bauwerke ausgestellt. Schautafeln und ein Modell zeigen, wie das Praetorium, das bis ins 4. Jh. immer wieder aus- und umgebaut wurde, vermutlich ausgesehen hat. Eine Treppe führt hinunter in einen langen, spärlich beleuchteten Gang: einen ehemaligen Abwasserkanal Kölns aus der Römerzeit, in den man über 100 m weit hineingehen kann.

Archäologische Zone

Nach Abzug der Römer residierten im Praetorium bis ins 7. Jh. merowingische Könige. Bis zum 14. Jh. lag über den Ruinen das Judenviertel (►Baedeker Special, S. 200). Wenn die 2007 begonnenen Ausgrabungen auf dem Rathausplatz abgeschlossen sind, soll eine für Be-

◄ weiter auf S. 202

Das Praetorium, die Machtzentrale des antiken Köln, liegt heute unter dem Rathausplatz.

JÜDISCHES LEBEN IN KÖLN

Bereits zu Beginn der Ausgrabungen 2007 im jüdischen Viertel des Mittelalters am Rathausplatz wussten die Archäologen, dass sie die Geschichte der ältesten jüdischen Gemeinde auf deutschem Boden erforschten.

Mit einem erhaltenen Schreiben des Jahres 321 erlaubte Kaiser **Konstantin der Große** die Berufung von Juden in den Stadtrat, die Kurie, von Köln. Da die Mitgliedschaft in der Kurie unter Umständen mit hohen finanziellen Belastungen verbunden war, lässt das Schreiben auf eine gut etablierte, wohlhabende jüdische Gemeinde schließen. Frühere archäologische Befunde am **Rathausplatz** zeigten, dass um das Jahr 800 dort eine **Synagoge** stand. Zu den spannenden Aufgaben der neuen Ausgrabungen gehört der Versuch, herauszufinden, ob die Baureste aus römischer und nachrömischer Zeit unter dieser Synagoge bereits von einer jüdischen Gemeinde genutzt wurden. Beweise für eine Synagoge der Römerzeit oder eine Kontinuität jüdischen Lebens zwischen der römischen und der karolingischen Zeit wären ein sensationelles Forschungsergebnis.

Erst im 11. Jh. gibt es wieder schriftliche Belege über die Gemeinde, die sich zu einem der wichtigsten **Zentren jüdischer Gelehrsamkeit** und Kultur in Mitteleuropa entwickelt hatte. Bei einem Pogrom während des ersten Kreuzzugs im Jahr 1096 wurde die Synagoge zerstört, 300 Kölner Juden fanden dabei den Tod. Doch unter dem Schutz des Erzbischofs blühte die Gemeinde durch Handel und Geldgeschäfte wieder auf. Von einer Blütezeit und dem Zusammenleben von Christen und Juden zeugt die fein gearbeitete steinerne Lesekanzel (Bima) der Synagoge, die wohl um 1280 von Handwerkern der Dombauhütte im gotischen Stil errichtet wurde. Im Pogrom des Jahres 1349, der die jüdische Gemeinde so gut wie auslöschte, wurde die zerschlagene Bima im Keller der Synagoge verschüttet – und kann jetzt aus 350 Bruchstücken wieder rekonstruiert werden. Funde

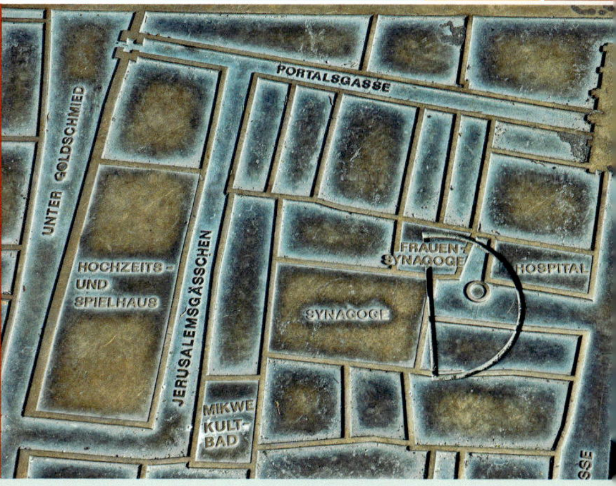

Eine Gedenktafel auf dem Rathausplatz zeigt den Plan des ehemaligen jüdischen Viertels.

aus einer Kloake, die zur Wohnung des Rabbiners im Obergeschoss der Synagoge gehörte, beleuchten Einzelheiten des täglichen Lebens im 14. Jahrhundert.

Das jüdische Köln erholte sich nach dem Pogrom von 1349 nicht vollständig. 1424 verbannte der Stadtrat alle Juden und baute die Ruinen der Synagoge zur Ratskapelle um. Juden lebten nahe der Stadt, denn die aus Köln Vertriebenen siedelten auf der anderen Rheinseite in Deutz und Mülheim. Erst ab dem Jahr 1798 durften sie wieder innerhalb der Stadtgrenze wohnen.

Von Jacques Offenbach zu den »Stolpersteinen«

Im 19. Jh. gab es erneut eine florierende jüdische Gemeinde, die einen wesentlichen Beitrag zum wirtschaftlichen und kulturellen Leben in Köln leistete. Zu deren bekannten Mitgliedern gehörten der Komponist **Jacques Offenbach** und die **Bankiersfamilie Oppenheim**, die den Dombaumeister Zwirner beauftragte, eine prächtige neue Synagoge in der Glockengasse zu bauen – heute steht dort die Oper . Weitere Synagogen und jüdische soziale Einrichtungen kamen hinzu. Um die Jahrhundertwende machten **Max Isidor Bodenheimer** und **David Wolffsohn** Köln zu einem Zentrum der zionistischen Bewegung.

Von den rund 20000 Juden, die in den 1920er Jahren in Köln lebten, deportierten die Nationalsozialisten 11000 in die Vernichtungslager. Am Ende des Zweiten Weltkriegs lebten nur noch einige wenige in der Stadt, die untertauchen konnten. Überall in Köln erinnern die sogenannten **Stolpersteine** des Künstlers **Gunter Demnig** an die jüdische Bevölkerung der Vorkriegszeit. Vor ehemals von Kölner Juden bewohnten Häusern setzt Demnig kleine, mit ihren Namen eingravierte Metallplatten in den Bürgersteig.

Heute zählt die jüdische Gemeinde um die 5000 Mitglieder, von denen viele aus der ehemaligen Sowjetunion stammen. Ihr Zentrum ist die nach zweijähriger Restaurierung 1959 wiederhergestellte Synagoge in der Roonstraße. 1700 oder noch mehr Jahre nach ihren Anfängen, lebt die jüdische Geschichte Kölns weiter.

sucher zugängliche archäologische Zone mit einem jüdischen Museum eingerichtet werden. Das vom Altermarkt aus durch das Rathausgewölbe zu betretende Gelände wird das Praetorium, die Mikwe und freigelegte Befunde der Ausgrabungen umfassen, darunter die ehemalige **Synagoge aus karolingischer Zeit** mit römischen und nachrömischen Vorgängerbauten und die Kellergeschosse einiger Bürgerhäuser, die bereits im 12. Jh. standen und auf Mauern der Römerzeit errichtet wurden. Eine große Fülle von Funden, z.B. Alltagsgegenstände der mittelalterlichen jüdischen Gemeinde, steht für das geplante Museum **»Colonia Judaica«** zur Verfügung. Eine einführende Ausstellung mit chronologischem Überblick ist im unter dem Rathaus gelegenen Eingangsbereich vorgesehen.

Mikwe

Öffnungszeiten: wie Praetorium (Schlüssel an der Kasse dort)

Während der Ausgrabung ist zumindest zeitweise die Mikwe, das **Kultbad** der Juden, zu besichtigen (Eingang über eine Treppe auf der Westseite des Rathausplatzes). In ihrer heutigen Form entstand die Mikwe um 1150, aber neueste Untersuchungen weisen darauf hin, dass ihre Ursprünge in der Zeit vor dem Jahr 800 liegen. Entsprechend dem jüdischen Glauben konnte man sich durch ein Tauchbad in der Mikwe von Unreinheit befreien – z. B. nach der Berührung eines Toten oder nach dem Genuss bestimmter Speisen –, wobei das Wasser des Bades »lebendig« sein, d. h. sich natürlich ansammeln sollte. Das hebräische Wort »mikwe« bedeutet daher wörtlich auch »(Wasser-)Ansammlung«. So hob man zur Sammlung des Grundwassers einen 16 m tiefen Schacht aus, in dem Treppen zum 70 cm tiefen Becken hinabführten. Ursprünglich stand über dem Brunnenschacht ein etwa 4 m hoher Turm.

★★ Rathaus

G 7

Lage: Rathausplatz
Straßenbahn: 5, 16, 18 (Dom/Hbf) oder 1, 7, 9 (Heumarkt)
Innenstadtplan: B 4
Bus: 132

An derselben Stelle, an der sich bereits in römischer Zeit der Sitz der Verwaltung befand, steht heute Kölns Rathaus.

Ältestes Rathaus Deutschlands

Das schon um 1135 als »Haus der Bürger« erstmals erwähnte Gebäude ist das älteste Rathaus Deutschlands. Als die Patrizier gegen Ende des 13. Jhs. die weitgehende politische Unabhängigkeit von ihrem erzbischöflichen Stadtherren erlangt hatten, wurde das Bürgerhaus um 1350 durch ein repräsentativeres Gebäude ersetzt, auch der Rathausplatz wurde nun angelegt. 1396 übernahmen die Gaffeln, die Handwerkerzünfte, den Rat der Stadt und errichteten als Zeichen ihres Sieges über die Patrizier 1407 – 1414 den Rathausturm. 1540 wurde der Löwenhof, 1569 – 1573 die Rathauslaube, das **schönste Renaissancebauwerk des Rheinlands**, angefügt.

◄ Besichtigung

Eine Besichtigung des Rathauses ist nur im Rahmen einer von Köln-Tourismus (► Praktische Informationen, Auskunft) organisierten Führung möglich. Das Erdgeschoss, auch mit Blick in den Lowenhof, ist während der Bürostunden für alle geöffnet: Mo., Mi., Do. 8.00 – 16.00, Di. 8.00 – 18.00, Fr. 8.00 – 12.00.

◄ Renaissance-laube

Von der oberen Etage der reich verzierten Renaissancelaube an der Westseite des Rathauses wurden einst die Ratsbeschlüsse verkündet. Der rückwärtige Teil der Laube diente als Treppenaufgang zum Hansasaal. Alle drei Seiten der zweistöckigen Fassade sind von Rundbögen mit vorgesetzten Säulen durchbrochen und werden von Friesen umlaufen. An ihrer Brüstung erinnert ein Relief mit der Darstellung von **Bürgermeister Gryns** siegreichem Kampf mit einem Löwen an den Freiheitskampf der Bürger gegen die herrschenden Domherren. Die Legende besagt, dass Gryn von zwei Geistlichen in einen Innenhof gelockt wurde, in den ein hungriger Löwe gesperrt worden war. Medaillons römischer Kaiser über den Säulen des ersten Geschosses erinnern an die römische Vergangenheit Kölns.

Durch das Mittelportal der Laube und die neue **Vorhalle**, in der eine Kopie des »Altars der Stadtpatrone« von Stefan Lochner hängt – das Original befindet sich im ►Dom –, erreicht man die **Piazzetta**, einen modernen überdachten Platz, an dessen Wänden u. a. Bilder Kölner

Rathaus *Orientierung*

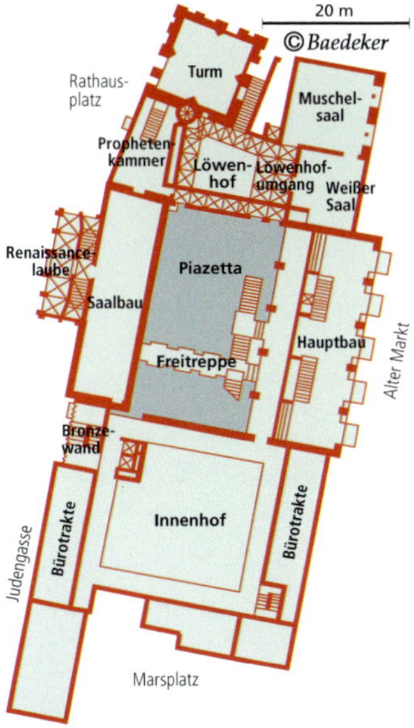

Saalbau
EG: Vorhalle
OG: Hansasaal

Turm
UG: Turmkeller
EG: Rentkammer
1.OG: Senatssaal

Hauptbau
EG: Informationshalle, Plasmannscher Keller
2.OG: Amtsräume des Oberbürgermeisters
3.OG: Diensträume des Oberstadtdirektors

Rathaus mit Renaissancelaube, daneben der figurengeschmückte Turm

Bürgermeister ihren Platz fanden; hier steht auch das Original des »Kölschen Boors« (►Eigelsteinviertel). Nach Norden gelangt man in den Umgang des **Löwenhofs**. Im westlichen Teil des Umgangs befindet sich der **Petrusbrunnen**, der Rest eines Alabastermarienaltars von 1662 aus dem Dom.

Über der Eingangshalle hinter der Laube liegt der **Hansasaal**, im 19. Jh. so benannt in Erinnerung an die Hanse, die hier 1367 den Krieg gegen Dänemark beschloss. Die Nordwand zeigt neben der restaurierten gotischen Maßwerkrosette die Holzfiguren der »Acht Propheten« von 1410, die ursprünglich in der Prophetenkammer standen. Die Südwand ist geschmückt mit den **»Neun Guten Helden«** (14. Jh.), je drei Vorbilder aus der Antike bzw. der Zeit der »Heiden« (Alexander der Große, Hektor, Julius Cäsar), der jüdischen Zeit vor Christi Geburt (Judas Makkabäus, David, Josua) und der Zeit der Christen (Gottfried von Bouillon, König Artus, Karl der Große). Darüber sind Kaiser Ludwig der Bayer und zwei weitere Figuren, die die von Ludwig zugesprochenen Stadtrechte personifizieren, dargestellt (das Stapelrecht durch eine Figur mit einem Fluss, das Befestigungsrecht durch eine Figur mit einem Turm).

Prophetenkammer ►

Nach Norden schließt die Prophetenkammer an, die den Hansasaal mit dem Senatssaal im Rathausturm verbindet. Das Prunkportal zwischen Prophetenkammer und Senatssaal sowie das Gestühl des Senatssaals schuf Melchior von Reidt um 1600 mit prächtige Holzintarsien, die während des Zweiten Weltkriegs ausgelagert und Anfang der 1970er Jahren wieder installiert wurden.

Muschelsaal, Weißer Saal ►

Die an den Alter Markt grenzenden neuen Trakte des Rathauses dienen hauptsächlich als Büro- und Amtsräume. Der Muschelsaal und der Weiße Saal wurden in veränderter Form wieder aufgebaut, heute sind sie mit Stuck verziert und mit Wandteppichen ausgestattet.

★ **Rathausturm**

Der 61 m hohe, figurengeschmückte Rathausturm war zur Zeit seiner Erbauung Anfang des 15. Jhs. das erste »Hochhaus« des Mittelalters und überragte zunächst nicht nur Groß St. Martin, sondern auch den damals noch nicht fertig gestellten Dom.

Nach seiner Zerstörung im Zweiten Weltkrieg wurde der Turm zwischen 1950 und 1975 wieder aufgebaut, die schmückenden Figuren der Turmfassade kamen erst 1995 wieder hinzu. 124 Personen, die die 2000-jährige Geschichte Kölns geprägt haben, wurden jeweils fast lebensgroß in Stein gemeißelt und auf den Konsolen der Fassade aufgestellt. Nun blickt Christus, umringt von Aposteln und Heiligen, vom obersten der fünf Geschosse. Die drei Etagen darunter werden von Künstlern, Politikern, Industriellen und Klerikern eingenommen, darunter **Heinrich Böll** und **Irmgard Keun** als jüngste Mitglieder der illustren Gesellschaft ebenso wie **Karl Marx** und **Konrad Adenauer**, **Stefan Lochner**, **Sulpiz Boisserée** und **Jacques Offenbach**. Auf der untersten Etage sind Kaiser und Könige dargestellt, darunter Kaiser **Augustus**, **Karl der Große** und Kaiserin **Theophanu**.

◄ Figurenschmuck

Genutzt wurden die Räume des Turms – von dem jeweils um 9.00, 12.00, 15.00 und 18.00 Uhr eine Glockenspielmelodie erklingt – als Senatssaal, als Archiv und Waffenkammer und als städtischer Weinkeller. Die Rentkammer im Erdgeschoss dient jetzt als Trausaal, ursprünglich befand sich hier die städtische Finanzverwaltung.

Auf der dem Alter Markt zugewandten Seite fällt unter der Uhr der »Platzjabbek« auf, eine groteske Figur des 15. Jhs., die bei jedem Stundenschlag ihre Zunge herausstreckt (»jabbt«) und so auf drastische Weise den ehemaligen Stadtherren sagte, was die Stunde geschlagen hatte.

◄ Platzjabbek

Spanischer Bau

Anfang des 17. Jhs. wurde gegenüber dem Rathausturm der Spanische Bau errichtet, sogenannt, weil hier 1623 die Spanische Liga, das Bündnis der katholischen Staaten im Dreißigjährigen Krieg, getagt hatte. Im Zweiten Weltkrieg zerstört, wurde der Spanische Bau 1954 – 1956 als schlichtes Backsteingebäude wieder errichtet. Während des Neubaus wurden die Reste des antiken ► Praetoriums entdeckt. Der Spanische Bau hat Anerkennung als qualitätvolle Architektur der 1950er Jahre gefunden. Die Ausstattung, beispielsweise das Geschichtsfenster von Georg Meistermann und die Einrichtung des Sitzungssaals, ist komplett erhalten. Auch lohnt es sich, einen Blick auf das große Stadtmodell im Innenhof zu werfen.

Duftmuseum

Lage: Obenmarspforten (Farina-Haus) **Internet:** www.farina1709.com

An Farina

Öffnungszeiten:
Mo. – Sa. 10.00 – 18.00,
So. 11.00 – 16.00

Rathaus und Mikwe gegenüber liegt das Gebäude »An Farina« mit Läden, Büros und Wohnungen. Im Innenhof steht der **Frauenbrunnen**, eine Rundsäule, die die Kölner Frauen im Wandel der Geschichte darstellt. »An Farina« wurde in Anlehnung an das nebenstehende Gebäude der Familie Farina benannt. An dieser Stelle produzierte ab 1723 **Johann Maria Farina** (1685 – 1766), der Erfinder des Kölnisch Wassers, seine Duftwässerchen (► Baedeker Special, S. 104)). In ihren Räumen lässt die **älteste Parfümfabrik der Welt** mit zahlreichen

Bildern, Dokumenten und Exponaten die 300-jährige Geschichte des Kölnisch Wassers lebendig werden.

Gülichplatz ►

Auf den Parfümflaschen steht bis heute als Firmenbezeichnung »Farina gegenüber«, ungekürzt »gegenüber dem Jülichsplatz«. Gemeint ist eine kleine Freifläche, heute »Gülichplatz« an der Ecke Obenmarspforten/Quatermarkt. Hier stand das Haus des Kaufmanns Nikolaus Gülich, der einen Aufstand gegen den korrupten Rat anführte und 1683 – 1685 die Macht in der Stadt ausübte. Nach seinem Sturz mit der Hilfe kaiserlicher Truppen wurde der Abriss seines Hauses verfügt. Die Fläche durfte nicht wieder bebaut werden – stattdessen errichtete man eine Schandsäule mit dem von einem Schwert durchbohrten Kopf Gülichs. Die französischen Revolutionstruppen entfernten dieses Mahnmal. Seit 1913 ziert der **Fastnachtbrunnen** von Georg Grasegger den Platz. Auf dem bronzenen Beckenrand ist ein Vierzeiler von Goethe zu lesen, den der Dichter 1825 nach einem Besuch in Köln zur Karnevalszeit verfasste.

★ Rautenstrauch-Joest-Museum

G/H 7

Lage: Cäcilienstr. 29
Straßenbahn: 1, 3, 4, 9, 16, 18 (Neumarkt)
Bus: 136, 146
Innenstadtplan: C 2
Internet: www.museenkoeln.de/rautenstrauch-joest-museum

Im 2010 eröffneten Kulturforum präsentiert Nordrhein-Westfalens einziges Völkerkundemuseum die Kulturen der Welt mit einem attraktiven, modernen Ausstellungskonzept.

Öffnungszeiten: Di. – So. 10.00 – 18.00, Do. 10.00 – 20.00
Führungen: Sa 15.00, So. 11.00 und 15.00

Eine radikale Verjüngungskur mit zeitgemäßer Präsentation in einem gelungenen Neubau hat das 1906 eröffnete Rautenstrauch-Joest-Museum verwandelt. Die Sammlung geht auf Stiftungen des Naturwissenschaftlers und Weltreisenden **Wilhelm Joest** und seines Schwagers **Eugen Rautenstrauch**zurück. Um seinen neuen Beinamen **»Kulturen der Welt«** gerecht zu werden, hat das Museum eine Auswahl aus seinen riesigen Beständen zu einem **Themenparcours** unter dem Titel **»Der Mensch in seinen Welten«** gestaltet. Dazu gehören inszenierte Raumeinrichtungen und ein gut konzipierter Einsatz multimedialer und interaktiver Ausstellungstechnik. Bedeutende Kollektionen aus Ozeanien, Süd- und Ostasien, Afrika, dem Vorderen Orient und von den präkolumbischen Hochkulturen Mittel- und Südamerikas bilden die Grundlage einer Präsentation, die Verständnis für andere Lebensweisen und ästhetische Vorstellungen weckt und sie in Beziehung zu unserer Lebenswelt setzt.

»Die Welt erfassen« ►

Den Auftakt bildet in der Eingangshalle das größte Objekt der Sammlung, ein prächtiger Reisspeicher von der indonesischen Insel Sulawesi. Es folgen im Erdgeschoss ein »Prolog« mit Begrüßungsfor-

Das Wahrzeichen des Rautenstrauch-Joest-Museums ist ein Reisspeicher von der indonesischen Insel Sulawesi.

men aus unterschiedlichen Kulturen und eine musikalische Einstimmung mit historischen Gamelan-Instrumenten sowie einem Schattenspiel aus Indonesien. Das erste Obergeschoss widmet sich vier Themenbereichen unter dem gemeinsamen Oberbegriff »Die Welt erfassen«. Die Erforschung außereuropäischen Kulturen im 19. Jh. wird an den Beispielen der Kölner Ethnologen und Sammler **Wilhelm Joest** und **Max von Oppenheim** erläutert. Anschließend werden Vorurteile über andere Kulturen und die Aufgaben ethnologischer Museen unter die Lupe genommen. Der Bereich »Ansichtssachen?! Kunst« zeigt geschnitzte Masken und Figuren aus Afrika, Mittelamerika, Ozeanien und Fernost. Türen aus aller Welt sind das Sinnbild für den Bereich »Übergang«.

◄ »Die Welt gestalten«

Dann geht der Parcours weiter mit fünf zum Themenkomplex »Die Welt gestalten« zusammengefassten Bereichen, beginnend mit einem osmanischen Wohnraum aus Kayseri, einem Zelt der Tuareg und einem Männerhaus aus Westneuguinea als Beispiele für Lebensräume. Im zweiten Obergeschoss geht es zuerst um die Rollen von Kleidung und Schmuck, um die Zugehörigkeit nach Geschlecht, sozialem Status, Abstammung usw. zu verdeutlichen. Im Bereich »Tod und Jenseits« sind unter den vielfältigen Gedenk- und Bestattungsformen ein spektakulärer, für das Museum eigens angefertigter weißer Stiersarg und ein Lotosthron aus Bali besonders hervorzuheben. Nach Exponaten über die Vielfalt der Religionen werden Rituale – für Initiation

und Fruchtbarkeit, gegen Krankheit und Dämonen – thematisiert, wobei Karnevalsmasken aus dem deutschsprachigen Raum und Italien den Bezug zwischen Europa und anderen Erdteilen herstellen.
Die Abfolge unterschiedlich gestalteter Ausstellungsräume, hell und dunkel, groß und klein, in sich geschlossen oder mit Blick durch ein riesiges Fenster auf die Straße, sowie der Einsatz von Ton, Filmen, Rauminstallationen und einer breiten Palette interaktiver Bildschirmdarstellungen, vermitteln große Themen auf eine recht anschauliche Weise. Im Foyer gibt es zudem einen nützlichen Audioguide, auch als Juniorversion, und in der **Bibliothek** können Interessierte ihr Wissen vertiefen.

Rheinuferpromenade

F/H 8

Lage: zwischen Zoo- und Severinsbrücke **Innenstadtplan:** A – D 4/5

Entlang des Rheinufers ziehen sich sowohl rechtsrheinisch als auch linksrheinisch schöne baumbestandene Promenaden, die besonders an Wochenenden und Feiertagen halb Köln zum Spazierengehen anlocken.

Linksrheinische Flaniermeile

Das für Kölnbesucher attraktivste Teilstück der linksrheinischen Promenade, die im Norden bis Niehl und im Süden weit über das Kölner Stadtgebiet den Rhein hinaufführt, liegt zwischen der Zoo- und der Severinsbrücke. Dort bietet sich nicht nur ein wechselnder Panoramablick auf Köln, sondern auch die Gelegenheit zu einem Abstecher in eines der vielen Cafés, traditionellen Brauhäuser oder kölschen Kneipen in der Altstadt.

Konrad-Adenauer-Ufer ►

Bei der Zoobrücke, an die die ► Flora und der ► Zoo grenzen, beginnt das Konrad-Adenauer-Ufer, das sich bis zur Hohenzollernbrücke beim Dom erstreckt. Auf dem Weg in Richtung Altstadt kommt man zunächst an der **Bastei** (Konrad-Adenauer-Ufer 80) vorbei, einem expressionistischen Rundbau des Kölner Architekten **Wilhelm Riphahn** von 1924 mit einer breiten, sternförmigen Plattform, die weit über die Promenade auskragt. Das einstige Gourmetrestaurant wird heute für Tagungen, Feste und Veranstaltungen genutzt. Wenige Schritte weiter ragen die Türme von ► St. Kunibert auf. Richtet man den Blick auf die andere Rheinseite, sieht man den Tanzbrunnen im Rheinpark und die Messe (► Deutz). Nachdem man die Hohenzollernbrücke passiert hat, beginnt die attraktive **Frankenwerft** (► Altstadt), die in der Nähe des ► Museums Ludwig beim Dom beginnt und bis zur Deutzer Brücke an hübschen Altstadthäusern mit Gartencafés und -restaurants, an engen, kopfsteingepflasterten Altstadtgassen und an ► Groß St. Martin vorbeiführt.
Weiter in Richtung **Rheinauhafen** kommt man an ► St. Maria Lyskirchen und dem ► Schokoladenmuseum vorbei.

Rodenkirchen

L/M 9/10

Lage: Linksrheinisch; südlich der Rodenkirchener Brücke

Straßenbahn: 16

Rodenkirchen ist ein beliebtes Ziel von Ausflügen mit dem Rheinschiff oder Fahrrad. Es gibt einladende Gaststätten und am westlichen Ortsrand den ausgedehnten Forstbotanischen Garten.

Geschichte

Die erste urkundliche Erwähnung von Rodenkirchen datiert aus dem Jahr 989, aber eine Legende geht in die späte römische Zeit zurück. Der erste Bischof von Köln, Maternus, war der Überlieferung zu Folge zugleich Bischof von Tongern und Trier. Nach seinem Tod erhoben alle drei Städte den Anspruch auf seinen Leichnam. Die Erscheinung eines Engels schlichtete den Streit: Man solle den Sarg in ein Boot setzen und dem Himmel die Entscheidung überlassen. Weder blieb das Boot nicht am Ufer in Köln, noch bewegte es sich rheinabwärts, sondern trieb gegen die Strömung in südlicher Richtung bis nach Rodenkirchen: eine klares Zeichen zugunsten der Trierer. So kamen die Gebeine an die Mosel, und die **Kapelle Alt St. Maternus am Rheinufer** in Rodenkirchen bleibt als Erinnerung. Die kleine, weiß getünchte Kapelle aus der zweiten Hälfte des 12. Jhs. wurde im 15. Jh. um ein südliches Seitenschiff erweitert.
Fachwerkhäuser und Gassen rund um St. Maternus verbreiten noch die Atmosphäre eines alten Rheindorfs. Unter den Ausflugslokalen sind insbesondere das historische »Zum Treppchen« und die schwimmende Gaststätte »Alte Liebe« zu erwähnen, Letztere im Schatten der Rodenkirchener Autobahnbrücke.

Bauhaus-Architektur

Ein kurzer Spaziergang rheinaufwärts führt zur »Siedlung des Neuen Bauens«. Die Villen von Theodor Merrill, Josef Op Gen Oorth und Hans Schumacher, errichtet in einem ehemaligen Parkgelände, stammen aus den 1920er- und 1930er-Jahren und sind Bauhaus-Gebäude reinsten Stils. Zwar musste eines der weiß verputzten, zwei- bis dreigeschossigen Häuser inzwischen weichen, das Bauensemble ist jedoch nach wie vor sehenswert (Uferstraße, Walther-Rathenau-Str., Im Park).

Forstbotanischer Garten

Etwas weiter ist der Weg zum Forstbotanischen Garten (800 m Fußweg ab Straßenbahnhaltestelle Rodenkirchen oder Bus 135 ab Rodenkirchen Uferstr. oder Rathaus bis Schillingsrotter Str.). Hier blühen Azaleen und Rhododendren im Frühling, ein vielfältiger Baumbestand sorgt für Schatten im Sommer und Farbenpracht im Herbst. Zum Garten gehört der 20 ha große **Friedenswald** mit Bäumen aus über 100 Ländern (Öffnungszeiten: April – Aug. tgl. 9.00 – 20.00, Nov. – Feb. bis 16.00, März, Sept., Okt. bis 18.00 Uhr).

★ Römische Grabkammer

Ausflugsziel

Lage: Aachener Str. 1328, Köln-Weiden

Bus: 141, 963 (Frechener Weg), ab Weiden: Straßenbahnlinie 1

Die Mitte des zweiten Jahrhunderts erbaute Gruft einer römischen Gutsherrenfamilie gehört aufgrund ihrer gut erhaltenen Ausstattung zu den bemerkenswertesten ihrer Art diesseits der Alpen.

Öffnungszeiten: Di. – Do. 10.00 – 13.00, Fr. 10.00 – 17.00, Sa. und So. 13.00 – 17.00

Die 1843 entdeckte Grabkammer gehörte zu einer bis heute nicht gefundenen römischen Villa rustica. Über eine steile, im Halbdunkel liegende Treppe gelangt man von dem kleinen Vorraum in die etwa 12 m² große Gruft. Die Anlage der Grabkammer 6 m unter der Erdoberfläche entspricht der eines römischen Speisezimmers und drückt damit die Hoffnung auf ein angenehmes Leben nach dem Tod aus: Drei Klinen (Liegen), auf die man sich beim Mahl legte, sind in die Wände eingearbeitet und mit Marmor ausgelegt, in den Raumecken stehen zwei Kalksteinnachbildungen von Korbsesseln. Porträtbüsten eines Ehepaars und einer jungen Frau stehen auf den Klinen. Die 29 kleinen Wandnischen waren für Urnenbestattungen gedacht.

Antiker »Jahreszeiten«-Sarkophag in Köln-Weiden

Der **Marmorsarkophag** stammt aus dem 3. Jh. und stand ursprünglich in einem kleinen Grabtempel über der Grabkammer. Nachdem die Gruft in Vergessenheit geraten und ihr Gewölbe eingestürzt war, rutschte der Sarkophag in die untere Kammer ab. Sarkophag und Grabkammer folgen unterschiedlichen Bestattungstraditionen: Nach dem 2. Jh. wurden die Toten nicht mehr beerdigt, sondern verbrannt. Die Urnennischen der Grabkammer folgen also der jüngeren, der Sarkophag einer älteren Tradition. Auf dem Sarkophag finden sich Darstellungen des bestatteten Paares sowie Personifizierungen der Jahreszeiten.
Im Ausstellungsraum über der Grabkammer werden die Grabbeigaben gezeigt und anhand von Fotografien und Schautafeln die Entstehung und Bedeutung der Totenstätte erläutert.

Römische Stadtmauer

G/H 7

Lage: siehe Karte S. 27

Kurz nachdem das »oppidum ubiorum« 50 n. Chr. auf Veranlassung der Agrippina, der Gemahlin von Kaiser Claudius, das römische Stadtrecht erhalten hatte, wurde mit dem Bau der fast 4 km langen, mit 9 Stadttoren und 19 Wehrtürmen besetzten Mauer begonnen, von der an vielen Stellen der Stadt noch Reste zu sehen sind.

Römische Mauerreste

Die Mauer bestand aus je einer inneren und äußeren Schale aus behauenen Feldsteinen und zementartigem Schüttmauerwerk dazwischen. Sie schützte Köln bis das Stadtgebiet im Jahre 1106 erweitert und die ► mittelalterliche Stadtmauer nach einer erneuten Erweiterung 1180 gebaut wurde. Im Folgenden werden die wichtigsten Reste der Römermauer aufgeführt:

◄ Nordtor

Das Nordtor befand sich auf der Straße »An der Burgmauer«, etwa gegenüber dem Eingang des Fremdenverkehrsamtes beim Dom. Es hatte drei Durchgänge, einen mittleren von 5,60 m Breite und 8,60 m Höhe, der heute im ► Römisch-Germanischen Museum steht, und zwei flankierende Seiteneingänge von knapp 2 m Breite. Im 12. Jh. baute man das Tor zum Haus des Domdechanten um, das bis 1826, als man den mittleren Torbogen abriss, erhalten blieb. Anfang der 1970er-Jahre stellte man einen der beiden Seitendurchgänge des Nordtores in der Nähe seines alten Platzes auf der nordwestlichen Domplatte auf, wo er heute zu besichtigen ist.

◄ Mauerreste in der Domgarage und unter dem Dom

Nahe der Einfahrt in die Domgarage von der Trankgasse aus sind Reste der Stadtmauer frei zugänglich. Fundamente römischer, karolingischer und romanischer Bauten sind weiter östlich unter dem Dom entdeckt worden, die im Rahmen einer vom **Domforum** (Domkloster 3) organisierten Führung zu besichtigen sind (Tel. 92 58 47 20).

Der Römerturm nahe dem Zeughaus, der besterhaltene Rest der antiken Stadtmauer, dient heute als Ausstellungsraum einer Kunstgalerie.

Lysolphturm ► Der Name dieses Rests der römischen Stadtbefestigung in der Komödienstraße/Ecke Nord-Süd-Fahrt stammt aus dem Mittelalter, als die **Familie Lysolph** den Turm bewohnte. Freigelegt wurde das sehr gut erhaltene Mauerwerk 1964 beim Bau der U-Bahn.

Mauerrest am Zeughaus ► Der Kern der Mauer des ► Zeughauses zur Straße »An der Burgmauer« hin ist römisch (nicht sichtbar). Der Römerbrunnen östlich des Zeughauses, der 1915 geschaffen, im Zweiten Weltkrieg zerstört und 1955 wieder errichtet wurde, zeichnet die Form eines Turms der römischen Stadtmauer nach; an seinen Wänden finden sich Porträts römischer Kaiser sowie eine Inschrift aus den »Annalen« des **Tacitus**, die sich auf Köln bezieht. Die Mauer westlich des ► Zeughauses ist römisch.

Römerturm, Helenenturm ► Weiter westlich erreicht man den bedeutendsten Überrest der römischen Stadtmauer, den Römerturm (► Zeughaus). Der Helenenturm, der vermutlich einzige Halbturm der Römermauer, liegt wenige Schritte entfernt in der St.-Apern-Straße/Ecke Helenenstraße. Er war zur Stadt hin offen.

Mauritiussteinweg ► Am Mauritiussteinweg ist zwischen den Häusern Nr. 18 bis 52 ein – nach Osten hinter den Häusern gelegenes – 140 m langes Mauerstück erhalten.

Duffesbach ► Die Straßennamen **Rothgerberbach**, **Blaubach** und **Mühlenbach** kennzeichnen den – heute unterirdischen – Verlauf des Duffesbaches, dessen ansteigendes Nordufer zur Anlage der südlichen Stadtmauer diente. In dem gesamten Bereich sind Mauer- und Turmreste erhalten; über weite Strecken wird der alte Mauerverlauf durch moderne Backsteinmauern gekennzeichnet.

Der quadratische Turm unter dem Haus an der Malzmühle 1/Ecke Mühlenbach wurde im Jahr 4 n. Chr. zur Zeit des »oppidum ubiorum« errichtet. Er ist der erste römische Befestigungsturm nördlich der Alpen. Neben den Turmresten ist – als Außenstelle des ► Römisch-Germanischen Museums – ein kleiner Ausstellungsraum eingerichtet worden, in dem zahlreiche architektonische Funde aus der Umgebung gezeigt werden.

◄ Ubiermonument

Öffnungszeiten: n. V. Tel. 245 42

★★ Römisch-Germanisches Museum

G 7

Lage: Roncalliplatz 4
Straßenbahn: 5, 16, 18 (Dom/Hbf)
Bus: 132
Innenstadtplan: B 3/4
Internet: www.museenkoeln.de/roemisch-germanisches-museum

Erbaut über den Resten einer römischen Stadtvilla aus dem dritten nachchristlichen Jahrhundert, das Museum präsentiert neben Fundstücken zur römischen und merowingischen Epoche der Stadt auch eine umfangreiche urgeschichtliche Sammlung und bedeutende Glas- und Schmuckkollektionen.

Im Ausstellungsbereich wurde auf die Anlage eines Rundgangs verzichtet, stattdessen wurden die Exponate zu Themengruppen – u. a. Kunst, Handel, Reisen, Militär und Religion – zusammengestellt.
Vom Treppenhaus aus sieht man das berühmte **Dionysosmosaik**, das 1941 beim Bau eines Luftschutzbunkers entdeckt wurde. Bereits **Albertus Magnus** (► Berühmte Persönlichkeiten) hatte im 13. Jh. anlässlich eines Besuchs der Dombauarbeiten von »prächtigen Fußböden aus heidnischer Zeit« in den Ausschachtungen berichtet. Das 10,5 × 7 m große und aus rund 1,5 Mio. Steinchen geschaffene Mosaik (ca. 20 000 pro m²) bildete den Fußboden eines Saales in einem römischen Peristylhaus (Haus mit Innenhof und Säulenumgang) des 1. – 3. Jhs., das mit 40 × 65 m in etwa die Ausdehnung des heutigen Museums hatte. Tanzszenen, Figuren, Früchte und Tiere stellen den Kult des Wein- und Fruchtbarkeitsgottes Dionysos dar, der sich, in der Mitte des Mosaiks, betrunken auf einen Satyr stützt. Nicht geklärt ist die Frage, ob in dem Saal rauschende – dionysische – Feste stattfanden oder ob es sich um einen Repräsentationssaal handelte, in dem das Mosaik nur eine visuelle Einladung zu Lebensgenuss und Lebensfreude aussprechen sollte.

Öffnungszeiten: Di. – So. 10.00 – 17.00
Führungen: So. 11.30

Poblicius-Grabmal

Über dem Dionysosmosaik ragt das eindrucksvolle, 1967 bei Ausschachtungen am Chlodwigplatz entdeckte Grabmal des Poblicius auf. Das 14,6 m hohe Monument ließ sich der offenbar sehr wohlhabende **Lucius Poblicius** – sein Name findet sich in der Inschrift auf der Frontseite – um das Jahr 40 n. Chr. errichten. Publi-

Highlights des Römisch-Germanischen Museums: Poblicius-Grabmal und Dionysosmosaik

cius selbst steht zwischen zwei weiteren Figuren in dem von korinthischen Säulen getragenen Obergeschoss des Grabmals.
Reliefszenen mit Darstellungen aus dem Dionysoskult auf beiden Seiten des Grabmals stehen für die Hoffnung auf ewiges Leben und Glückseligkeit.
Die Exponate im **Untergeschoss** vermitteln mit Gebrauchskeramik, Möbeln, Spielzeug und Küchengeräten Einblicke in den Alltag der Römer. Zahlreiche Grabstelen und Grabbeigaben illustrieren den römischen Totenkult.
Im **Obergeschoss** behandeln verschiedene Themeninseln u. a. die Bereiche Religion, Kunst, Architektur, Politik und Handel aus der Vor- und Frühgeschichte Kölns bis zur fränkischen Herrschaft.
Ein Höhepunkt der Ausstellung ist die **Glassammlung** des Museums, die größte Sammlung dieser Art in Europa. Ein einzigartiger Schatz ist das **Diatretglas** (um 340 n. Chr.), ein Glas mit einem herausgeschliffenen feinen Netzwerk. Die Herstellung dieser Art von Glasarbeit, einer der kostbarsten der römischen Kaiserzeit, erforderte ungeheures Geschick und viel Zeit: Aus einem dickwandigen Glasrohling schliff man Ornamente und Buchstaben so aus dem Glas heraus, dass diese nur noch durch dünne Stege mit dem dünnwandigen Glaskörper verbunden waren. Das Kölner Diatretglas trägt die griechische Inschrift »Trinke, damit du immer gut lebst«. Eine der wenigen Produktionsstätten solcher wertvollen Gläser befand sich wahrscheinlich in Köln. Eine Besonderheit im Kölner Raum waren auch die **Schlangenfadengläser**: Pokale und Flaschen mit aufgelegten farbigen Fäden.

Philosophenmosaik ►

In dem Raum gegenüber der Glaskollektion liegt das Philosophenmosaik aus dem 3. Jh., das 1844 im Garten des Bürgerspitals gefunden wurde. Das 7 × 6,8 m große Mosaik besteht aus ca. 2 Mio. Steinchen und stellt die griechischen Philosophen und Dichter Diogenes, Kleobulos, Sokrates, Cheilon, Sophokles, Platon und Aristoteles dar; die Bildnisse der beiden Letzteren sind Ergänzungen des 19. Jahrhunderts.
Hervorzuheben unter den vielen Exponaten der Themeninseln sind auch die Porträts des Kaisers **Augustus** und der Kaiserin **Livia**, unter deren Herrschaft Köln gegründet wurde, und die Büste des Kaisers **Claudius**, der Köln die Stadtrechte verlieh. Sehenswert ist zudem die Rekonstruktion eines römischen Reisewagens.

Südlich des Treppenhauses markiert der Bogen des römischen Nordtores (► Römische Stadtmauer) den Beginn der Römerzeit. Die vier Buchstaben CCAA nennen den Namen des römischen Köln und fassen gleichzeitig seine Entstehungsgeschichte zusammen: C(o-lonia) = Stadt römischen Rechts; C(laudia) = gegründet zur Zeit des Kaisers Claudius; A(ra) = mit Altar des Kaiserkults; A(grippinensium) = auf Veranlassung der Agrippina (die in Köln geborene Gemahlin des Kaisers Claudius bewirkte die Verleihung der Stadtrechte). Direkt dahinter beherbergt der Nachbau eines römischen Turmes einen Raum für kleine Sonderausstellungen.

◄ Nordtor

Die **Schatzkammer** birgt römischen und völkerwanderungszeitlichen Schmuck. Sie befindet sich hinter der Studiengalerie, in der Bronzegerät, Münzen und Tonlampen ausgestellt sind.

Der Römerturm in der Nähe des ► Zeughauses, der römische und fränkische Friedhof unter der Kirche ► St. Severin und die ► Römische Grabkammer in Köln-Weiden sind Außenstellen des Römisch-Germanischen Museums.

◄ Außenstellen

★★ Schloss Augustusburg

Ausflugsziel

Lage: Brühl, 13 km südlich von Köln
Bahn: Brühl Bhf. (das Schloss liegt vis-à-vis vom Bahnhof)
Internet: www.schlossbruehl.de
Straßenbahn: 18 (Brühl Mitte)
Anfahrt: Mit dem Auto über die A 553 bis Abfahrt Brühl-Ost

Die Schlösser Augustusburg und Falkenlust, auf halbem Weg zwischen Köln und Bonn in dem Städtchen Brühl gelegen, gelten als Höhepunkte des Rokoko und dienten als Vorbilder für viele deutsche Fürstenhöfe, die in dieser Zeit errichtet wurden.

Die beiden Schlösser samt ihren Gärten wurden 1984 von der Unesco in die Liste der Weltkulturdenkmäler aufgenommen. Ursprünglich diente hier eine 1284 erbaute Wasserburg den seit 1288 immer wieder aus Köln vertriebenen Erzbischöfen als eine ihrer Residenzen; 1689 wurde die Burg von französischen Truppen zerstört. Der Wittelsbacher **Clemens August** (1700 – 1761), Kurfürst und Erzbischof von Köln, der politisch nicht sehr geschickt, wohl aber den Künsten und der Falkenjagd zugetan war, legte 1725 den Grundstein zum heutigen Schloss. Das ursprüngliche Konzept der Anlage stammt von dem westfälischen Barockbaumeister **Johann Conrad Schlaun**, dessen Entwurf jedoch von **François de Cuvilliés**, der 1728 die Leitung des Neubaus übernahm, stark abgewandelt wurde. Außer den Architekten wurden weitere prominente Künstler für die Gestaltung des Schlosses engagiert, z. B. **Balthasar Neumann** für das Treppenhaus und der lombardische Maler **Carlo Carlone** für einige Deckengemälde. 1768 waren die Bauarbeiten abgeschlossen.

Führungen:
Feb. – Nov.
Di. – Fr.
9.00 – 12.00,
13.30 – 16.00,
Sa. und So.
10.00 – 17.00

Man nähert sich dem Schloss von Osten her. Hier erkennt man die U-förmige Anlage der Schlaun'schen Konzeption mit Nord- und Südflügel, die den Ehrenhof flankieren. Die Ostfassaden der beiden Flügel sind in der Barockgestaltung Schlauns erhalten. Unter Cuvilliés' Bauleitung wurde die Südseite zur Schaufassade; weil jedoch Cuvilliés die bereits vorhandene Bausubstanz nur abänderte, ist die Südfassade asymmetrisch.

Ausstattung ►

Der Schlosseingang liegt im Nordflügel; man betritt das Gebäude vom Ehrenhof her. Beachtung verdient vor allem das einzigartige Treppenhaus Balthasar Neumanns, das mit Marmor, Stuck, Stucksäulen, Karyatiden (Gebälk tragende Statuen) und Carlo Carlones Deckenfresko »Großmut und Großherzigkeit des Clemens August« die Pracht absolutistischen Selbstverständnisses zum Ausdruck bringt. Auch die verschiedenen Räume im Obergeschoss des West- und Südflügels sind aufwändig ausgestattet. Das Untergeschoss beherbergt die Sommerwohnung des Fürstbischofs, die sich zur Gartenanlage hin öffnet. Einen kühlen Charakter erhalten die Räume durch die Verwendung blau-weißer Wandfliesen.

! *Baedeker* TIPP

Schlosskonzerte

Von Mai bis September finden im Schloss Augustusburg regelmäßig Konzerte statt. Nähere Informationen und die genauen Termine erhält man vom Verein der Brühler Schlosskonzerte unter Tel. 022 32 / 94 18 84 oder unter www.schlosskonzerte.de).

Parkanlage

Öffnungszeiten:
tgl. März, April, Sept., Okt. 7.00 – 19.00,
Mai – Aug. 7.00 – 21.00,
Nov. – Feb. 8.00 – 17.00

Der Schlossgarten ist ein typisches Beispiel eines **französischen Barockgartens**. Der Blick von Süden über den Achsenweg, den Spiegelweiher mit Fontäne und die inszenierte Landschaft des Gartens offenbart den absolutistischen Geist des 18. Jahrhunderts, der selbstherrlich Natur und Staat zu unterwerfen suchte.

Der Schöpfer der Gartenanlage war **Dominique Girard**, ein Schüler André Le Nôtres, der u. a. den Versailler Park entworfen hatte. 1842 wurde die Gartenanlage teilweise umgestaltet. Im Waldbereich entstand nach Plänen von **Peter Joseph Lenné** ein Landschaftsgarten nach englischem Vorbild, der durch Lichtungen, Freiflächen und Blickachsen geprägt ist.

Jagdschloss Falkenlust

Öffnungszeiten:
wie Schloss Augustusburg

Das 1,5 km südöstlich von Augustusburg liegende Jagdschloss kann ohne Führung besichtigt werden. Fürstbischof Clemens August war leidenschaftlicher Falkenjäger, wobei er die Falkenjagd auch symbolisch als Übung für Scharfsinn und Disziplin in der Staatsführung verstand. Für die Jagden, jedoch auch für geheime Verhandlungen und galante Abenteuer, wurde ab 1729 Falkenlust errichtet. Gestaltet wurde das Rokokoschlösschen von den Architekten **François de Cuvilliés** und **Michel Leveilly**. Bemerkenswert an der Ausstattung sind vor allem das Lackkabinett, das gekachelte Treppenhaus und das Spiegelkabinett.

Vorbild für die Fürstenhöfe des 18. Jahrhunderts: Schloss Augustusburg

Max Ernst Museum

Lage: Comesstr. 42 **Internet:** www.maxernstmuseum.lvr.de

Seit 2005 ehrt die Stadt Brühl ihren berühmtesten Sohn, den Künstler Max Ernst, in einem klassizistischen Dreiflügelbau aus dem 19. Jh., das mit Ergänzungsbauten zum Museum erweitert wurde. Der Dadaist und Surrealist Ernst (1891 – 1976) zog nach dem Ersten Weltkrieg nach Köln und lebte ab 1922 in Frankreich und den USA. Trotzdem ist es gelungen, in seiner Geburtsstadt ene umfangreiche Sammlung von Gemälden, Collages und Plastiken aus sieben Jahrzehnten künstlerischen Schaffens zusammenzutragen. Dazu gehören neben frühen dadaistischen und surrealistischen Arbeiten fast sein gesamtes grafisches Werk sowie 36 Bilder, die Ernst als Geschenke für seine Frau malte, und eine beachtliche fotografische Sammlung über sein Leben. Wechselausstellung im sechsmonatigen Turnus ergänzen die Dauerausstellung.

Öffnungszeiten:
Di. – So.
11.00 – 18.00

★ Schokoladenmuseum · Rheinauhafen

H 8

Lage: Rheinauhafen 1a
Internet: www.schokoladenmuseum.de
Innenstadtplan: D 4
Straßenbahn: 1, 7, 9 (Heumarkt)

Ein Leckerbissen für alle Naschkatzen ist das »Museum für Geschichte und Gegenwart der Schokolade«. Das Museum liegt am nördlichen Ende des Rheinauhafens. Die Mischung aus alten Hafengebäuden und moderner Architektur sowie die herrliche Lage am Rhein sind das Erfolgsrezept dieses neuen Stadtviertels.

Öffnungszeiten:
Di. – Fr.
10.00 – 18.00,
Sa. u. So.
11.00 – 19.00,
Führungen:
Sa. 14.00, 16.00,
So. 11.30, 13.00,
14.30, 16.00

Hans Imhoff, der damalige Besitzer der traditionsreichen Kölner Schokoladenfabrik Stollwerck, initiierte den Bau des Museums, das an Besucherzahlen alle anderen Kölner Museen bei Weitem übertrifft. Das im Jahr 1993 eröffnete Haus mit seiner zweistöckigen, halbrunden, abgeschrägten Glasfront und den Bullaugen an der Seite vermittelt den Eindruck eines gestrandeten Schiffes. Erreicht man aber die Drehbrücke, über die man zu dem Gebäude gelangt, erkennt man, dass der Architekt **Fritz Eller** moderne Architekturelemente mit der alten Bausubstanz des ehemaligen Hauptzollamtes kunstvoll verschmolzen hat.

Das **erste Schokoladenmuseum der Welt** weiht den Besucher auf 2000 m² Ausstellungsfläche anhand von Fotografien, Schautafeln, Exponaten und Produktionsmaschinen in die Geheimnisse der süßen Versuchung ein: Zunächst werden die Heimat des Kakaos und sein Anbau in den feucht-warmen Tropengebieten am Äquator und der Weg von der Kakaobohne zum Rohkakao vorgestellt. Im kleinen Tropenhaus gedeihen Kakaobäume und andere exotische Pflanzen. Im gläsernen Anbau des Museums ist die Schokolade auch schon zum Greifen nahe: Dort fahren, fallen und rollen diverse Pralinen- und Schokoladenvarianten durch eine vereinfachte Produktionsanlage, sodass Schritt für Schritt die Entstehung und Veredelung der süßen Köstlichkeiten nachvollzogen werden kann.

Eine leckere Schokowaffel gibt's frisch aus dem goldenen Schokoladenbrunnen.

Wem die bloße Betrachtung der Schokolade zu viel wird, macht einen Abstecher zum vergoldeten **Schokoladenbrunnen**, in dem ständig rund 200 kg warme, flüssige Schokolade sprudelt. Dort erhält jeder Museumsbesucher ein kleines Gastgeschenk: eine Waffel, die in den Schokobrunnen getaucht wird. Derart gestärkt, kann man sich den Exponaten auf den oberen Ausstellungsebenen widmen: Mit Figuren und Gefäßen präkolumbianischer Kulturen beginnt der Rundgang durch die verschiedenen Jahrhunderte des Kakaoanbaus und des Schokoladengenusses. Gezeigt werden u. a. wertvolles Porzellan, in dem das einstige Luxusgetränk serviert wurde, Werbeplakate und -schilder, historische Schokoladen-Verkaufsautomaten und sogar ein komplett ausgestatteter alter Schoko-Laden.
Anschließend kann man sich im **Museumsshop** im Foyer mit den neuesten Schokoladenkreationen des Museumssponsors »Lindt« eindecken oder im Café, das auch ohne Museumsbesuch zugänglich ist, bei einer Tasse Kakao den herrlichen Panoramablick über den Rhein genießen.

! *Baedeker* TIPP

Kino draußen

Den ganzen August über kann man im Open-Air-Kino beim Schokoladenmuseum Filme unter freiem Himmel anschauen. Ab 19.00 Uhr gibt es einen Biergarten, der die Wartezeit verkürzt, denn das Filmprogramm startet erst bei Einbruch der Dunkelheit.

✶ Deutsches Sport & Olympia Museum

Lage: Rheinauhafen 1
Internet: www.sportmuseum.info
Innenstadtplan: D 4
Straßenbahn: 1, 7, 9 (Heumarkt)

Die überflüssigen Kalorien aus dem Schokoladenmuseum lassen sich nur wenige Schritte weiter im 1999 eröffneten Sportmuseum wieder wegtrainieren. Auf etwa 2000 m² Ausstellungsfläche präsentiert das Museum mit über 3000 Exponaten, Modellen, Filmdokumenten und Schautafeln nicht nur die Geschichte und Höhepunkte des nationalen, internationalen und olympischen Sports von der Antike bis heute, sondern bietet den Besuchern auch die Möglichkeit, verschiedene Sportarten auszuprobieren.

Öffnungszeiten:
Di. – Fr.
10.00 – 18.00,
Sa. u. So.
11.00 – 19.00,
Führungen n. V.
unter Tel. 3360959

✶ Rheinauhafen

Der Rheinauhafen, der bei den beiden Museen beginnt, entstand 1892 – 1898. Zuvor erstreckte sich hier die kleine Insel **Rheinau**, auch »Werthchen« genannt, die bereits Mitte des 19. Jhs. mit dem Rheinufer verbunden wurde, um ein Hafenbecken zum Schutz der Schiffe bei Eisgang zu schaffen. Beim Ausbau in den 1890er-Jahren legte man Wert auf moderne Einrichtungen, d.h. große Lagerhäuser, Anbindung an das Schienennetz und hydraulisch betriebene Hafenkräne, sowie auf repräsentative Architektur, die an das goldene Zeitalter der Hansestadt Köln erinnern sollte. Die vollständige Sanierung seit 2002, die 2010 im Wesentlichen abgeschlossen war, zielte auf einen Wechsel von Alt und Neu, wobei unaufdringliche moderne Architektur erwünscht war, auf den Erhalt eines Hafencharakters durch die Wahl der Materialien, z.B. Stahl und Basaltpflastersteine, und durch spärliche Begrünung. Die gemischte Nutzung des 2 km langen und 200 m breiten Areals kombiniert Wohnraum mit Büros, Gastronomie und kulturellen Einrichtungen. Der Zugang zum Nordende der Hafenhalbinsel mit dem Schokoladen- und dem Sportmuseum erfolgt über eine alte Drehbrücke, deren Mechanismus im danebenliegenden **Malakoffturm** von 1855 verborgen ist. Der Turm gehörte ursprünglich zur preußischen Befestigungsanlage. Vor der Brücke erhebt sich die im Jahr 1908 von dem Kölner Bildhauer **Nikolaus Friedrich** geschaffene steinerne Skulptur des »Tauziehers«.

! *Baedeker* TIPP

Architekturspaziergänge

Der neue Rheinauhafen und andere architektonische Höhepunkte der Stadt lassen sich mit speziellen Führungen entdecken: Infos unter www.architektur-stadtfuehrung.de, Tel. 955 35 15 und www.archipedes-koeln.de, Tel. 46 96 825; Archipedes veranstaltet auch Privatführungen mit Taxi oder Boot.

Kranhäuser ►

Zum Fluss hin wechseln sich restaurierte historische Lagerhallen mit den spektakulärsten Neubauten des Projekts: drei 58 m hohe sog. Kranhäuser, die den Formen von **Lastenkränen nachempfunden** sind – entworfen von den Hamburger Architekten Bothe, Richter und Teherani. Getragen von einer ausgeklügelten Statik und jeweils einer schlanken Stütze auf der Rheinseite ragen die oberen fünf Geschosse 48 m von dem anderen Gebäudeteil zur Wasserkante hervor. Das nördliche Kranhaus birgt Luxuswohnungen, die beiden anderen Büroräume.

Weitere Gebäude ►

Zur Stadt hin, jenseits des Hafenbeckens, stehen das art'otel, eine mit Werken der koreanischen Künstlerin Seo geschmückte 4-Sterne-Herberge; das Kunsthaus Rhenania, ein ehemaliger Getreidespeicher, der zu Ateliers für 50 Künstler umgebaut wurde; und das zur Uferstraße hin durchlässige Rheinau ArtOffice.

Am südlichen Ende des Hafenbeckens steht das **Hafenamt** (1898) im neuromanischen Stil, dahinter das Krafthaus, das einmal die Quelle hydraulischer Kraft für 24 Hafenkräne war. Der lange, sechsgeschossige Bau zum Rhein hin, genannt **Wohnwerft**, nimmt Bezug auf das Thema Hafen als Umschlagplatz zwischen Wasser und Land: Alle Wohnungen erstrecken sich von der Uferseite bis zur Stadtseite durch die volle Breite des Hauses. Südlich steht auf der Stadtseite der **Bayenturm** (► Abb. S. 182), und einige Schritte weiter ist der Elisabeth-Treskow-Platz erreicht. Bei der Namensgebung der öffentlichen Räume im Rheinauhafen besann man sich auf bedeutende Frauen. Die Goldschmiedin **Elisabeth Treskow** restaurierte in der Nachkriegszeit den Schrein der Heiligen Drei Könige. Von ihr stammt auch ein sehr bekanntes Werk: die Meisterschale des Deutschen Fußballbunds. Das Haus direkt am Wasser mit der Außentreppe und den abgerundeten Ecke, eine **Artilleriebastion aus dem Jahr 1891**, wird heute als Goldschmiedatelier genutzt.

◄ »Siebengebirge«

Ein 1909 errichteter Gebäudekomplex grenzt an die Südseite des Elisabeth-Treskow-Platzes. Das rot gestrichene Haus mit Türmchen und Giebeln, das Rheinkontor, beherbergt seit dem Umbau Luxuswohnungen und ein Restaurant. Nebenan erstreckt sich eins der markantesten Bauwerke am Kölner Rheinufer, ein ehemaliges Lagerhaus, dass allgemein als »Siebengebirge« bezeichnet wird, weil es zur Stadtseite hin über sieben steile Giebeln verfügt. Es handelt sich um den ersten Betonbau mit Stahlskelett in Köln. Die Umnutzung zu Wohnraum stellte Denkmalschützer und Architekten vor einer besonderen Herausforderung, galt es doch, genug Tageslicht in das Innere des 22 m tiefen Gebäudes zu lassen und dabei dessen Bausubstanz und Charakter möglichst zu bewahren. Fenster wurden vergrößert, Balkone hinzugefügt, neue Dachfenster hinter Gittern in der Farbe der Schieferplatten kaschiert.

Die neu gebauten Kranhäuser sind historischen Lastenkränen nachempfunden.

Ähnlich schwierig war der Umbau des angrenzenden ehemaligen Silos, bis 1998 ein nationaler Notspeicher für Getreide. Es wurde fast komplett entkernt und bis in die Etage des mächtigen Dachhelms mit Büros neu ausgebaut. Der **KAP am Südkai**, ein 130 m langer Neubau mit Glasfassade, schließt im Süden den Komplex des Rheinauhafens ab. Wer so weit gekommen ist, kann hier bei einer Tasse Kaffee den Rheinblick genießen und einen denkmalgeschützen **Hafenkran** bewundern. **Herkules** konnte durch die Kraft von sechs Männern mit Handkurbeln und einem ausgefeilten Getriebesystem Lasten von bis zu 30 Tonnen heben. 1923 hievte Herkules seine berühmteste Ladung, die Domglocke »Dicker Pitter« (► Dom), von einem Lastkahn auf den Kai. Nach der Umstellung auf elektrische Kraft blieb Herkules bis Anfang der 1980er-Jahre in Betrieb.

? WUSSTEN SIE SCHON ...?

- ... dass im Rheinauhafen der mit 1,6 km längste unterirdische Parkplatz Europas zu finden ist? Nur in New York gibt es einen längeren. Die 2100 Stellplätze sind hochwassersicher bis zu einem »Jahrhundert«-Rheinpegel von 11,30 m.

Severinsviertel · Südstadt

H/J 7

Lage: Um die Achse Severinstraße
Straßenbahn: 15, 16 (Chlodwigplatz)
Bus: 132, 133

Das Severinsviertel ist eines der lebendigsten »Veedel« der Stadt. Kneipen, Cafés, Geschäfte und eine harmonische Mischung aus Urkölnern und Zugezogenen bestimmen seine Atmosphäre.

Beliebte Kneipen

Das Severinsviertel (im Volksmund »Vringsveedel«) entstand um die gleichnamige Kirche an der parallel zum Rhein führenden römischen Hauptstraße. Entlang dieser Straße und außerhalb der Stadt wurden Tote bestattet. Aufsehen erregte 1967 die Entdeckung des Poblicius-Grabmals (► Römisch-Germanisches Museum) am Chlodwigplatz; unterhalb der Kirche **St. Severin** sind heute Funde zugänglich, die eine christliche Vorgängerkirche aus dem 4. Jh. belegen.

✶ Severinstorburg

Das eindrucksvolle mittelalterliche Stadttor bildet den Eingang zur von Geschäften und Cafés gesäumten Severinstraße. Der über dem Toreingang aufragende, trapezförmige Turm wurde wenige Jahrzehnte nach dem Bau des unteren Abschnitts (Ende des 12. Jhs.) aufgesetzt. Im 15. Jh. fügte man dem Turm noch Geschützkammern an.
Wie bei der Hahnentorburg (► Mittelalterliche Stadtmauer) öffnet sich der Durchgang nach außen mit einem spitzen, zur Stadt hin mit einem runden Torbogen. Hinter dem Tor führt ein Abstecher nach rechts in den Severinswall und ermöglicht einen Blick auf die **Bottmühle**, eine der vier auf der mittelalterlichen Stadtmauer errichteten

Mühlen aus dem 17. Jahrhundert. Am Severinstor beginnt an Weiberfastnacht um 15.00 Uhr mit einem Historienspiel über Jan und Griet (► Altstadt, Alter Markt) der erste Karnevalszug, der über die Severinstraße zum Alter Markt führt.

Haus Balchem

In der Severinstraße trifft man auf die breite, weiß getünchte Fassade des Hauses Balchem (Nr. 15). Es gilt als das **schönste erhaltene Barockhaus Kölns** und wurde, wie die Jahreszahl im Giebel besagt, 1676 von dem Bierbrauer H. Deutz erbaut; der Name des Hauses erinnert an die ehemalige Kölsche Wirtschaft der Balchems an dieser Stelle. Die Fassade ist zwar barock gestaltet, doch der Geschossaufbau ist der eines Kölner Wohnhauses des Mittelalters: Über dem Erdgeschoss befindet sich ein Zwischengeschoss, zu dem auch der reich verzierte Erker gehört, darüber lag die Wohnetage. Die obersten Geschosse dienten als Speicher. Heute beherbergt das Gebäude eine Außenstelle der Stadtbücherei.

Schokoladenmädchen und Stollwerck-Fabrik

Schon wenige Meter weiter erreicht man den Severinskirchplatz und die Kirche St. Severin. Gleich vornean steht seit 1990 das »Schokoladenmädchen«an einem Brunnen. Die Skulptur erinnert an den ab der Mitte des 19. Jhs. für das Viertel ausschlaggebenden Wirtschaftsfaktor: die **Schokoladenfabrik Stollwerck**, in der viele Frauen angestellt waren. Das Unternehmen hatte bis zu den 1970er-Jahren etwas weiter östlich des Platzes um die Dreikönigenstraße sein riesiges Fabrikareal.

St. Severin

Lage: Severinstraße/Im Ferkulum 29 **Straßenbahn:** 15, 16 (Chlodwigplatz)
Bus: 132, 133

Öffnungszeiten: Mo. – Sa. 8.00 – 18.00, So. 9.00 – 12.00, 15.00 – 17.30

Auf dem römischen Gräberfeld entlang der Ausfallstraße zum Legionslager Bonn, der heutigen Severinstraße, bestand bereits Ende des 4. Jhs. eine kleine Kirche, die in den folgenden Jahrhunderten um Seitenschiffe und eine Vorhalle erweitert wurde. An ihrer Stelle entstand im 9. Jh. eine große, nach Osten ausgerichtete Basilika, die **Erzbischof Bruno** im Jahr 948 weihte. Im 11. Jh. wurde die Kirche um einen Langchor und eine große Hallenkrypta erweitert. Wesentliche Veränderungen erfuhr das Gotteshaus noch einmal im 13. Jh., als der salische Langchor gewölbt, die von seitlichen Türmen gefasste Apsis angefügt und das Langhaus erneuert wurde. Die zweigeschossige Wandgliederung der Chorapsis entspricht dem Typus der staufischen Choranlagen in

? WUSSTEN SIE SCHON ...?

- ... dass der hl. Severin Ende des 4. Jhs. in Köln als Bischof gewirkt hat? Als man seinen Sarkophag 1999 aus konservatorischen Gründen öffnen musste, kamen kostbare byzantinische Stoffe zum Vorschein. Zugleich bestätigte sich, dass es sich bei den Überresten um jene des über Jahrhunderte hinweg Verehrten handelte, der der Überlieferung nach der dritte Bischof von Köln war.

KÖLLE ALAAF!

Kölner Karneval, auf kölsch »Fastelovend« (Fastnacht), ist für die meisten Kölner die fünfte Jahreszeit und eine wilde und ausgelassene Liebeserklärung an ihre Stadt. Für den Fremden stellt sich der Karneval eher als eruptives Ereignis dar, das selbst das hinterste Zipfelchen der Stadt zum Beben bringt.

Die Wurzeln dieses Ereignisses, bei dem alles drunter und drüber geht, die Innenstadt gesperrt ist und dem (mehr oder weniger ahnungslosen) Fremden Absonderliches passieren kann, reichen weit zurück in die Stadtgeschichte.

Schon die Römer haben rauschhafte **Bacchanalien** oder **Saturnalien** – Bacchus war der Gott des Rausches und der Ekstase, Saturn der Gott des Ackerbaus und der Fruchtbarkeit – mit der zeitweisen Aufhebung der Standesordnung gefeiert. Zudem spielten die Vertreibung der Wintergeister und die Feier des herannahenden Frühlings eine Rolle.

Das Wichtigste scheint jedoch schon damals eine gewisse Ventilfunktion gewesen zu sein. Die Bezeichnungen Fastnacht oder Karneval weisen auf die christliche Umdeutung des Festes hin. An diesem seit dem 12. Jh. belegten Fest der vorösterlichen Fastenzeit durfte man sich noch einmal richtig austoben, um dann gesittet die 40 Tage Fastenzeit bis Ostern zu verbringen (Karneval: »carne vale« = Fleisch, lebe wohl).

Bauer, Jungfrau, Prinz

Die heutige Form des organisierten Karnevals mit Umzügen und Sitzungen entstand erst im 19. Jh., wenn auch der Ursprung weiter zurückreicht. So pflegten schon im Mittelalter Zünfte, Familien oder ganze Straßenzüge »Banden« zu bilden, die mit Musik und Masken durch die Straßen zogen. Den ersten Rosenmontagszug gab es 1823, als auch das **Dreigestirn** entstand, das in der Karnevalszeit Köln regiert: der Prinz als »Held Karneval«, die Jungfrau – dargestellt von einem Mann, verkörpert sie Colonia, die Stadt Köln – und der Bauer, der für das deftige, bisweilen etwas vulgäre Volkselement steht. Aus den Saufgelagen früherer Zeiten und den »Generalversammlungen« der Karnevalsorganisatoren im 19. Jahrhundert entstanden die heutigen **Sitzungen** mit Büttenreden, Liedern und Tänzen.

Ein wichtiges Element des Kölner Karnevals, die **Roten Funken**, waren ursprünglich (seit 1880) die Kölner Stadtsoldaten, mit denen man ironisch Bezug nahm auf Kölns reichs-

Karneval im Gürzenich

städtische Vergangenheit. Noch stärker ist der parodierende Bezug zum Militär bei den **Blauen Funken**, die die Uniform eines preußischen Dragonerregiments tragen. Die Lust an der Parodierung der Gesellschaftsordnung steckt auch im Werfen von »Kamellen« (Bonbons) und »Strüüßcher« (Sträußchen): Ähnlich pflegte in früheren Zeiten die adlige Obrigkeit Geld und Lebensmittel unters Volk werfen zu lassen.

Neben dem offiziellen Karneval gibt es noch den uralten, eruptiven **Fastelovend** in den alten Kölner Vierteln, der originaler ist als alles, was man im organisierten Karneval finden wird.

Vom 11. 11. ...

Der Karneval wird jedes Jahr am 11.11. um 11.11 Uhr auf dem Ostermannplatz eingeläutet. Im Januar wird der Prinz proklamiert; von nun an finden bis Aschermittwoch Bälle und Sitzungen statt. Endlich dann, an »Wieverfastelovend« (Weiberfastnacht, dem Donnerstag vor Rosenmontag, beginnt um 11.11 Uhr auf dem Alter Markt der **Straßenkarneval** – und die Frauen übernehmen die Herrschaft über die Stadt.

Nachmittags findet gegen 15.00 Uhr am Severinstor das Karnevalsspiel »Jan und Griet« statt. Die meisten Geschäfte und Behörden schließen spätestens nachmittags! Abends beginnen – wie an allen folgenden Tagen – Kostümbälle und Sitzungen.

Am Samstag wird gegen 11.00 Uhr der Biwak der Roten Funken auf dem Neumarkt aufgeschlagen; durch einige Stadtteile ziehen bereits Umzüge. Am Abend setzt sich der Geisterzug in Bewegung, eine rebellische Alternative zum Rosenmontagszug.

Meist ab 12.00 oder 13.00 Uhr ziehen sonntags die »Schull- un Veedelszöch« (Schul- und Viertelszüge) durch die Stadtviertel. Diese Züge, die erstmals 1933 veranstaltet wurden, gehen zurück auf die »Banden« des Mittelalters.

Der Rosenmontag ist der Höhepunkt des Karnevals. Mittags zieht der jedes Jahr unter einem Motto stehende **Rosenmontagszug** durch die Stadt. Es empfiehlt sich, möglichst frühzeitig einen Platz am Zugweg zu suchen. Von morgens früh an sind bereits **Jecken** unterwegs. Am Mittag des nächsten Tages finden Umzüge in den Vororten statt.

... bis Aschermittwoch

»Am Aschermittwoch ist alles vorbei ...« Um den strapazierten Magen zu erholen und sich auf die Fastenzeit einzustimmen, aber auch, damit nicht alles ganz so schnell vorbei ist, trifft man sich abends zum traditionellen Fischessen. Danach beginnt dann die schreckliche, die karnevalslose Zeit.

Köln. Die spätgotische Modernisierung des Langhauses (Netzgewölbe, Maßwerkfenster) fällt ins 15. und beginnende 16. Jahrhundert. 1526 wurde der Westturm vollendet.

Am westlichen Ende des südlichen Seitenschiffs ist das einzige mittelalterliche Glasgemälde (1508) der Kirche zu sehen. Es stammt vermutlich vom **Meister der Severinslegende** und zeigt eine Kreuzigung. Der Notname des Künstlers leitet sich von den um 1500 geschaffenen 20 Tafeln ab, die Szenen aus der Legende des Heiligen schildern; sie hängen im ersten Chorjoch. Beachtenswert sind in den Seitenschiffen einige Grabmäler der Stiftsherren. Vor dem nordwestlichen Vierungspfeiler steht eine anmutige Madonnenstatue aus dem späten 13. Jahrhundert. Über dem Vierungsaltar hängt ein Mitte des 14. Jhs. geschaffener Crucifixus dolorosus. Aus dem 12. Jh. stammt der Fußboden im westlichen Chorjoch mit geometrischen Mustern aus schwarzem und gelbem Marmor. Das Chorgestühl (13. Jh.) mit 62 Sitzen und schönem Schnitzwerk ist das älteste Kölns. Hinter dem Hochaltar steht etwas erhöht auf vier kleinen Säulen der **Severinsschrein**, der 1819 als Ersatz für den wertvollen, 1795 eingeschmolzenen Schrein aus dem 11. Jh. geschaffen wurde. Von dem mittelalterlichen Schrein besitzt das Diözesanmuseum (► Kolumba) noch eine runde Emailplatte, die den heiligen Severin zeigt.

Krypta ►

Vom nördlichen Seitenschiff aus gelangt man in die Krypta und den Ausgrabungsbereich, die beide nur im Rahmen von Führungen zugänglich sind. Die Hauptkrypta unter dem Chor lohnt wegen der dortigen Reste von **Wandmalereien** aus dem 13. Jh. einen Besuch. Ein eindrucksvolles Bild von der großen Zahl an Bestattungen, die es hier neben der alten Römerstraße gegeben hat, vermittelt der Ausgrabungsbereich. Die spektakulärsten Stücke der entdeckten Grabbeigaben sind heute im ► Römisch-Germanischen Museum ausgestellt. Deutlich zu erkennen sind in dem Gewirr von in- und übereinander gebauten Sarkophagen auch die Grundmauern der Vorgängerbauten.

Kartäuserkirche

Vom Severinskirchplatz zweigt die Straße An St. Magdelenen links ab und führt zur ehemaligen Kartause in der Kartäusergasse. Obwohl der Ordensgründer Bruno († 1084) aus Köln stammte, etablierten die Kartäuser erst 1335 ein Kloster in der Stadt. Von der einst weitläufigen Anlage blieben um die einschiffige gotische Kirche, 1365 bis 1393 erbaut, einige Gebäude im Hof und der kleine Kreuzgang mit Außenkanzel erhalten. 1510 entstand an der Nordseite der Kirche die **Marienkapelle** mit einem schönen Netzgewölbe. Der Thomas- und der Kreuzaltar im ► Wallraf-Richartz-Museum zeugen von der ehemals prächtigen Ausstattung.

Südstadt

Beliebtes Wohnviertel

Südlich des Chlodwigplatzes und der Ringstraße erstreckt sich die Neustadt-Süd, die ab dem späten 19. Jh. nach dem Abriss der mittelalterlichen Stadtmauer entstand. Dieses beliebte Wohngebiet, das zusammen mit dem historischen Severinsviertel als Südstadt bezeichnet wird, ist die Kulisse für eine lebhafte Kultur- und Gastronomieszene.

Alte Universität

Wenige Gehminuten vom Chlodwigplatz entfernt liegt in der Claudiusstraße nahe dem Rheinufer die Alte Universität, die heute eine Fachhochschule beherbergt. 1905 bis 1907 als Handelshochschule gebaut, zog schon 1919 die wiedereröffnete Universität in das Gebäude ein, die wegen Platzmangels jedoch bereits 1935 in die neue ►Universität in Lindenthal übersiedelte. Während des »Dritten Reiches« saß die »NSDAP-Gauleitung Köln-Aachen« in dem Komplex.

◄ Römerpark

Die Schauseite des neubarocken, schlossartigen Gebäudes öffnet sich zum Römerpark, der 1895 bis 1898 als Ersatz für die beim Bau des Rheinauhafens zerstörten Grünflächen angelegt wurde.

◄ Friedenspark

Im Süden grenzt der Friedenspark an den kleineren Römerpark. Der Friedenspark umschließt ein altes preußisches Fort von 1825, das 1926 zum Gefallenendenkmal umfunktioniert wurde. Der Park wurde in die Anlage der Wälle und Gräben der Festung eingefügt und zugleich nach den geometrischen Prinzipien des Jugendstils gestaltet.

Volksgarten

Im Zuge der Neustadtplanung legte man 1887 bis 1889 den Volksgarten an. Er dehnt sich an der Volksgartenstraße, an der noch etliche schöne Gründerzeitvillen stehen, im nördlichen Teil der Südstadt aus. Schöne Spazierwege schlängeln sich durch Baumgelände und Wiesen an einem umgebauten Fort der preußischen Stadtbefestigung vorbei, das heute als Künstleratelier dient, und umrunden den inmitten des Parks gelegenen lang gestreckten See, der gerne zum Bootfahren genutzt wird. Hübsch ist der allgemein zugängliche **Rosengarten** des Forts; das Volksgartenrestaurant und der Biergarten sorgen für das leibliche Wohl.

Stadtgarten · Neu St. Alban

G 6

Lage: Venloer Straße/Spichern-Straße
Inenstadtplan: A 1
Straßenbahn: 3, 4, 5 (Hans-Böckler-Platz)

Der Stadtgarten ist nicht nur wegen seiner schönen Anlage beliebt, sondern vor allem wegen seines Biergartens und des »Kölner Jazzhauses«, das durch sein Konzertangebot Furore gemacht hat.

Kölns ältester Park

Der Park wurde bereits 1827 bis 1829 angelegt und ist damit der älteste Park Kölns. Keine fürstliche Selbstdarstellung lag der Anlage des Parks zugrunde, sondern die Bürger selbst legten ihn an. Er ist nach der Art eines englischen Landschaftsgartens gestaltet und verfügt über einen schönen Baumbestand. An seiner Nordwestecke steht die Kirche Neu St. Alban.

Im Sommer stets eine gute Adresse: der Biergarten im Stadtgarten

Neu St. Alban Die architektonisch bemerkenswerte Kirche wurde 1957 – 1959 von **Hans Schilling** als Ersatz für die kriegszerstörte Kirche Alt St. Alban (► S. 257) errichtet. Als Baumaterial diente der Backstein des im Krieg zerstörten alten Opernhauses. Der Grundriss greift die seit den 1920er-Jahren übliche Parabelform auf.

Von besonderem Interesse ist die Gestaltung des Kirchenraums nach damals neuen liturgischen Vorstellungen: Der Altar ist so angeordnet, dass die Zelebration der Messe zum Gemeinderaum hin erfolgt (offiziell geschieht dies erst seit dem Zweiten Vatikanischen Konzil 1962 – 1965). Nach Norden ist eine Sakramentskapelle angefügt. Einige Ausstattungsstücke von Alt St. Alban sind in die neue Kirche gelangt: eine Kreuzigungsgruppe aus dem 16. Jh., die Apostelfiguren an der Orgelempore und darunter die Pietà aus dem 15. Jh., schließlich die schöne Barockkanzel.

★ St. Andreas

G 7

Lage: Andreaskloster (Domnähe)
Straßenbahn: 5, 16, 18 (Dom/Hbf)
Innenstadtplan: B 3
Bus: 132

St. Andreas vereinigt in reizvollem Kontrast rheinische Spätromanik mit französischer Hochgotik. Ihr achtseitiger romanischer Vierungsturm setzt wohl den bedeutendsten Akzent in der Domumgebung. Der schönste Blick auf die Kirche des Dominikanerordens eröffnet sich oberhalb der Komödienstraße von der nördlichen Domplatte aus.

Verschiedenfarbige Pfeiler schmücken das Langhaus von St. Andreas.

Die Kirche entstand 1200 über einer Klosterkirche des 10. Jahrhunderts. Zwischen 1200 und Mitte des 17. Jahrhunderts wurden einige Veränderungen und Erweiterungen vorgenommen, beispielsweise wurde 1414 der romanische Chor durch einen gotischen ersetzt. Dabei schüttete man die Krypta zu, die 1953 bei Restaurierungsarbeiten wiederentdeckt wurde. Vom 14. bis ins 16. Jahrhundert fügte man Kapellen an die Seitenschiffe an. Da St. Andreas im Zweiten Weltkrieg weniger stark beschädigt worden war, diente die Kirche zeitweilig als Ersatzkathedrale für den Dom, der erst 1948 teilweise wieder eröffnet werden konnte.

Öffnungszeiten:
Mo. – Fr.
7.00 – 19.00
Sa. u. So. ab 8.00

Die westliche Vorhalle gilt als **Glanzstück rheinischer Spätromanik**. Auf das gedrungene Langhaus mit romanischer, die Horizontale betonender Wandgliederung – mit bemerkenswertem Ornamentschmuck der Kapitelle – folgt die Vierungskuppel, die, angepasst an den ehemaligen Chor des 10. Jhs., tiefer sitzt als das Gewölbe des Mittelschiffs. Der anschließende Hochchor mit reich verzierten Konsolen ist nach dem Vorbild der Pariser Sainte-Chapelle völlig in Fenster aufgelöst.

◀ Ausstattung

Über den **Blutbrunnen der hl. Ursula** in der Vorhalle, einen Reliquienbehälter des 15. Jhs., soll das Blut der hl. Ursula und ihrer Gefährtinnen bei deren Märtyrertod geflossen sein. In der vorderen rechten Seitenkapelle ist die vom Meister von St. Severin um 1500 gemalte Altartafel der Rosenkranzbruderschaft zu sehen, die zum Dank für den Sieg über Karl den Kühnen gemalt wurde. Sie bekundet die Gründung der Bruderschaft durch **Jakob Sprenger**, einen der beiden Verfasser des berühmt-berüchtigten »Hexenhammers«, des 1487 erstmals veröffentlichten Kompendiums gegen das »Hexenwesen«. Zu Füßen der Maria knien Papst Sixtus IV. und Kaiser Friedrich III.; dargestellt ist auch Jakob Sprenger: links unten mit schwarzer Kopfbedeckung. An der Wand gegenüber hängt ein Flügelaltar von **Barthel Bruyn d. Ä.** aus dem 16. Jh.

In der Kapelle rechts vor dem Querhaus haben Wandmalereien aus dem 14. Jh. die Zeiten überdauert, z.B. eine Darstellung von »Christus als Weltenrichter« an der Ostwand hinter dem Altar. Eine Vitrine in der Mitte des südlichen Querhauses (Machabäerchor) präsentiert den **Machabäerschrein** von 1527. Der Schrein in der Form einer Kapelle enthält die Reliquien der machabäischen Brüder und ihrer Mutter. Er stammt wie der Blutbrunnen aus der abgebrochenen Machabäerkirche. Im Chor befinden sich ein bedeutendes Gestühl von 1420 mit geschnitzten Heiligenfiguren (die Apostel und Patrone Kölner Kirchen). Im nördlichen Querhaus (Marienchor) sind eine Darstellung der Kreuzigung des hl. Andreas (1658) und eine Pietà (14. Jh.) zu sehen. Die Figur des hl. Michael (15. Jh.) im Westen des Mittelschiffs und die überlebensgroße Skulptur des hl. Christophorus (um 1490) stammen wahrscheinlich von dem Kölner Stadtsteinmetz **Tilman van der Burch**. Die Marienkapelle an der Nordseite birgt mit ihren Szenen aus dem Marienleben (14. Jh.) einen bedeutenden Schatz gotischer Wandmalerei. Zwischen 2005 und 2010 erhielten Marien- und Machabäerchor zwölf neue Glasfenster, die **Markus Lüpertz** mit starker Farbgebung gestaltete. Die Fenster der Südseite beziehen sich auf die Machabäer (Makkabäer), jüdische Freiheitskämpfer, die als protochristliche Märtyrer gelten, die Fenster der Nordseite u.a. auf die Lehre des hl. Albertus Magnus.

Krypta ► Die Unterkirche aus dem 10. Jh. erhielt in der Nachkriegszeit eine durch Karl Band neu gestaltete Decke mit Lichtkuppeln. Hier ist in einem römischen Sarkophag der Universalgelehrte **Albertus Magnus** (► Berühmte Persönlichkeiten) bestattet, einer der bedeutendsten Theologen und Philosophen des Mittelalters.

St. Mariä Himmelfahrt

Lage: Marzellenstraße 32 **Innenstadtplan:** A 3

Ehemalige Jesuitenkirche

Der Geist der Gegenreformation wird in der ehemaligen Jesuitenkirche St. Mariä Himmelfahrt spürbar. Das reich ausgestattete Gotteshaus gilt als eines der bedeutendsten Beispiele für den jesuitischen Frühbarock. Die Jesuiten, die bereits ab 1544 in Köln nachweisbar sind, begannen im Jahr 1618 mit dem Bau einer Kirche. Die Pläne lieferte **Christoph Wamser**, finanziert wurde der Bau durch großzügige Schenkungen des Hauses Wittelsbach (Kölner Kurfürsten vom 16. Jh. bis Mitte des 18. Jhs.). Die Schlussweihe erfolgte 1678.

Programmatisch bringt die Kirche das Selbstverständnis der Jesuiten zur Zeit der Gegenreformation zum Ausdruck. Als Vorkämpfer für die Erneuerung des alten, »richtigen« Glaubens, sprich: der katholischen Kirche, entschieden sie sich für Rückgriffe auf vorreformatorische Baustile, insbesondere die Gotik, die mit Elementen des zeitgenössischen Barockstils verbunden wurde.

Die einheitliche Ausstattung, von **Jeremias Geisselbrunn** und **Valentin Boltz**, steht ganz im Zeichen der Marienverehrung. Der barocke Hochaltar von 1628 wird bekrönt von einer Madonna im Strahlenkranz; das 1643 für St. Aposteln geschaffene Altarblatt von **Johann Hulsmann** zeigt die Himmelfahrt Mariens. Eine bewusste Anlehnung an den Dom und die Tradition der katholischen Kirchenbaukunst in Köln sind die auf Konsolen stehenden Figuren an den Pfeilern des Langhauses (Christus als Erlöser und Maria als Himmelskönigin an den Vierungspfeilern, im Schiff die zwölf Apostel).

◄ Ausstattung

★★ St. Aposteln

G 7

Lage: Apostelkloster 10 (am Neumarkt)
Straßenbahn: 1, 3, 4, 7, 9, 16, 18 (Neumarkt)
Innenstadtplan: C 2
Bus: 136, 146

Die Apostelkirche, ein Meisterwerk des staufisch-romanischen Stils, ist berühmt wegen ihres Dreikonchenchores, der hier wohl zu seiner harmonischsten Form gefunden hat.

Ein erster Bau datiert aus dem 10.Jh.; im 11. Jh. ließ **Erzbischof Pilgrim** eine vermutlich nach Westen ausgerichtete Basilika knapp außerhalb der römischen Stadtmauer errichten, die als Klosterbegrenzung bis 1802 bestehen blieb. Der Westturm stammt aus dem 12. Jh. Ein Gegengewicht zum Westchor entstand nach 1192 mit dem **Kleeblattchor** im Osten, der wie derjenige von ►Groß St. Martin nach dem unübertroffenen Vorbild von ►St. Maria im Kapitol gestaltet wurde. Anfang des 13. Jhs. wurden die Schiffe der Basilika eingewölbt.

Öffnungszeiten:
Mi. – Mo.
10.00 – 12.00,
15.00 – 17.00

Die Kirche hat ihre Schaufassade nach Osten zum ►Neumarkt hin. Die kleeblattförmige Anlage der drei Konchen (halbrunde Nischenwölbungen) wird in dem zentralen achtseitigen Tambour des Vierungsturmes zusammengeführt, der von einer Laterne bekrönt wird. Der zentrale Turm wird von den beiden achteckigen, behelmten Türmen akzentuiert, die in den Nischen zwischen den drei Konchen stehen. Die reiche Horizontalgliederung entsteht durch die zweigeschossige Etagenanlage, die von einer umlaufenden Zwerggalerie abgeschlossen wird. Vom Neumarkt her passt sich der Westturm in den Hintergrund der Dachlandschaft ein, von Westen jedoch offenbart sich der ganz andere, festungsartige Charakter der Westgruppe, vom Volksmund auch als »Apostelklotz« bezeichnet. Das Rautendach des Westturms gilt als Urtypus dieses Daches in der staufischen Architektur.

◄ Schaufassade

Die gewaltige rechteckige Halle des Westwerks mit dem offenen Westturm und der Kleeblattchor im Osten zeigen trotz der unterschiedlichen Bauphasen ein harmonisches Gesamtbild. Unter der Orgelempore liegt die 1955 wieder freigelegte Krypta des 11./12. Jhs., links und rechts davon stehen barocke Statuen (18. Jh.) der heiligen

◄ Kirchenraum

Petrus und Paulus. Im Mittelschiff erkennt man am Buntsandstein der Pfeilerarkaden noch die Bauperiode des 11. Jhs., während die Friese und Gesimse aus Trachyt im 13. Jh. vorgeblendet wurden. Die geschickte Zusammenfassung der unterschiedlichen Räume ergibt sich nicht zuletzt durch die schrittweise Einwölbung der verschiedenen Bauteile. Die Gliederung der Außenseite der Kirche in Etagen wird im Innern vor allem im Kleeblattchor durch die horizontale Wandgliederung widergespiegelt: Der untere Bereich wird durch Nischen aufgelockert, der obere durch einen Laufgang.

Ausstattung ► Die Ausstattung ist im Vergleich zur Vorkriegszeit eher spärlich. Ein Gemälde im südlichen Seitenschiff und ein verbleibendes Mosaik im nördlichen Teil des Westquerhauses geben noch einen Eindruck von der Ausstattung des 19. Jhs. Unter dem Mosaik steht ein Schmerzensmann aus der Zeit um 1500. Im südlichen Westquerhaus befinden sich Statuen der vierzehn Nothelfer (16. – 18. Jh.) der nicht mehr erhaltenen Kapelle dieses Namens.

Nach der Zerstörung im Zweiten Weltkrieg der im 19. Jh. entstandenen Mosaike der Gewölbe malte **Hermann Gottfried** die Kleeblattanlage und die Vierung 1988 bis 1994 modern aus. In der Ostkonche stehen in einem modernen Altarretabel Eichenholzfiguren des Apostelzyklus aus dem 14. Jh. Am nordöstlichen Vierungspfeiler ist eine Madonna (1300), am südwestlichen eine Figur des hl. Georg aus dem 15. Jahrhundert.

Adenauer-denkmal An der Ecke zur Apostelnstraße wurde 1995 eine Adenauerstatue zum Gedenken an den ehemaligen Kölner Oberbürgermeister aufgestellt (►Berühmte Persönlichkeiten).

Der mächtige Oktogonalturm über der Vierung von St. Aposteln mit einem der begleitenden Achtecktürmchen.

St. Engelbert

E 8

Lage: Riehler Gürtel 12 **Bus:** 140 (Xantener Straße)

Die 1931 errichtete Kirche hat nicht nur als erster moderner Kirchenbau Kölns Akzente gesetzt, sondern hat 1946 auch als Ort der berühmten Ansprache des Kardinals Frings von sich reden gemacht, in deren Folge das kirchlich abgesegnete »Fringsen«, das Stehlen zum Lebenserhalt, zum geflügelten Wort wurde.

»Zitronenpresse«

Der von **Dominikus Böhm** entworfene Zentralbau setzt sich aus acht parabolisch geformten Wänden über einem runden Grundriss zusammen, die von einem Bleidach überspannt und zusammengeführt werden. Schnell hat sich für das ungewöhnliche Erscheinungsbild die humorvolle Bezeichnung »Zitronenpresse« eingebürgert. Den Kontrapunkt zu den weichen Formen der Kirche bildet der eckige, freistehende Kirchturm, dem wie dem Hauptbau Klinker vorgeblendet sind. In der Kirche wird man von einer stimmungsvollen Atmosphäre empfangen, die durch den nur schwachen Lichteinfall der kleinen Fenster und den geradezu dramatisch angestrahlten Chorraum entsteht.

★ St. Georg

H 7

Lage: Waidmarkt
Innenstadtplan: D 3
Straßenbahn: 3, 4 (Severinstr.) oder 3, 4, 16, 18 (Poststr.)

Hinter mächtigen Mauern verbirgt sich eine Pfeilerbasilika aus dem 11. Jh. mit einem wunderschönen Westchor. Zur Ausstattung gehören zwei bemerkenswerte Kruzifixe des Mittelalters.

Öffnungszeiten:
tgl. 8.00 – 18.00

St. Georg liegt an der römischen Heeresstraße in Richtung Süden direkt außerhalb des südlichen Stadttors. Ausgrabungen an dieser Stelle entdeckten Mauerreste, die als römische Polizeiwache gedeutet werden. Darüber entstand zu merowingischer Zeit eine dem hl. Cäsarius geweihte Kapelle. Im Jahr 1059 gründete Erzbischof Anno ein Stift für Chorherren und ließ die Kirche als doppelchörige Basilika erneuern. Mit Ausnahme des Westchors ist der Baubestand des 11. Jhs. noch heute weitgehend vorhandenen. Die Verwendung römischer Säulen im Hauptschiff macht St. Georg zur **einzigen romanischen Pfeilerbasilika des Rheinlands**. Unterhalb des erhöhten Chors befindet sich eine **fünfschiffige Krypta**. Um 1150 wurden in den Säulenreihen je ein Pfeiler bei der Einwölbung von Langhaus und Chor eingesetzt. Zwischen 1180 und 1188 ersetzte man den alten Westchor durch einen Neubau mit 4 m starken Mauern. Wahrscheinlich war ein Turm geplant, der nicht mehr zur Ausführung kam. Der harmonische Innenraum des Westchors mit Hängekuppel gehört zu den Höhepunkten der romanischen Architektur in Köln. Im unteren Geschoss rahmen an allen drei Wänden kleine Nischen einen größeren mittleren Bogen. Ein Laufgang im oberen Geschoss verleiht Tiefe.

Ausstattung ► Bei der Restaurierung der Kirche in den 1920er-Jahren entwarf **Jan Thorn-Prikker** für den Westchor Fenster mit Darstellungen der Heiligen Anno, Georg und Jakob, die nach schweren Zerstörungen im Zweiten Weltkrieg anhand der Originalkartons neu geschaffen wurden. Auch das Mosaik der Muttergottes im südlichen Seitenschiff (1913) schuf Thorn-Prikker. Das **Gabelkruzifix** im Westchor (ca. 1380) ist eine ausdrucksstarke Darstellung der Leiden Christi. Das wunderschöne romanische Kruzifix im Ostchor ist die Kopie eines Werks aus dem späten 11. Jahrhundert; das Original wird im ►Museum Schnütgen aufbewahrt.

Umgebung von St. Georg

Waidmarkt St. Georg steht am Waidmarkt, wo im Mittelalter Waid, eine zum Blaufärben genutzte Pflanze, verkauft wurde. Seit 2011 entsteht auf dem Gelände gegenüber der Kirche ein Neubauviertel mit Wohnungen und Bürogebäuden. Der Brunnen am Waidmarkt, ein Werk des Bildhauers **Wilhelm Albermann** (1894), stellt die **Legende von Hermann-Joseph** dar. Die Überlieferung erzählt, dass das Christkind einer Madonnastatue in der Kirche ► St. Maria im Kapitol den von dem hl. Hermann-Josef gereichten Apfel annahm.

Die wohl noch viele Jahre bestehende Baulücke an der Severinstraße wenige Schritte südlich der Kirche ist ein denkwürdiger Schauplatz der neueren Geschichte Kölns: Hier stürzte während der Bauarbeiten für eine neue U-Bahnlinie am 3. März 2009 das **Stadtarchiv** (► S. 34), eines der bedeutendsten historischen Archive Europas, in eine Baugrube, die mit Wasser voll lief; zwei Menschen verloren dabei ihr Leben. Die Bergung der Archivalien gestaltet sich äußerst schwierig, die Restaurierungsarbeiten werden Jahrzehnte in Anspruch nehmen.

★★ St. Gereon

G 7

Lage: Gereonshof 4
Innenstadtplan: A 2
Straßenbahn: 12, 15 (Christophstr.)

Spätantike und Mittelalter verschmelzen in dieser ungewöhnlichen Kirche, die ihren Namen von dem Märtyrer und späteren Kölner Stadtpatron Gereon erhielt. Das Herz des Gotteshauses, der spätrömische Ovalraum, wurde von den Baumeistern der Frühgotik in einen hohen Kuppelraum integriert, der neben der Hagia Sophia und dem Florentiner Dom zu den gewaltigsten seiner Art gehört.

In knapp 35 m Höhe laufen die Rippen des leuchtend roten Kuppelgewölbes von St. Gereon zusammen.

Die Anfänge des Bauwerks reichen in die zweite Hälfte des 4. Jhs. zurück. Inmitten eines römischen Gräberfeldes vor den Mauern Kölns entstand ein ungewöhnlicher Zentralbau über ovalem Grundriss, mit einer großen Nische im Osten und acht Nischen im Süden und Norden. In der zweiten Hälfte des 4. Jhs. wurde der spätantike Bau durch ein Atrium im Westen erweitert. Bislang ungeklärt blieb die Frage, von wem und zu wessen Gedächtnis das Bauwerk errichtet wurde. Vermutlich handelte es sich bei dem Auftraggeber um eine Persönlichkeit aus dem Umkreis des kaiserlichen Hofs. Nach einer mittelalterlichen Legende ließ **Kaiserin Helena** den Ovalbau als Grabstätte für den späteren Patron der Kirche, den Märtyrer Gereon, erbauen. Im frühen Mittelalter avancierte das kostbar ausgestattete Bauwerk zu einer hochrangigen Gedächtnisstätte, in der sich kirchliche Würdenträger sowie Merowinger- und Frankenkönige beisetzen ließen. Seit dem 9. Jh. ist ein angegliedertes Kanonikerstift bezeugt. **Erzbischof Anno II.** ließ im 11. Jh. die Krypta und den Kanonikerchor hinzufügen. Unter Erzbischof **Arnold von Wied** wurde im 12. Jh. der Chor verlängert und die repräsentative Ostfassade geschaffen. Die architektonisch bedeutsamste Umgestaltung des römischen Ovalraums zum Dekagon (Zehneck) und der Bau der gewaltigen Kuppel fällt in den Beginn des 13. Jahrhunderts. Wenige Jahre nach Vollendung des Kuppelgewölbes (1227) wurde an der Südseite die Taufkapelle angefügt. Vermutlich errichtete die Dombauhütte im 14. Jh. die Sakristei. Der von Türmen gefasste Chor mit viergeschossiger, reich gegliederter Apsis steht in der Achse der alten vom Dom herführenden Pro-

Öffnungszeiten:
Mo. – Sa. 10.00 – 18.00,
So. 12.30 – 18.00

St. Gereon Baugeschichte

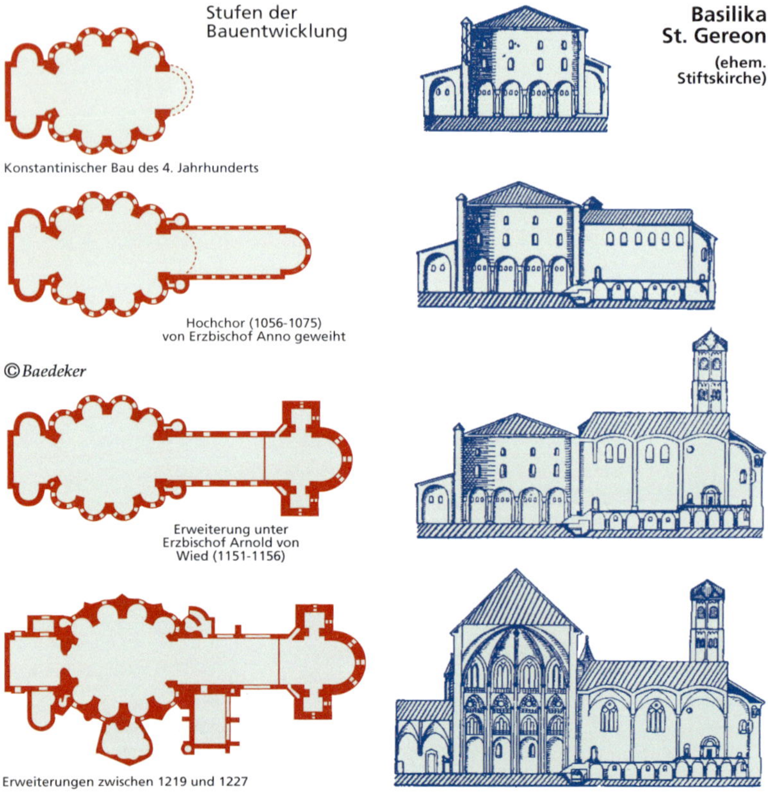

zessionsstraße und ist als Hauptschauseite der Kirche ausgebildet. Überragt werden die Türme vom 48 m hohen Dekagon. Die Konstruktion des gewagten Kuppelbaus mit freistehenden Strebepfeilern zwischen den spätantiken Nischen und den schmalen Lanzettfenstern, die von Dreipässen bekrönt werden, belegt eindrucksvoll den Stilwechsel von der Romanik zur Frühgotik.

Ausstattung ► In 34 m Höhe laufen die Rippen des 1979 leuchtend rot ausgemalten Kuppelgewölbes zusammen, das einen Raum von 21 m Durchmesser überspannt. Zwischen den Pfeilern, deren Dienste sich in den Gewölberippen fortsetzen, entfaltet sich eine viergeschossige Wandgliederung: Konchen, Laufgang, Fächerfenster und Obergadenfenster. Im Zentrum des modernen Fußbodens ist die Enthauptung des hl. Gereon dargestellt. Die Fenster im Dekagon und in der Chorapsis entstanden in den 1980er-Jahren nach Entwürfen von **Georg Meister-**

mann und **Wilhelm Buschulte**. Treppen führen in den langen, wegen der Krypta erhöhten Chor mit dem Barockaltar aus der Kirche St. Kolumba. Sehenswert sind hier die Reste der romanischen Apsisausmalung, das Sakramentshaus an der Nordwand (1608) und an der Südseite der Sebastianusaltar (1635) mit einer interessanten Stadtansicht Kölns im unteren Bildteil. Den Einfluss der französischen Gotik verrät die Sakristei (Fenster aus der Erbauungszeit, Relieftüren vom Anfang des 16. Jhs.).

In der Krypta kann man noch die staufischen **Fußbodenmosaike** mit Szenen aus dem Leben Samsons und Davids (11. Jh.) bewundern, die einst den Hochchor schmückten. Im Westen öffnet sich die Krypta zur Confessio, in der Steinsarkophage mit den Reliquien römischer Märtyrer aufgestellt sind. Einen Blick lohnt auch die spätromanische Taufkapelle an der Südseite des Dekagons (1230/1240). ◄ Krypta

Umgebung von St. Gereon

Gereonsviertel

Vor den Osttürmen der Kirche am baumbestandenen Gereonsdriesch steht die von Diözesanbaumeister **Vinzenz Statz** entworfene neugotische **Mariensäule** aus dem Jahr 1858, die ursprünglich vor dem erzbischöflichen Palais in der Gereonstraße aufgestellt wurde. Seit 2005 ist auf diesem Platz auch ein acht Tonnen schwerer Kopf aus grauem Granit zu sehen. Es handelt sich um den **»Kopf des hl. Gereon«** des Künstlers **Iskender Yediler**. Westlich der Kirche um die Straße Gereonshof wird bis 2013 der denkmalgeschützte Baubestand des ehemaligen Stammsitzes des Versicherungskonzerns Gerling zum neuen »Gereonsviertel« umgebaut und saniert. Dazu gehört am Gereonskloster ein neugotisches Haus, das 1897 für das Historische Archiv der Stadt Köln errichtet wurde. Der monumentale Stil des 1953 vollendeten Gerling-Hochhauses und des Ehrenhofs mit Brunnen (1958) erregten zur Entstehungszeit Kritik, denn der Architekt war Erich Hennes, ein Mitarbeiter von Albert Speer während der NS-Zeit, und der von Hitler bevorzugte Bildhauer Arno Breker zeichnete für die Platzgestaltung verantwortlich. Zusammen mit später entstandenen Bürohäusern finden heute Hochhaus und Brunnenhof Anerkennung als einheitliches Ensemble, dessen Charakter erhalten werden soll.

Die Gereonstraße führt von der Kirche St. Gereon in Richtung Osten. Sie war als bedeutender Prozessionsweg bereits im Mittelalter eine ungewöhnlich breite Straße. Die schlichten Backsteinbauten auf der linken Seite sind die Residenz des Erzbischofs und das Priesterseminar (1956). Am Börsenplatz dahinter erinnert ein Denkmal an die 1998 heilig gesprochene **Edith Stein** (1891 – 1942), eine Philosophin jüdischer Abstammung, die zum Christentum konvertierte, in Köln in den Karmeliterorden eintrat und in Auschwitz ermordet wurde. Die kleine Kapelle gegenüber, **St. Maria Ablass**, ein dreijochiger Bau aus dem 15. Jh., gehörte zu einer 1808 im Zuge der Säkularisation abgerissenen Pfarrkirche. ◄ Gereonstraße

★ St. Kunibert

G 8

Lage: Kunibertskloster 2

Straßenbahn: 5, 16, 18 (Breslauer Platz)

St. Kunibert ist die jüngste und stilistisch einheitlichste unter Kölns romanischen Kirchen.

Öffnungszeiten: Mo. – Sa. 10.00 – 13.00, 15.00 – 18.00, So. 15.00 – 18.00

Über einem Vorgängerbau, den der Kölner **Bischof Kunibert** 663 als Grabstätte gewählt hatte, entstand ab etwa 1215 die dreischiffige Gewölbebasilika mit östlichem und westlichem Querbau. Noch unvollendet wurde sie 1247 geweiht. Mit ihren drei Türmen dominierte St. Kunibert jahrhundertelang das Rheinpanorama nördlich des Doms. Die erst 1993 abgeschlossene Rekonstruktion des Westturms gab dem Bauwerk sein ursprüngliches Erscheinungsbild zurück und setzte einen Schlusspunkt unter den Wiederaufbau der kriegszerstörten romanischen Kirchen Kölns.

Besonders eindrucksvoll präsentiert sich St. Kunibert von der Rheinseite aus. Die **reiche Fassadengliederung** der von zwei Türmen flankierten Chorapsis (zwei Fenstergeschosse und eine abschließende Zwerggalerie) ist typisch für die romanischen Choranlagen Kölns.

Ausstattung ▸

Die Chorapsis zeigt sich zweischalig durch einen Laufgang im unteren und oberen Geschoss. Von der mittelalterlichen Ausstattung sind die Chorfenster aus der Zeit um 1230 am bedeutendsten. Sie sind die

Reich gegliederte Fassade der Chorapsis von St. Kunibert

ältesten erhaltenen Glasfenster in Köln. Im Scheitelfenster oben ist die »Wurzel Jesse«, d. h. der Stammbaum Christi, mit Szenen aus dem Alten und Neuen Testament zu sehen, links und rechts die Legenden der beiden Kirchenpatrone Clemens und Kunibert, in der unteren Fensterreihe die hl. Cordula (links) und die hl. Ursula (rechts). Beachtenswert sind auch die Reste mittelalterlicher Wandmalerei im südlichen Ostquerarm (um 1260) und in der nördlichen Chornische (um 1250). Die Reliquienschreine im Chor (19. Jh.) bergen die Gebeine des hl. Kunibert und zweier Missionare. Am südwestlichen Vierungspfeiler bildet die Maria der Verkündigung zusammen mit dem Engel am nordwestlichen Pfeiler eine raumübergreifende Komposition; die Plastiken schuf 1439 vermutlich Dombaumeister **Konrad Kuyn**. Der Auftraggeber **Hermanus de Arcka** wurde als kleine Stifterfigur zu Füßen Marias verewigt.

◄ Kunibertspütz

Eine gitterähnliche Schieferplatte im Chor verschließt den Schacht des »Kunibertspütz«. Das Wasser des 17 m tiefen, aus vorchristlicher Zeit stammenden Brunnens soll dem Volksglauben nach reichlich Kindersegen versprochen haben. Ein modernes Schatzhaus im Westquerhaus birgt Reliquienbüsten und kostbare, in den Schreinen gefundene Textilien, die um das Jahr 800 bzw. im späten 10. Jh. gewebt wurden .

Ursulinenkirche St. Corpus Christi

Lage: Machabäerstr. 75

In der benachbarten Machabäerstraße trifft man auf die barocke Ursulinenkirche (1709 – 1712). Durch den Dreißigjährigen Krieg aus Lüttich vertrieben, ließen sich 1639 Ursulinen im neutralen Köln nieder, wo sie die erste höhere Mädchenschule Deutschlands gründeten. Kurfürst Johann Wilhelm ermöglichte den Bau einer Kirche, die von seinem Hofarchitekten **Matteo Alberti**, einem gebürtigen Venezianer, entworfen wurde. Der Kirchenbau mit seiner Doppelturmfassade erinnert an oberitalienische Saalkirchen in der Nachfolge Palladios; Ausstattung und Farbgebung der Fassade sind modern.

★★ St. Maria im Kapitol

H 7

Lage: Kasinostr. 6
Innenstadtplan: C 3
Straßenbahn: 1, 7, 9 (Heumarkt)
Bus: 132, 133, 250, 260, 978

Die über einem römischen Tempel der kapitolinischen Gottheiten Jupiter, Juno und Minerva errichtete Kirche ist mit ihrer Dreikonchenanlage ein wegweisendes Bauwerk für die rheinische Romanik und Vorbild für einige romanische Kirchenbauten in Köln.

ST. MARIA IM KAPITOL

★★ **Die Kirche verdankt ihren Namen dem römischen Ursprung: Sie wurde erbaut auf den Resten eines römischen Tempels, der Jupiter, Juno und Minerva – den sogenannten Kapitolinischen Gottheiten – geweiht war.**

Öffnungszeiten:
tgl. 9.00 – 18.00 Uhr

① Holztüren
Die aus dem Mittelalter um das Jahr 1065 erhaltenen Holzportale zeigen Szenen aus dem Leben und Leiden Christi.

② Plektrudis-Grabplatte (um 1160)
Auf der Grabplatte zu Ehren der als Heiligen und Königin gepriesenen Gründerin der Kirche ist ein Psalmvers eingraviert: »Domine dilexi decorem domus tue« (Herr, ich habe den Schmuck deines Hauses geliebt, Psalm 26, 8)

③ Plektrudis-Grabplatte (um 1280)
Die zweite Grabplatte zeigt eine Statue der Kirchengründerin. In ihrer Hand hält sie ein Modell von St. Maria im Kapitol.

④ Limburger Madonna
Die Holzskulptur entstand gegen Ende des 13. Jahrhunderts und stammt aus dem Limburger Kloster.

⑤ Lettner, Krypta
Der Lettner dient als Grenze zwischen Altarraum und Kirchenschiff. 1523 wurde er gebaut, aber erst 1525 in St. Maria aufgestellt. Der Lettner besteht aus Kalk- und Sandstein, diese Materialien sollen Marmor und Alabaster imitieren. Die Krypta ist nach der im Dom zu Speyer die zweitgrößte in Deutschland.

⑥ Pestkreuz
Das Kreuz aus dem Jahr 1304 gilt als wundertätig.

⑦ Madonna (um 1180)
Der Heilige Hermann Joseph soll als Dank für ein erhörtes Gebet einen Apfel zu Füßen der Madonna abgelegt haben. Seither finden sich fast immer Äpfel zu ihren Füßen.

Vor der Kirche steht die Skulptur »Die Trauernde«, die 1949 von Gerhard Marcks geschaffen wurde. Sie wurde zum Gedenken an die Toten des Zweiten Weltkriegs aufgestellt.

Durch die Hanglage der Kirche fällt Tageslicht in die Krypta. Auch finden hier regelmäßig Gottesdienste statt.

Der Lettner wurde von den Familien Hackeney, Salm, von Straelen und von Berchem gestiftet. Darüber thront die Orgel.

Musikalisches Highlight in der Basilika ist die jährliche Romanische Nacht.

Die fast 5 m hohen Holztüren bestehen aus Nussbaumholz und verrichteten einst am Portal der Nordkonche ihren Dienst.

Öffnungszeiten: tgl. 10.00 – 18.00

Der im 1. Jh. angelegte römische Tempel lag südöstlich des Stadtzentrums innerhalb der neu errichteten Ummauerung. Im 7. Jh. nahmen die merowingischen Hausmeier den Tempelbezirk in Besitz. **Plektrudis**, Gemahlin des Hausmeiers Pippin des Mittleren, gründete hier eine kleine Kirche, in der sie auch beigesetzt wurde. Den heutigen Bau gab im 11. Jh. die **Äbtissin Ida**, eine Enkelin Kaiser **Ottos II.** und seiner Frau **Theophanu**, in Auftrag. Seine Bedeutung ermisst sich u. a. daran, dass **Papst Leo IX.** im Jahr 1049 im Beisein von Kaiser **Heinrich III.** den Kreuzaltar im Hauptschiff weihte. Die Schlussweihe durch **Erzbischof Anno II.** erfolgte 1065. Im 12. und 13. Jh. wurden zuerst der Vierungsbereich, dann das Langhaus eingewölbt; beide waren ursprünglich flach gedeckt. Der Westturm stürzte 1637 ein und wurde nicht wieder aufgebaut.

Dreikonchenanlage ►

Basilikales Langhaus und Dreikonchenchor verschmelzen bei St. Maria im Kapitol zu einem einheitlichen Raumgefüge. Die Seitenschiffe des Langhauses setzen sich in den Umgängen um die drei Konchen herum fort. Der Dreikonchenbau ist die Besonderheit der Kirche. Ob diese spezielle Grundrissgestaltung auf den Chor der Geburtskirche in Bethlehem zurückgreift, mit dem sie große Ähnlichkeiten hat, oder ob sie eine unabhängige Neuschöpfung darstellt, auf die im Folgenden in Köln des Öfteren wieder zurückgegriffen wurde, ist nicht geklärt. Zur Geschlossenheit des Raumeindrucks trägt auch die Tatsache bei, dass der Chor nicht – wie sonst üblich – erhöht, sondern auf gleicher Höhe wie das Langhaus liegt. Dies wurde möglich durch die abgesenkte, in den östlichen Abhang gebaute **Krypta**. Der imposante dreischiffige Raum mit Kreuzgratgewölben, die auf mächtigen Säulen mit Würfelkapitellen ruhen, folgt dem Vorbild der Krypta im Dom zu Speyer.

! *Baedeker* TIPP

Romanische Nacht

Einmal im Jahr können Musikfreunde in der Basilika St. Maria im Kapitol bis um 2.00 Uhr nachts alter und neuer Kirchenmusik lauschen. Wer zwischendurch eine Pause benötigt, kann im Kreuzgang ein Kölsch trinken (nähere Infos unter www.romanischer-sommer.de).

Ein bewusster Rückgriff auf die Oktogon-Architektur der Aachener Pfalzkapelle Karls des Großen ist die ehemalige Empore für die Stiftsdamen an der Westwand des Kirchenschiffs.

Ausstattung ►

Die bedeutendsten Ausstattungsstücke sind die **um 1060 entstandenen Holztüren**, die einst das Portal an der Nordkonche verschlossen und heute an der Westwand des südlichen Seitenschiffs stehen. Die beiden fast 5 m hohen Türflügel zeigen 26 in Nussbaumholz geschnitzte, ursprünglich bemalte Szenen aus dem Leben und der Passion Christi. In den Seitenschiffen stehen zwei **Grabplatten für die Stifterin Plektrudis**. Die ältere im nördlichen Seitenschiff stammt aus der Zeit um 1160; die andere im südlichen Seitenschiff, um 1280 entstanden, sollte vermutlich die Erstere ersetzen und zeigt Plektrudis mit einem Modell der Kirche.

Drei Madonnenskulpturen entdeckt man beim Rundgang durch die Kirche: am nördlichen Eingangspfeiler der Ostkonche eine stehende Muttergottes (um 1180/1190), der einer Legende zufolge der hl. Hermann Josef beim täglichen Weg zur Schule einen Apfel anbot, sowie die »Madonna mit den Achataugen« (um 1150/1160) an der Westwand des nördlichen Seitenschiffs, die den byzantinisch beeinflussten Madonnentypus repräsentiert, und die vor dem Lettner aufgestellte, farbig gefasste Madonnenfigur, nach ihrer Herkunft aus dem Kloster Limburg als Limburger Madonna bezeichnet (Ende 13. Jh.).

◄ Renaissancelettner

Der Renaissancelettner aus schwarzem und weißem Kalk- und Sandstein – Marmor und Alabaster imitierend – entstand 1517 in Mecheln und wurde 1525 hier aufgestellt. Er zählt zu den wenigen Architekturwerken der Renaissance in Köln. Auffälligstes Kennzeichen sind die 22 Propheten- und Heiligenfiguren, die sich mit acht Szenen des Neuen und Alten Testaments abwechseln. Die Wappenschilder der Familien Hackeney und Hardenrath verweisen auf die Stifter des Lettners. In der Kapelle zwischen Nord- und Ostkonche hängt das berühmte **Gabelkruzifix** (Pestkreuz) von 1304.

◄ »Trauernde«

Auf dem Lichhof östlich der Kirche steht die »Trauernde« von **Gerhard Marcks**, ein 1949 geschaffenes expressionistisches Mahnmal gegen die Schrecken des Krieges. Der südliche Ausgang vom Lichhof ist das Dreikönigenpförtchen, das 1330 an der Stelle errichtet wurde, an der im Jahr 1164 die Gebeine der Heiligen Drei Könige in die Stadt gebracht worden sein sollen.

St. Maria Lyskirchen

H 7

Lage: An Lyskirchen 12
Innenstadtplan: C 4
Straßenbahn: 1, 7, 9 (Heumarkt)
Bus: 106, 132, 133

Mit seiner gut erhaltenen spätromanischen Ausmalung nimmt dieser kleine Kirchenbau einen besonderen Platz unter Kölns romanischen Kirchen ein.

Öffnungszeiten:
tgl. 10.00 – 18.00

Ausgrabungen der letzten Jahre haben gezeigt, dass das Grundstück der Kirche bereits in römischer Zeit genutzt wurde. So lässt sich vielleicht auch die Legende, nach der die Kirche vom ersten Kölner **Bischof Maternus** – der zu Beginn des 4. Jhs. lebte – gegründet worden sein soll, nicht ganz von der Hand weisen. Die erste urkundliche Erwähnung der südlich der römischen Stadtmauer im damaligen Vorort Noithusen errichteten Kirche stammt aus dem Jahr 948. Man nimmt an, dass das Gotteshaus, ursprünglich St. Maria in Noithusen genannt, einst die Kapelle eines Patriziers namens Lysolfus war – daher der Name Lyskirchen; bezeugt ist der Name jedoch erst im 11. Jahrhundert. Der heutige Bau stammt von 1210 bis 1220, Ergänzungen (z. B. die Apsis) aus dem 17. Jahrhundert. Den Zweiten Weltkrieg überstand St. Maria Lyskirchen beinahe unbeschadet. Ähnlich wie bei St. Kunibert war für St. Maria eine dem Rheinufer zugewandte, zweitürmige Choranlage vorgesehen, doch der südliche Turm wurde nie vollendet. In der Emporenbasilika bilden die Turmuntergeschosse offene, durch Arkaden vom Chor geschiedene Kapellen.

Ausstattung ► Der Eindruck des Innenraums wird von den **farbenprächtigen Gewölbe- und Wandmalereien** aus dem 13. Jh. bestimmt, die um 1880 entdeckt wurden. Als Erstes entstand vermutlich um 1220/1230 die »Anbetung der Heiligen Drei Könige« an der Westwand des Langhauses. In den Gewölbefeldern des Mittelschiffs, die um 1250 ausgemalt wurden, stehen sich Szenen des Alten (auf der Nordseite) und des Neuen Testaments (auf der Südseite) gegenüber, beispielsweise im dritten Joch die Verheißung Isaaks und die Verkündigung an Maria. Diesem Bildprogramm liegt die Auffassung zugrunde, dass sich im Neuen Testament die Vorausdeutungen des Alten Testaments erfüllen. Auch die Gewölbe der Turmkapellen schmücken Bilderzyklen: Im nördlichen Turm erzählen sie die Legende der hl. Katharina von Alexandria, im südlichen Turm die des hl. Nikolaus.

Beachtenswerte Ausstattungsstücke der Pfarrkirche sind der Taufstein aus dem 13. Jh., Glasmalereien (die Kreuzigung und die Heiligen Helena, Gereon und Maternus) aus der Zeit um 1520/30 im nördlichen Seitenschiff, und eine Madonnenskulptur aus der Zeit um 1420, die sog. Schiffer-Madonna. Die Skulptur erinnert daran, dass Noithusen einst ein Fischer- und Schifferort war.

Die farbenprächtigen, erst um 1880 entdeckten Gewölbemalereien von St. Maria Lyskirchen stammen aus dem 13. Jahrhundert.

★★ St. Pantaleon

H 7

Lage: Am Pantaleonsberg 6
Innenstadtplan: D 2

Straßenbahn: 12, 15, 16, 18 (Barbarossaplatz) oder 3, 4, 16, 18 (Poststraße)

Die ehemalige Benediktinerkirche beansprucht einen Spitzenplatz unter den Kirchen der Stadt – sie ist eines der ältesten Gotteshäuser Kölns und zugleich eine der herausragenden Schöpfungen der ottonischen Sakralbaukunst.

Öffnungszeiten: Mo. – Fr. 9.00 – 18.00, Sa. 9.00 – 16.00, So. 12.00 – 18.00

An der Stelle einer römischen Villa suburbana und einer kleinen, 866 erstmals erwähnten Kirche zu Ehren des griechischen Märtyrers **Pantaleon** gründete **Erzbischof Bruno** nach 955 ein Benediktinerkloster. Eine neu gebaute Kirche wurde 980 geweiht. Dem Engagement von Kaiserin **Theophanu** – der aus Byzanz stammenden Gemahlin Kaiser Ottos II. – verdankt St. Pantaleon die Erweiterung des Langhauses und den 996 abgeschlossenen Bau des Westwerks. Auch heute noch liegt die Kirche, vom Lärm der Stadt abgeschirmt, inmitten des ummauerten ehemaligen Klosterbezirks. Die gesamte Anlage bildet den einzigen Fall im Kölner Stadtgebiet, wo der ursprüngliche Charakter eines vor den Toren der römischen Stadtmauer gegründeten Klosters noch zu erkennen ist.

◄ Kirchenbau

Das beeindruckende **Westwerk** lässt durch seine Geschlossenheit an eine Festung denken, war aber für den mittelalterlichen Betrachter als irdisches Abbild des »himmlischen Jerusalem« zu verstehen. Seitlich ragen die beiden unten polygonalen, oben runden Treppentürme auf. Das Westwerk war ursprünglich wesentlich breiter als die Saalkirche. Erst der Anbau der Seitenschiffe im 12. Jh. sorgte für eine veränderte Situation. Die übergiebelte Vorhalle und die beiden ersten Turmgeschosse sind mit Rundbogenfriesen mit eingesetzten römischen Ziegeln verziert.

◄ Kirchenraum

Die über zwei Geschosse geführte Halle entspricht dem monumentalen Äußeren des Westwerks. Das Obergeschoss öffnet sich in Emporen, deren Stützen und Rundbogen den Farbwechsel der äußeren Rundbogenfriese aufnehmen. Die architektonische Pracht lässt vermuten, dass die Empore den Mitgliedern der kaiserlichen Familie beim Besuch des Gottesdienstes zugedacht war. Der imperiale Gedanke wird auch im Langhaus deutlich, dessen auch nach späteren Änderungen sichtbare ottonische Wandgliederung auf römische Palastarchitektur der Kaiserzeit Bezug nahm. Im nördlichen Nebenraum des Westwerks befindet sich der moderne Sarkophag (1965) für Kaiserin **Theophanu**. Das Mittelschiff wurde im 17. Jahrhundert mit einem Gewölbe versehen; nach den Beschädigungen im Zweiten Weltkrieg wurde es beim Wiederaufbau der Kirche durch eine Flachdecke ersetzt.

◄ Ausstattung

Verschiedene Epochen vom Mittelalter bis zur jüngsten Vergangenheit haben in St. Pantaleon ihre Spuren hinterlassen. Moderne Er-

Der spätgotische, filigrane Maßwerklettner vom Beginn des 16. Jahrhunderts beherrscht das Mittelschiff von St. Pantaleon.

gänzungen der Nachkriegszeit sind das **Deckengemälde des Westwerks** (»Himmlisches Jerusalem«) und die erst 1992/1993 ausgemalte Kassettendecke im Hauptschiff. Spätgotik und Barock prägen das Bild des Chors: Der spätgotische, von filigranem Maßwerk durchbrochene Lettner (1503 gestiftet) und die Orgel mit ihrem barocken Prospekt (1652) verschmelzen zu einem stimmungsvollen Ensemble. Vor dem Lettner stehen der Maurinus- (1170) und der Albinusschrein (1186). Das Chorgestühl stammt aus dem 14. Jh., der Hochaltar aus dem Jahr 1747. Im südlichen Querarm sind Wandgemälde aus dem 12. und 13. Jh., die aus der Krypta stammen, und zwei Grabmäler der Grafen von Moers aus dem späten Mittelalter zu sehen.

Schatzkammer, Krypta ▶ Vom nördlichen Querhaus gelangt man in die sehenswerte Schatzkammer, die allerdings nur im Rahmen von Führungen zugänglich ist. In dem ehemaligen Kapitelsaal werden u. a. Teile des romanischen Skulpturenschmucks aufbewahrt. Ebenfalls nur bei Führungen zugänglich ist die Krypta mit Resten der römischen Villa sowie dem römischen Sarkophag, in dem **Erzbischof Bruno** beigesetzt ist.

★ St. Ursula

G 7

Lage: Ursulaplatz 24
Innenstadtplan: A 3
Straßenbahn: 5, 16, 18 (Breslauer Platz)

Die Ursulakirche und ihre Baugeschichte, die vom Hochmittelalter bis in das 17. Jh. reicht, veranschaulichen eindrucksvoll die Bedeutung des Reliquienkults im Mittelalter und in der frühen Neuzeit.

Die Kirche geht, wie eine erhaltene Inschrift besagt und archäologische Forschungen bestätigt haben, auf einen Memorialbau des 4. Jhs. zurück, der spätrömischen Märtyrerinnen geweiht war. Erste Belege zum Kult der Märtyrerinnen stammen allerdings erst aus dem 9. Jh.; die bekannte **Legende der Königstochter Ursula** (► Baedeker Special S. 248) entstand erst im 10. Jahrhundert. Im Jahr 922 etablierte Erzbischof Hermann I ein adliges Damenstift, das bis zur Auflösung 1802 bestand. Die Entdeckung zahlreicher Gräber an der ehemaligen Ausfallstraße nach Neuss bei der Stadterweiterung von 1106 gaben dem Reliquienkult und dem daraus entstandenen Reliquienhandel – der bis nach Finnland, Portugal und Venedig reichte – erst den richtigen Auftrieb, da die römischen Skelette zu Gebeinen der 11 000 Jungfrauen aus dem Gefolge der Ursula umgedeutet wurden. Anfang des 12. Jhs. entstand als sichtbares Zeugnis dieses mittlerweile bedeutenden Kults die heutige Emporen-basilika; die Altarweihe erfolgte 1135. Auf den Bau des Westturms zu Beginn des 13. Jahrhunderts folgten gegen Ende des Jahrhunderts der gotische Chor und das südliche Marienschiff, das nach weiteren Baumaßnahmen im 15. Jahrhundert wie ein zweites südliches Seitenschiff wirkte. Im 17. Jahrhundert wurde die berühmte **Goldene Kammer** eingerichtet und dem Westturm die barocke Haube aufgesetzt.

Öffnungszeiten:
Mo. – Sa.
09.00 – 12.00,
15.00 – 17.00,
So. 15.00 – 17.00

Beim Wiederaufbau der kriegszerstörten Kirche entschied man sich dafür, das romanische Erscheinungsbild des Langhauses als Emporenbasilika wieder herzustellen. Anstatt das gotische Gewölbe nachzubilden, von dem die zierlichen Konsolen noch zu sehen sind, wurde eine moderne Holzdecke eingezogen, die die Wandgliederung der Emporenbasilika erkennen lässt. An das romanische Langhaus schließt hinter dem Querschiff der hochgotische Chor an. Die Glasmalereien seiner elf Fenster – die Zahl elf verweist auf die 11 000 Jungfrauen der Ursulalegende – sind Ergänzungen des 19. und 20. Jahrhunderts.

◄ Ausstattung

Die Kirche verfügt über eine überaus reiche Ausstattung, die – wie könnte es auch anders sein – vornehmlich auf die hl. Ursula Bezug nimmt. Am modernen Westportal (1959/1960) zeigen fünf Medaillons Szenen aus der Ursulalegende. Rechts neben dem Eingang ins Hauptschiff sieht man eine Pietà aus dem 15. Jahrhundert. Auf den Balustraden der Nonnenemporen im Langhaus sitzen doppelgesichtige spätgotische Reliquienbüsten der Jungfrauen um Ursula. Am ersten nördlichen Langhauspfeiler befindet sich über dem kleinen, auf Säulen ruhenden Sarkophag der Viventia (um 1100) das Relief einer Kreuztragung (16. Jh.). Das nördliche Querhaus birgt das Grabmal der Kirchenpatronin (17. Jh.; Sarkophag aus dem 15. Jh.). Im Hochchor erzählen 24 Tafeln, das 1456 vollendete Werk eines unbekannten Künstlers in der Nachfolge Stefan Lochners, die Ursulalegende. Auch die Figuren in den spitzbogigen Nischen des Altarretabels sind eine Nachbildung des ausgehenden 19. Jahrhunderts. Der Ursulaschrein im Hochchor entstand 1887 bis 1893 unter Einbeziehung einiger mittelalterlicher Teile. Neben dem Ursulaschrein steht der **Schrein des**

◄ weiter auf S. 250

Die heilige Ursula mit ihrem Gefolge auf dem Altar der Stadtpatrone von Stefan Lochner.

EINE KÖNIGSTOCHTER AUF GROSSER PILGERFAHRT

Im 12. Jh. herrschte in Köln ein lebhafter Reliquienhandel mit den Gebeinen der 11000 Jungfrauen, die zusammen mit der hl. Ursula den Märtyrertod erlitten hatten. Eigentlich war dieser Handel nicht erlaubt, aber indem die Knochen in Reliquienbehälter gelegt wurden - Mädchenbüsten, die vorne geöffnet waren, sodass man die kostbaren Reliquien sehen konnte -, erhielt man das Plazet der Kirche!

Die vermeintlichen Knochen der Märtyrerinnen stammten aus einem Gräberfeld, das man im 12. Jh. bei der Erweiterung der Stadtmauer im Norden Kölns fand. Der Reliquienkult nahm bald ungeahnte Ausmaße an: Ende des 14. Jhs. waren bereits 12000 Ursulareliquien im Umlauf, die bis nach Rom und Sizilien, ja sogar nach Indien, China und Südamerika gelangten. Obwohl die Vermarktung der Reliquien der Verbreitung der Ursula-Verehrung diente und damit auch der Ruhm der Stadt gemehrt wurde, fürchteten die Kölner, bald selbst über keinerlei Reliquien mehr zu verfügen. Sie baten daher 1393 den Papst, die Ausfuhr zu verbieten.

Knochenkabinett

Dass Köln nicht ganz auf seine Reliquien verzichten musste, wird bei einem Besuch der **»Goldenen Kammer«** in der Kirche St. Ursula deutlich: Während sich im unteren Wandbereich eine Reliquienbüste an die andere reiht, findet sich in der oberen Wandzone ein recht unge-

wöhnliches, großflächiges Mosaik aus Knochen, das Ornamente, Inschriften und christliche Symbole zeigt – ein zumindest nördlich der Alpen einzigartiges Heiligtum.

Die Legende der heiligen Ursula

Die britannische Königstochter Ursula, die ihr Leben Christus geweiht und Jungfräulichkeit gelobt hatte, so heißt es in der Legende, sollte den bretonischen Fürstensohn **Aetherius** heiraten. Vor der Hochzeit aber wollte Ursula noch eine Pilgerreise unternehmen.

So ging sie zusammen mit zehn Jungfrauen, denen, wie ihr selbst, jeweils 1000 Begleiterinnen zur Seite gestellt wurden, auf eine Pilgerfahrt nach Rom.

Angesichts der riesigen Pilgerschar fürchteten zwei heidnische römische Heerführer den Siegeszug des Christentums. Sie schickten Boten zu den Hunnen, die zu der Zeit die Stadt Köln belagerten, die diese Gefahr bannen sollten.

Währenddessen machten sich Ursula und ihr Pilgerzug wieder auf die Heimreise, die sie auch durch Köln führen sollte. Kurz bevor Ursula und ihr Gefolge Köln erreichten, wurden sie von den Hunnen überfallen und getötet. Ursula aber wurde geschont und überlebte zunächst diese Metzelei. Doch nachdem sie das Angebot des Hunnenkönigs **Attila**, seine Frau zu werden, ausgeschlagen hatte, wurde sie von dem beleidigten König umgebracht.

Daraufhin erschienen 11 000 Engel und schlugen die Hunnen in die Flucht. Aus Dankbarkeit für ihre Befreiung bauten die Kölner Bürger der heiligen Ursula eine Kirche und erkoren die Königstochter zu ihrer Stadtpatronin. Und das antike Gräberfeld, über dem die Kirche errichtet wurde, sorgte für reichlich Reliquien!

Aetherius, des legendären Bräutigams von Ursula (um 1170). Eine in der Südwand des Chors neben dem Vierungspfeiler eingemauerte Inschrift bezeugt die Restaurierung des Memorialbaus in spätrömischer Zeit durch einen gewissen Clematius. Im südlichen Marienschiff befinden sich drei überlebensgroße Skulpturen: eine Schutzmantelursula, vermutlich um 1460 vom Kölner Bildhauer **Tilman van der Burch**, und Figuren von Maria und Christus Salvator aus dem 15. Jh. Im südlichen Querhaus wurde um ein Pestkreuz des 14. Jhs. eine Installation zu Ehren von Märtyrern des 20. Jhs. eingerichtet.

★ Goldene Kammer ►

Durch eine schwere Eisentür an der Südwand der Vorhalle betritt man die Goldene Kammer. Was dem heutigen Betrachter höchst kurios erscheint, ist Ausdruck der Reliquienverehrung im Zeitalter des Barock. Um die zahlreichen Reliquien, die mit der Ursulaverehrung in Verbindung standen, unterzubringen, stifteten 1643 der Kaiserliche Rat **Johann von Crane** und seine Frau Verena diese Kammer. Im unteren Teil sind in kleinen, barock umrankten Nischen insgesamt 122 Reliquienbüsten aus unterschiedlichen Zeiten vereint, darüber bilden die Ornamente und Symbole aus Skeletteilen einen bizarren Wandschmuck. An der Ostwand sieht man einen Altar mit einer Büste, die die heilige Ursula darstellen soll und mit einem Teil ihrer Reliquien gefüllt ist. Weitere sehenswerte Kostbarkeiten des Kirchenschatzes, darunter Textilkunst und Goldschmiedearbeiten, birgt der **Äbtissinnenraum** auf der Damenempore. Dort sind auch zehn Schieferplatten mit gemalten Aposteldarstellungen (13. Jh.) beachtenswert.

Die Wände der »Goldenen Kammer« sind mit Ornamenten aus Skeletteilen geschmückt.

Synagoge

H 6

Lage: Roonstraße 50
Bus: 136, 146 (Roonstraße)
Straßenbahn: 1, 7 (Moltkestr.)

Die Synagoge in der Roonstraße, erbaut 1895–1899 von Emil Schreiterer und Bernhard Below, ist die einzige nach den Zerstörungen der Reichspogromnacht 1938 und des Zweiten Weltkriegs noch existierende Synagoge Kölns.

Einzige Synagoge Kölns

Bei ihrem Wiederaufbau 1957 bis 1959 wurde die äußere Gestalt originalgetreu rekonstruiert, während man innen einige Veränderungen vornehmen musste, um das **Gemeindezentrum** und ein kleines **Museum** zur Geschichte der Juden in Köln integrieren zu können; das Museum ist nur im Rahmen von Gruppenführungen (n. V. unter Tel. 71 66 20) zu besichtigen. So zog man beispielsweise eine Decke in den hohen Synagogenraum ein, um ein zusätzliches Geschoss zu schaffen. Die aufwendigen bunten Wandmalereien des Synagogenraums wurden daraufhin nicht mehr restauriert.
Dagegen wurde die äußere Gestaltung der Synagoge, ein Zentralbau über dem Grundriss eines griechischen Kreuzes, beibehalten. Der im rheinisch-neuromanischen Stil gebaute Komplex wird in seinem Zentrum von einer außen nicht sichtbaren Kuppel gekrönt, die Sei-

Fassade der Kölner Synagoge mit großer Fensterrosette

tenarme, die ehemals die Emporen für die Frauen aufnahmen, dienen mit ihren großen Fensterrosetten als Lichtspender (siehe auch Baedeker Special S. 200).

Rathenauplatz

Der Rathenauplatz südwestlich der Synagoge wurde unter dem Namen Königsplatz 1881 als Aufstellplatz für die Züge des Kölner Karnevals angelegt. Viele schöne Gründerzeitfassaden prägen heute noch das Bild des Platzes mit dem kleinen Park.

Rund um den Rathenauplatz haben sich einige kulinarische Highlights der Stadt angesiedelt, darunter das Synagogen-Restaurant mit koscheren Gerichten – eine telefonische Tischreservierung ist jedoch notwendig (Tel. 240 44 40) – und der lauschige Biergarten in der Platzmitte.

Universität

H 6

Lage: Köln-Lindenthal, Hauptgebäude am Albertus-Magnus-Platz

Straßenbahn: 9 (Universität)
Bus: 142

Mit über 48 000 Studentinnen und Studenten nimmt die Kölner Universität den ersten Platz unter den deutschen Hochschulen ein. Größte Fakultät ist die Philosophische mit 20 000 Studierenden.

Erste städtische Universität

Ein entsprechend großes Areal nehmen die Gebäude der Universität und der daran angeschlossenen Universitätsklinik ein: Sie erstrecken sich zwischen dem Inneren Grüngürtel und dem Lindenthalgürtel in west-östlicher Richtung und werden im Norden von der Gyrhof- und der Gleueler Straße begrenzt, im Süden von der Kerpener Straße. Die Naturwissenschaftlichen Fakultäten schließen südlich zwischen Zülpicher und Luxemburger Straße daran an.

Die Universität wurde 1388 als erste städtische Hochschule überhaupt gegründet, zugleich war sie die vierte Universität Deutschlands, als welche sie besonders im Spätmittelalter einen weit reichenden Ruf genoss. 1798 durch die Franzosen geschlossen, wurde sie erst 1919 am heutigen Standort der Alten Universität (► Rautenstrauch-Joest-Museum) wieder eröffnet.

Das 1929 errichtete Hauptgebäude mit seinem großen Portal erstreckt sich parallel zur Universitätsstraße, die man hier in einen Tunnel verlegt hat, um den Albertus-Magnus-Platz freizuhalten. An den Hauptbau sind sechs Querflügel angeschlossen, die in den Park des Grüngürtels hineinreichen.

Auf dem Albertus-Magnus-Platz steht die Bronzestatue des gleichnamigen berühmten mittelalterlichen Philosophen (► Berühmte Persönlichkeiten), die 1956 von **Gerhard Marcks** geschaffen wurde. Sein Blick ist auf das 1964 – 1967 gebaute Hörsaalgebäude gerichtet, dem gegenüber sich das Philosophikum (1971 – 1974) erhebt.

Etwas weiter südlich liegt die Universitäts- und Stadtbibliothek. Nördlich des Hauptgebäudes beherbergt das klinkerverkleidete, neungeschossige Hochhaus die Wirtschafts- und Sozialwissenschaftliche Fakultät.

★★ Wallraf-Richartz-Museum · Fondation Corboud

G 7

Lage: Martinstr. 39
Bus: 132, 133
Straßenbahn: 1, 7, 9 (Heumarkt)
Innenstadtplan: C 3
Internet: www.museenkoeln.de/wallraf-richartz-museum

Nachdem das Wallraf-Richartz-Museum lange Zeit ein Haus mit dem Museum Ludwig am Dom teilte, verfügt es seit 2001 wieder über ein eigenes Domizil zwischen Rathaus und Gürzenich, dort, wo sich im Mittelalter die Werkstätten der Goldschmiede und Maler befanden.

Aus den verschiedenen Sammlungen des Wallraf-Richartz-Museums gingen alle anderen städtischen Museen Kölns hervor; heute liegt der

Der wuchtige Bau von Oswald Mathias Ungers birgt die Schätze des Wallraf-Richartz-Museums.

Die Mittelalterabteilung des Wallraf-Richartz-Museums präsentiert eine weltweit einzigartige Sammlung an Werken der sog. Kölner Schule.

Öffnungszeiten: Di. – So. 10.00 – 18.00, Do. bis 20.00

Schwerpunkt des Museums auf der Malerei und Grafik des Mittelalters bis zum 19. Jahrhundert. Ein deutlicher Akzent liegt dabei auf der mittelalterlichen Malerei vor allem der Kölner Schule, die weltweit die umfangreichste Sammlung dieser Art darstellt.

Die reiche Kunstsammlung des ehemaligen Universitätsrektors **Ferdinand Franz Wallraf** (1748 – 1824) bildete den Kern des Museums. Der Kaufmann **Johann Heinrich Richartz** (1795 – 1861) stiftete 1851 eine erhebliche Summe zur Errichtung eines Museums – an Stelle des heutigen ► Museums für Angewandte Kunst – für die ständig wachsende Sammlung. Nachdem dieses Domizil zu klein geworden war, zog das Wallraf-Richartz-Museum mit dem neu gegründeten ► Museum Ludwig in den Museumsneubau beim Dom. Durch die starke Ausweitung der Sammlungen des Museums Ludwig wurde schließlich ein eigenes Gebäude für die Exponate des Wallraf-Richartz-Museums notwendig.

Neubau ►

Der Architekt **Oswald Mathias Ungers** entwarf die Pläne für einen kubischen Neubau, der seit 2001 die bedeutenden Kunstschätze des Museums auf 3300 m² Ausstellungsfläche und auf vier Ebenen verteilt präsentiert. Die Fassade des Kubus ist mit Basaltlava und Eifel-Tuffstein verkleidet.

Nicht nur von außen, auch im Innern ist Ungers Huldigung an das Quadrat bzw. Rechteck unverkennbar: Grundriss, Deckenhöhe und Lichtdecken sind diesem Prinzip unterworfen. Die chronologisch vom Mittelalter bis zum 19. Jh. aufsteigenden Ebenen haben jeweils individuelle Raumzuschnitte, sind aber alle um einen Zentralraum herum angelegt: Das erste Obergeschoss, auf dem die Kunst des Mittelalters gezeigt wird, besitzt z. B. einen kreuzförmigen Zentralraum – passend für die Altäre des Mittelalters. Das Untergeschoss steht Sonderausstellungen zur Verfügung. Das verglaste Treppenhaus folgt dem Verlauf der ehemaligen Straße »In der Höhle« und erinnert damit auch an dic einstige Wohnadresse des Kölner Malers **Stefan Lochner**.

◄ Fondation Corboud

2001 gingen 170 impressionistische und postimpressionistische Gemälde aus der Sammlung des Schweizers **Gérard Corboud** in den Bestand des Wallraf-Richartz-Museums über, was durch die Erweiterung des Museumsnamens gewürdigt wurde. Ein Schwerpunkt der Sammlung liegt auf den Werken von Gustave Caillebotte, aber auch Werke von **Paul Signac**, **Paul Gauguin** und **Emile Bernard** bereichern nun die Abteilung des 19. Jahrhunderts.

Besichtigung

Mittelalter-Abteilung

Das erste Obergeschoss präsentiert auf 950 m² Kunst des Mittelalters. Im Mittelsaal sind die großformatigen Altarbilder des 14. bis 16. Jahrhunderts aufgestellt; an der Stirnwand erblickt man den monumentalen **Sebastiansaltar**. Der Rundgang durch den Saal entspricht der historischen Entwicklung des kölnischen Altarbildes. In den zwölf um den Altarraum gruppierten Räumen sind Einzeltafeln von der italienischen Malerei des 13. Jhs. bis zur Kölner Renaissance ausgestellt. Einen Höhepunkt bildet Stefan Lochners »Muttergottes in der Rosenlaube« (um 1450). Besondere Beachtung verdienen auch die herausragenden Kunstwerke der meist namentlich unbekannten Meister der hl. Veronika, der Kleinen Passion und der Ursula-Legende. Der Übergang zur Renaissance ist hervorragend vertreten u. a. durch **Albrecht Dürers** »Pfeifer und Trommler« oder durch Künstler wie Lucas Cranach d. Ä., Joos van Cleves oder Barthel Bruyn.

Barock-Abteilung

Das zweite Obergeschoss ist der Kunst des Barock und Rokoko vorbehalten. In thematischer Ordnung werden große Meister der Jahre 1550 – 1750 sowie Werke des späten 18. Jhs. gezeigt. Unter dem Motto »Großes Theater« sind im ersten Raum u.a. Werke von Murillo (»Maria Magdalena«, »Der heilige Franziskus«), Ribera (»Paulus Eremita«) und Paris Bordone (»Bathsheba im Bade«) zu sehen. Der erste Ecksaal zeigt flämische Meisterwerke gewidmet, z.B. das »Selbstbildnis im Kreis der Mantuaner Freunde« von **Peter Paul Rubens** und »Der gefesselte Prometheus« von Jakob Jordaens. Im weiteren Rundgang sieht man Werke von Rembrandt (»Selbstbildnis«, 1662) , Ruisdael, Cuyp und de Hooch. Der vierte, südöstliche Ecksaal befasst sich unter der Überschrift »Mehr Licht« aus unterschiedlichen Blickwinkeln mit der bildenden Kunst der Aufklärung, von Werken des Rokoko (Boucher, »Ruhendes Mädchen« oder de Largollierre, »Madame de Soucarières und ihr Page«) und Canalettos »Canal Grande« bis zu Darstellungen wilder Natur wie »Gebirgslandschaft mit Hirten« von

Jean-Baptiste Pillemont und dem stimmungsvollen »Dovedale by Moonlight« von Joseph Wright.

Abteilung 19. Jh. Eine Fülle einzigartiger Kunstwerke erwartet den Besucher auch im dritten Obergeschoss, das der Malerei und Skulptur des 19. Jhs. gewidmet ist. Der Zentralsaal wartet mit Wegbereitern der Moderne auf und zeigt Werke von Bonnard, Cézanne, Vuillard, Pissaro, Signac, Matisse, van Dongen und Corinth. Es folgen beim Rundgang im Uhrzeigersinn die Themen Landschaftsmalerei und »Traumland Italien«, letztere mit den Deutschrömern Feuerbach, Marées und Böcklin (»Überfall der Seeräuber«) sowie als Vertreter der Nazarener Schnorr von Carolsfeld (»Maria mit dem Kind«). Der in Köln geborene große deutsche Realist **Wilhelm Leibl** befindet sich unter dem Motto »Nichts als die Wirklichkeit« in der Gesellschaft von Corot, Courbet und Menzel. In weiteren Sälen sind Plastiken von Dégas und Malereien von Renoiur, Monet, Sislay, Caillebotte ausgestellt. Hervorragendes sieht man auch von den Postimpressionisten Seurat, Signac, Luce, Rysselberghe und Cross.
Im letzten Ecksaal kann man sich mit den deutschen Symbolisten Max Klinger und Franz von Stuck oder mit Werken von Odilon Redon, Munch und Ensor beschäftigen.

✶ Gürzenich

Lage: Martinstr. 29

Kongresszentrum Der Gürzenich, östlich des Wallraf-Richartz-Museums gelegen und über die Stadt hinaus bekannt durch die jährliche Fernsehübertragung einer großen Kölner Karnevalssitzung, ist neben dem Rathaus der wichtigste frühneuzeitliche Profanbau der Stadt. Er wurde 1441 bis 1447 auf dem Grundstück der Patrizierfamilie Gürzenich im Auftrag der Kölner Bürgerschaft als öffentlicher Mehrzweckbau errichtet. Das Erdgeschoss diente als Lager- und Kaufhalle, im Obergeschoss befand sich der 23 x 53 m große Festsaal mit offenem Dachstuhl. Etliche Kaiser waren hier zu Gast, z. B. Friedrich III. 1474, Maximilian I. 1486 und 1505 oder Karl V. 1520. Später diente der Gürzenich als Warenhaus, bis er ab Anfang des 19. Jhs. wieder seine Funktion als Festhaus erfüllte. Seitdem finden in dem 1996 – 1998 modernisierten Kongress- und Festzentrum wieder öffentliche Veranstaltungen, Karnevalssitzungen und Konzerte statt.
Die **gotische Architektur** zeigt feudale und sakrale Elemente, z. B. in den Dachzinnen, den Ecktürmchen oder den Schmuckelementen. Die Hauptfassade ist die östliche; dort befinden sich über den Eingängen die Statuen von Marcus Vipsanius Agrippa und Marsilius. Nach schweren Kriegszerstörungen führten Rudolf Schwarz und Karl Band 1952/53 eine für diese Zeit beispielhafte Neugestaltung der Innenräume aus. Sie schufen geschwungene Treppen und großzügige Wandelhallen mit hohen, schlanken Säulen. Fenster, Beleuchtung,

Kölns Festgebäude aus der Mitte des 15. Jahrhunderts – der Gürzenich

Wandmalereien in der Garderobe und Details der Türgriffe, Handläufe usw. zeugen von dem Willen, die »gute Stube« der Stadt repräsentativ wieder aufzubauen.

Alt St. Alban

Der Gürzenich teilt eine Wand mit der Kirche Alt St. Alban, deren Ziegel oben in einer Wand des Treppenhauses des Gürzenichs sichtbar sind. Von dort und von der Straße Quatermarkt aus sieht man in die kriegszerstörte Kirche, die als **Gedenkstätte** für die Toten der Weltkriege dient. Im offenen Innenraum der Ruine kniet zur Mahnung und im Gedenken das um die Toten »Trauernde Elternpaar«, die steinerne Kopie eines Werkes von **Käthe Kollwitz** von 1931.

★ Zeughaus · Kölnisches Stadtmuseum

G 7

Lage: Zeughausstr. 1 – 3
Straßenbahn: 5 (Appellhofplatz/ Zeughaus)
Innenstadtplan: B 2
Internet: www.museenkoeln.de/ koelnisches-stadtmuseum

In ihrer ehemaligen Rüstungs- und Waffenkammer gibt die Stadt Einblicke in ihre Wirtschafts-, Sozial- und Alltagsgeschichte vom Mittelalter bis zur Gegenwart.

Ehemalige reichsstädtische Rüstkammer

Das Zeughaus, das einstige Waffenarsenal der Freien Reichsstadt Köln, wurde in den Jahren 1594–1606 errichtet. Den einfachen frühbarocken Ziegelbau ziert ein schönes Renaissanceportal, das von einem helmgeschmückten und von Allegorien umgebenen Stadtwappen gekrönt wird, sowie ein Treppenturm an der Westwand. Die Fensterläden in den Farben der Stadt, Rot und Weiß, wurden dem Bau erst bei der Restaurierung von 1980–1984 beigefügt. Die Rückfront – zur Straße An der Burgmauer – ruht auf den Fundamenten der alten ► römischen Stadtmauer. Auf dem denkmalgeschützten Turm des Zeughauses steht seit 1991 ein goldglänzendes geflügeltes Auto des Kölner Aktionskünstlers **HA Schult**. Sein **»Goldener Vogel«** mit einer Spannweite von 10 Metern, eine von zehn Skulpturen der Aktion »Fetisch Auto« aus dem Jahr 1989, erhitzte jahrelang die Gemüter der Stadt.

Römerbrunnen

Am Ostende des Zeughauses liegt der Römerbrunnen, der 1915 von **Franz Brantzky** aus Resten der römischen Stadtmauer gestaltet wurde. Auf einem Doppelpfeiler wacht die Kapitolinische Wölfin, die zwölf Reliefköpfe am Brunnen zeigen römische Kaiser von Augustus bis Theodosius, über den sechs Reliefbildern ist ein Köln betreffender Text aus den »Annalen« des Tacitus angebracht. Im Westen schließt sich die preußische **Alte Wache** von 1840/1841 an, in der heute Wechselausstellungen präsentiert werden.

HA Schults goldglänzendes Flügelauto »parkt« auf dem Turm des Zeughauses

Kölnisches Stadtmuseum

Öffnungszeiten:
Di. 10.00 – 20.00,
Mi. – So.
10.00 – 17.00
Führungen:
Sa. 14.30, So. 11.15

Das Stadtmuseum gibt einen Einblick in die abwechslungsreiche Sozial-, Wirtschafts- und vor allem Alltagsgeschichte Kölns vom Hochmittelalter bis heute. Leider erlaubt die begrenzte Ausstellungsfläche von ca. 2000 m^2 auf zwei Etagen die Präsentation nur eines Bruchteils der Sammlung, die insgesamt etwa 200 000 Exponate umfasst.
Im Erdgeschoss steht die Darstellung der politischen Geschichte Kölns im Vordergrund. Zunächst erwartet den Besucher **Kölntypisches**: Man kann die handgeschnitzten Puppen des Hänneschen-Theaters ganz aus der Nähe betrachten und erfährt etwas über Karneval, Kölsch und Klüngel, über Kölnisch Wasser und die Fordwerke. Gemälde, Fotografien, Briefe und Dokumente veranschaulichen die Geschichte Kölns vom Ersten Weltkrieg über die Weimarer Republik und das »Dritte Reich« bis zur Nachkriegszeit.
Im Zentrum der Ausstellung steht ein nach Plänen von Arnold Mercator gebautes großes Modell des spätmittelalterlichen **Köln im Jahr 1571**. Das Original eines Reliefs von der mittelalterlichen Stadtmauer stellt die Schlacht an der Ulrepforte im Jahr 1268 dar, die für die Kölner ein wichtiger Schritt zur Unabhängigkeit ihrer Stadt von der Herrschaft der Erzbischöfe war. Mit Urkunden, Werkzeugen, Waffen, Rüstungen u. a. wird die Zeit vom 13. Jahrhundert über die französische und preußische Herrschaft bis zur Kaiserzeit vor Augen geführt. Zu den sehenswerten Exponaten gehören v. a. das gotische **Stadtsiegel von 1268** und der sogenannte **Verbundbrief** – die Stadtverfassung der Zünfte – von 1396.
Im Obergeschoss wird die **Kultur- und Wirtschaftsgeschichte** Kölns vorgestellt. Mit einer einzigartigen Sammlung historischer physikalischer Geräte und alter Globen, mit Möbeln, Haushaltsgeräten oder Schiffsmodellen werden verschiedene Themenbereiche wie »Glaube, Aberglaube und Wissenschaft«, »Köln um 1900« oder »Handel und Verkehr« aufbereitet. Man lernt die religiösen Bräuche der Kölner jüdischen Gemeinde kennen, erfährt etwas über die Bedeutung der Rheinschifffahrt, über Kindheit und Arbeitswelt zu Beginn des 20. Jhs. und kann die Vollendung des Doms nachvollziehen.

★ **Römerturm**

Der Römerturm (► Abb. S. 212) westlich des Zeughauses (Ecke Zeughausstr. 13/St.-Apern-Str.) bildete einst die Nordwestecke der römischen Stadtmauer(► S. 211). Aufgrund seines guten Zustands und seines reichen Ornamentschmucks ist er auch über Köln hinaus bekannt. Die Ornamente sind aus verschiedenen Gesteinsarten zusammengesetzt; in der oberen Reihe erkennt man stilisierte Säulentempel. Die 2,5 m dicke Außenmauer zeigt noch viel von der rotweißen römischen Verzierung.
Im Mittelalter wurde der Turm in das – später zerstörte – Franziskanerinnenkloster St. Klara integriert und diente als Latrine, was ihn immerhin vor dem Abriss bewahrte. 1833 in ein Wohnhaus umgewandelt, ging der Turm 1873 in den Besitz der Stadt über, die für sei-

Glänzende Harnische und Rüstungen aus dem 15./16. Jahrhundert im Stadtmuseum, der einstigen Waffenkammer des mittelalterlichen Köln

ne Erhaltung sorgte. Das Werksteinband und die Zinnen wurden um 1900 hinzugefügt. Das neugotische Haus, das an den Römerturm grenzt, wurde 1896 für den damaligen Dombaumeister errichtet. Heute dient der Turm als **Ausstellungsraum einer Galerie**.

St. Maria in der Kupfergasse

Lage: Neven-DuMont-Straße 7

Ehemalige Karmeliterkirche

Wenige Schritte vom Zeughaus entfernt liegt die wieder aufgebaute ehemalige Klosterkirche der Karmeliter. Zunächst wurde von dem Orden der Unbeschuhten Karmeliterinnen, der seit 1637 in Köln ansässig war, 1673 – 1675 die **Loreto-Kapelle** – nach dem Vorbild der Casa Santa des italienischen Wallfahrtsortes Loreto – für das Gnadenbild der **Schwarzen Muttergottes** errichtet. 1705 – 1711 wurde die Kapelle in einen Kirchenneubau integriert. Der Bau steht in der Tradition des niederländischen Barock, wie ihn die Karmeliterinnen aus ihrer Heimat s' Hertogenbosch mitbrachten.

Die kostbare, aus Lindenholz geschnitzte und als wundertätig geltende Statue der Schwarzen Muttergottes (17. Jh.), die vermutlich von den aus den Niederlanden vertriebenen Karmeliterinnen nach Köln gebracht wurde und seither Ziel vieler Pilger ist, steht in der alten Kapelle im Eingangsbereich der Kirche. Das Marienbild spielte und spielt eine große Rolle in der Volksfrömmigkeit; der Legende nach soll die Statue schwarz geworden sein, nachdem man sie in Pestzeiten durch Köln getragen hatte, um die Epidemie zu bannen.

★ Zons

Ausflugsziel

Lage: 25 km nördlich von Köln **Anfahrt:** über B 9 bis Dormagen-Zons

Das Städtchen Zons gehört heute zu Dormagen und ist wegen seiner mittelalterlichen Befestigung, der besterhaltenen des Rheinlands, des malerischen Stadtbildes und seiner Freilichtbühne ein überaus beliebtes Ausflugsziel.

Geschichte

Nachdem der Rheinzoll im Jahr 1372 von Neuss in das damals noch direkt am Rhein gelegene Zons verlegt worden war, wurde der ehemalige **Fronhof der Kölner Erzbischöfe**, der urkundlich erstmals im 11. Jh. erwähnt wird, zur Stadt erhoben und mit einer Befestigungsanlage umgeben. Zusätzlich wurde die Stadt durch die Burg Friedestrom gesichert. Alle auf dem Rhein transportierten Waren wurden mit 2 – 10 % des Warenwerts verzollt; schließlich stammte über die Hälfte des Etats der Erzbischöfe aus Zolleinnahmen.
Ab 1463 war die Festung im Besitz des Kölner Domkapitels. Ein Streit um Zons zwischen Erzbischof **Ruprecht von der Pfalz** und dem Domkapitel weitete sich zum Reichskrieg aus, als auf Seiten Ruprechts Karl der Kühne von Burgund, auf Seiten des Domkapitels Kaiser Friedrich III. in die sog. Stiftsfehde eingriffen. Die Auseinandersetzung endete 1475 mit der Niederlage Karls des Kühnen, und Zons verblieb fortan bei Köln. Verheerende Stadtbrände im 15. und 16. Jh., Pestepidemien im 17. Jh. und Belagerungen während des Dreißigjährigen Kriegs zehrten an der wirtschaftlichen Substanz des Städtchens. 1796, zur Zeit der französischen Besetzung, wurde die Zollstation aufgehoben.

»Rheinisches Rothenburg«

Seiner eindrucksvollen, über einen Kilometer langen mittelalterlichen Stadtmauer mit Toren, Türmen und Schutzgräben, den engen Gässchen und liebevoll restaurierten Fachwerkhäusern verdankt das Städtchen Zons den Beinamen »Rheinisches Rothenburg«. Der Südturm wurde schon im 15. Jh. zur Mühle umgebaut. Nördlich der Schlossstraße, die in Richtung Rhein führt, ist die neugotische Kirche zu sehen, die 1875 an der Stelle eines Vorgängerbaus aus dem 14. Jahrhundert errichtet wurde.
Ein wenig südlich der Schlossstraße blieb der im 14. Jahrhundert gebaute »Juddeturm« (mit Barockhaube), ein Eckturm der alten Vorburg, erhalten. Wo die Schlossstraße auf die Rheingasse und die Rheinmauer trifft, befand sich der Marktplatz mit dem – nicht erhaltenen – Rathaus an der Nordseite.
In einem an der Schlossstraße gelegenen Herrenhaus aus dem 17. Jahrhundert ist heute das **Rhein-Kreis-Museum** untergebracht. Sehenswert sind hier vor allem die größte Jugendstil-Zinnsammlung Deutschlands und die Dokumente zur Stadtgeschichte (Öffnungszeiten: Di. – Fr. 14.00 – 18.00, Sa. und So. 11.00 – 17.00 Uhr).

Im 15. Jh. zur Windmühle umgebauter Wehrturm der Zonser Stadtbefestigung

Weiter südlich befand sich die Hauptburg. Von ihr stehen noch das Südtor, das in die Vorburg führte, der Torturm, durch den man in die Hauptburg gelangte, und der Schlossturm als südöstlicher Eckturm der Stadtmauer.
Die Rheingasse bietet mit ihren schönen alten Häusern und der ehemaligen Rheinmauer eine stimmungsvolle Atmosphäre. Wo in früheren Zeiten direkt vor der Mauer der Rhein floss, weiden heute Kühe. Am Nordende der Rheingasse erreicht man den sechsgeschossigen, quadratischen Rhein- oder St.-Peters-Turm, der die Zollstation beherbergte. Auf der Stadtseite des anschließenden Rheintores ist auf einem Relief Erzbischof **Friedrich von Saarwerden** – der 1373 Zons zur Stadt erhob – dargestellt, darunter die Bauinschrift mit der Jahreszahl 1388.
Im einstigen Zwinger der Feste an der Außenseite der Mauer befindet sich heute eine viel besuchte **Freilichtbühne**. Parkplätze findet man unweit westlich und auf dem Vorland des Rheindeiches. Im Sommer gastieren hier Ensembles naher Großstadtbühnen.
Zwischen der Stadt und dem Strom wurde der **Rheindeich** aufgeschüttet, auf dessen Krone ein Fuß- und Fahrweg einen schönen Blick auf Zons und die sanft gewellten Flussauen bietet.

★ Zoo · Aquarium

E 8

Lage: Riehler Str. 173
Bus: 140
Straßenbahn: 15, 16 (Zoo/Flora)
Internet: www.zoo-koeln.de

Mit rund 10 000 Tieren aus über 750 Arten aus aller Welt gilt der Kölner Zoo als einer der größten und schönsten Tiergärten Deutschlands.

Seit der Tiergarten als einer der ersten in Europa 1860 eröffnet wurde, hat sich nicht nur die Größe, die Gestaltung der Tiergehege und die vorhandene Artenvielfalt verändert, sondern auch die Zielsetzung des Zoos: Neben dem Wunsch, dem Publikum einen guten Querschnitt durch das Tierreich zu zeigen, steht heute auch der Natur- und Artenschutz im Vordergrund. So werden ca. 100 vom Aussterben bedrohte Arten gehalten, darunter Tiere wie Balistare und Przewalskipferde, die später wieder in die Natur entlassen werden, und Projekte zur Rettung von Schneekranichen, Gorillas, Schwarzfußkatzen und anderen Arten unterstützt. Elefanten, Menschen- und Halbaffen, Vögel und Reptilien gehören zu den Schwerpunkten.

Öffnungszeiten:
April – Sept.
tgl. 9.00 – 18.00,
Okt. – März
bis 17.00
Aquarium:
tgl. 9.00 – 18.00

Durch den Bau neuer Anlagen bleibt Kölner Zoo zeitgemäß. Das 2000 m² große Regenwaldhaus stellt den südostasiatischen Regenwald mit tropischen Pflanzen und Tieren wie Baumkängurus, Flughunden und bunten Vögeln vor. Das 150. Jubiläum wurde 2010 mit der Eröffnung des **Hippodoms** gefeiert. In diesem in Europa einzigartigen Nachbau einer afrikanischen Flusslandschaft können Besucher Flusspferde, Nilkrokodile, Antilopen und andere Arten unterwasser, aus der Vogelperspektive oder fast Auge in Auge erleben.

Die mehr als 30 Freigehege entsprechen so weit wie möglich den Bedürfnissen der Tiere. Besonders beeindruckend sind die aus der Gründungszeit des Zoos erhalten gebliebenen Tierhäuser und die in späteren Jahrzehnten entstandenen Gehege, die Zeugnis von den sich wandelnden Vorstellungen vom Sinn und Zweck eines Zoos geben. Das äußerlich wie ein indischer Tempel anmutende Elefantenhaus von 1863 etwa ist das älteste Monument und steht unter Denkmalschutz; es entsprach jedoch nicht mehr dem heutigen Kenntnisstand über die Lebensweise von Elefanten. Für die artgerechte Haltung wurde daher auf einem etwa 2 ha großen Gelände der neue **Elefantenpark** eingerichtet. Auch das 1898/1899 gebaute ehemalige Vogelhaus – heute als Affenhaus genutzt –, das an eine russische Kirche erinnert, entspricht dem Verständnis des 19. Jhs., nach dem sich der exotische Artenreichtum auch in den entsprechenden Baustilen spiegeln sollte. Aus der Gründungszeit des Zoos stammt auch die klassizistische Direktorenvilla.

i Fütterungszeiten

- 10.45 Uhr Pinguine
- 11.30 Uhr Seelöwen
- 12.00 Uhr Fischotter, Erdmännchen und Waschbären
- 14.30 Uhr Vogelschau
- 15.00 Uhr Paviane, Krallenotter (im Regenwaldhaus)
- 15.00 Uhr (nur montags) Piranhas
- 15.30 Uhr Pinguine
- 16.00 Uhr Seelöwen
- 16.30 Uhr Fischotter, Erdmännchen und Waschbären

Zwischen dem **Seelöwenfelsen** von 1882 und dem berühmten **Affenfelsen** von 1914 liegen ebenfalls Welten: Während Ersterer mit seiner eher sterilen steinernen Landschaft vordringlich dem Amusement der Zuschauer diente, die einen optimalen Einblick in das Areal erhielten, stand der Bau des Affenfelsens nach dem Vorbild von Hagenbecks Tierpark in Hamburg unter dem Motto »Tiere in der Landschaft«. Die Paviane und Langurenarten können sich in den hohlen Felsen zurückziehen, wo sich die von außen nicht einsehba-

Vor einem begeisterten Publikum verdienen sich die Seelöwen im Kölner Zoo mit ihren zirkusreifen Showeinlagen einen Extra-Fisch.

ren Käfige befinden. Der Akzent hat sich hier vom bloßen Betrachten des Tieres auf das Beobachten des Tierlebens verschoben. Dementsprechend ist der Affenfelsen – neben dem **Urwaldhaus** für Menschenaffen – eine der Hauptattraktionen des Zoos.
Übrigens sind ca. 30 % aller gezeigten Säugetiere Affen. Zu bewundern sind vor allem die Menschenaffen, die an dem Haupteingang entgegengesetzten Parkende 1985 ein Urwaldhaus erhielten. Hier leben Gorillas, Orang-Utans und die seltenen Bonobos. Links des Haupteingangs liegt das **Lemurenhaus** mit den Halbaffen aus Madagaskar.

Weitere Gehege

Rechts des Haupteingangs gelangt man zu den Kamelen, Bären, Pandas und Kakadus. Aber auch der Bestand an Raubkatzen lässt sich sehen und zieht entsprechend viel Publikum an: Neben Löwen und Tigern kann man auch Geparden in einem Freigehege beobachten, das einer afrikanischen Savanne nachempfunden wurde. In den 1990er-Jahren entstanden zwei weitere Areale für Raubkatzen im hinteren Teil des Zoos: Hier leben Leoparden und Schneeleoparden in recht authentisch gestalteten Lebensräumen (hochalpines Gebirge und Waldlandschaft).
Der Zoo bietet ein **umfangreiches Angebot für Kinder** durch erlebnisreiche Führungen, vielfältige Möglichkeiten Kindergeburtstage zu feiern und durch eine **Zooschule** für Schulklassen.

Aquarium mit Terrarium und Insektarium

Gegenüber dem Haupteingang liegt das Aquarium mit Insektarium und Terrarium. Beeindruckend ist die Atmosphäre des Hauses schon gleich nach dem Eingangsbereich: Man findet sich in einer schwach beleuchteten Halle wieder, in deren Seitenwände etliche beleuchtete Aquarien eingelassen sind, in denen sich farbenprächtige tropische Fische und Wasserschildkröten tummeln. Im weiteren Verlauf des Rundgangs kann man Bekanntschaft mit Krokodilen, Schlangen und Echsen machen.
Der erste Stock des Gebäudes ist den Insekten, Tausendfüßlern und Spinnentieren vorbehalten. In vielen kleinen Glaskästen wuseln, krie-

chen oder fliegen Gottesanbeterinnen, Heuschrecken, Wanzen, dicke Kakerlaken, zarte Libellen, Käfer und Mücken. Bienen gelangen von ihrem einsehbaren Bienenstock durch einen kleinen Ausgang nach draußen. Eine Attraktion ist auch der Raum, in dem man von Schmetterlingen umflattert wird.

! *Baedeker* TIPP

Günstig in den Zoo

Montag ist Zootag, denn am Wochenanfang ist der Eintritt günstiger als sonst, außer man löst ein Feierabendticket, das täglich ab 16.00 Uhr gültig ist.

Zülpicher Straße · Kwartier Lateng

H/J 6/7

Lage: Neustadt-Süd

Straßenbahn: 9, 12, 15 (Zülpicher Platz)

Die Zülpicher Straße im Kölner Südwesten ist die Hauptachse des Kneipen- und Restaurantviertels, das in den 1970er-Jahren den Spitznamen Kwartier Lateng bekam.

Studentenviertel

Die Bezeichnung »Kwartier Lateng« ist die »eingekölschte« Version des Namens für das Pariser Studentenviertel Quartier Latin, an das hier in Köln nicht nur das junge Publikum und das rege Nachtleben erinnern, sondern auch die Fülle an Gaststätten, Bars und Cafés. Auf der Suche nach Unterhaltung oder lukullischen Genüssen findet man Etliches auf der Zülpicher Straße und in den Nebenstraßen – auf dem Abschnitt zwischen Hohenstaufenring und dem Bahndamm –, beispielsweise mehrere Kneipen, französische und italienische Restaurants. Auf der Höhe der Dasselstraße geht die Kyffhäuserstraße ab, die wiederum von der Hochstadenstraße gekreuzt wird, in beiden hat es ebenfalls einige Kneipen. Sehr lohnenswert ist auch die Gegend um den Rathenauplatz (► Synagoge), wo sich einige gute Restaurants niedergelassen haben.

Die 1893 – 1900 erbaute **Herz-Jesu-Kirche** am Zülpicher Platz gilt als einer der wichtigsten neugotischen Bauten Kölns. Die architektonische Gestaltung steht sichtbar unter dem Eindruck des 1880 fertig gestellten ► Doms. Das Langhaus ist im Wesentlichen ein Nachkriegsneubau, der Turm weist jedoch das ursprüngliche Bild auf.

Fest in studentischer Hand: das in Uninähe gelegene Kwartier Lateng

REGISTER

4711-Haus **105, 197**

a

Aachener Weiher **170, 176, 188**
Abel, Adolf **151**
Abwasserkanal, römischer **199**
Adenauer, Konrad **31, 32, 33, 60, 61, 150, 151, 170, 205, 232**
Adolf II. **141**
Agilolphusaltar **163**
Agrippina **25**
Albermann, Wilhelm **234**
Alberti, Matteo **239**
Albertus Magnus **62, 230**
Alt St. Alban **257**
Alt St. Heribert **152**
Altar der Stadtpatrone **45, 64, 163**
Alte Universität **227**
Altenberg **140**
Altenberger Dom **140**
Alter Markt **146**
Altstadt **82, 142**
Altsteinzeit **25**
An Farina **205**
Andriessen, Mari **180**
Anno II. (Erzbischof) **233, 235**
Antiquitäten **106**
Antoniterkirche **174**
Aquarium **262, 264**
Archäologische Zone **198, 199**
Arnold von Wied **235**
Art Cologne **19, 57, 90, 106**
August-Sander-Archiv **179**
Augustusburg (Schloss) **215**
Ausflugslokale **73, 76**
Auskunft **80**
Ausstellungen **97**

b

Bäder **119**
Band, Karl **49, 230**
BAP **59**
Barlach, Ernst **174**
Bars **76**
Bastei **208**
Bauturm-Theater **88**
Bayenthal
Bayenturm **183**
Belgisches Viertel **82, 147**
Benedikt XVI. (Papst) **35**
Bergisches Land **140**
Bernhard von Clairvaux **141**
Bernhard, Josef **49**
Beuys, Joseph **175**
Bevölkerung **17**
Bierbrunnen **173**
Biergärten **73, 76**
Bismarck, Otto von **30**
Blanckenberg, Johann **141**
Bläck Fööss **59**
Bodenheimer, Max Isidor **201**
Böhm, Dominikus **233**
Böhm, Gottfried **171, 174, 177**
Böll, Heinrich **33, 63, 205**
Boisserée, Sulpiz **62, 205**
Boltz, Valentin **231**
Botanischer Garten **167**
Bottmühle **183, 222**
Boulevard-Theater **113**
Brantzky, Franz **258**
Brauweiler **148**
Breker, Arno **237**
Breslauer Sammlung **99**
Brings **59**
Bruch, Max **195**
Bruno I. (Erzbischof) **143, 223, 246**
Bruyn d. Ä, Barthel **230**
Brügelmannhaus **147**
Brühl **94, 215**
Brüsseler Platz **147**
Bühnen, Städtische **113**
Burch, Tilman van der **169, 230, 250**
Buschulte, Wilhelm **237**
Busmann, Peter **189**

c

c/o pop **58**
Caesar, Gaius Julius **25**
Cafés **87**
Caillebotte, Gustave **255**
Camping **117**
Carlone, Carlo **215**
Chlodwig I. **26**
Clarenaltar **159**
Code civil **30**
Colonia Claudia Ara Agrippinensium **25**
Colonia Judaica **202**
Colonius (Fernmeldeturm) **170**
Comedia Kindertheater **95**
Corboud, Gérard **255**
Cramer, Karl **146**
Crane, Johann von **250**
Cuvilliés, François de **215**

d

Dahmen, Leopold **167**
Dampfschifffahrt Colonia **112**
Davringhausen, Heinrich Maria **56**
De Höhner **59**
Decksteiner Weiher **172**
Delikatessenläden **107**
Demnig, Gunter **201**
Deter, Ina **59**
Deutsches Sport & Olympia Museum **219**
Deutsches Tanzarchiv **179**
Deutz **149**
Deutzer Brücke **50**
Deutzer Freiheit **153**
Deutzer Hafen **155**
Deutzer Synagoge **154**
Dionysosmosaik **37, 213**
Dischhaus **49, 176**
Dix, Otto **175**
Dom **9, 34, 43, 44, 47, 156**
Dombauhütte **157, 165**
Dombild **45, 163**
Domplatte **164**
Domschatzkammer **164**
Dormagen **261**
Dreikönigenschrein **26, 43, 162**
Dreikönigsaltar **45**
Dreißigjähriger Krieg **29**
Duftmuseum **205**
Duns Scotus, Johannes **187**

e

Ehrenstraße **103**
Eigelsteintorburg **165, 182**
Eigelsteinviertel **165**
Einkaufen **103**
Eisenmarkt **144**
EL-DE-Haus **167**
Eller, Fritz **218**

Engelbert von Berg (Erzbischof) **141**
Engels, Friedrich **30**
Ernst, Max **56, 217**
Erster Weltkrieg **32**
Essen und Trinken **81**
Europabus **72**
Events **89**

f

Falkenlust (Jagdschloss) **216**
Farina, Giovanni Battista **104**
Farina, Johann Maria **104, 105, 205**
Fastnachtbrunnen **206**
Ferdinand von Bayern (Erzbischof) **29**
Feste **89**
Filmhaus **180**
Fischmarkt **144**
Flohmärkte **108**
Flora (Park) **167**
Flughafen **73**
Fondation Corboud **253**
Forstbotanischer Garten **209**
Forum für Fotografie und Kunst **57**
Foster, Sir Norman **52, 148**
Franken **25**
Frankenwerft **143, 208**
Franzen, Werner **141**
Französische Revolution **29**
Frauenbrunnen **205**
Frauengeschichtsverein **110**
Freilichtbühne Zons **262**
Freizeitinsel Porz-Zündorf **111**
Friedenspark **227**
Friedenswald **209**
Friedrich I. Barbarossa **26**
Friedrich von Saarwerden **262**
Friedrich Wilhelm III. **145**
Friedrich Wilhelm IV. **30, 48, 157**
Friedrich, Nikolaus **220**
Friesenplatz **148**
Frings, Josef (Kardinal) **33, 63, 233**
Frühstückscafés **88**
Fundbüros **93**

g

Galerien **56**
Geisselbrunn, Jeremias **231**
Geldgeschichtiches Museum **99**
Gereonsmühlenturm **180**
Gereonsviertel **237**
Gerhard von Rile (Dombaumeister) **44, 157**
Gerokreuz **38, 162**
Geschichte **24**
Girard, Dominique **216**
Goldene Kammer **248, 250**
Gotik **43**
Gottfried, Hermann **232**
Grabkammer, römische **210**
Grasegger, Georg **206**
Groß St. Martin **40, 41, 42, 169**
Groov **93, 110**
Grummer, Hansjürgen **197**
Grüngürtel **170**
Gülich, Nikolaus **206**
Gülichplatz **206**
Gürzenich **256**

h

Haberer, Godfrid **189**
Hänneschen-Theater **114, 144**
Hahnentor **182**
Hansa-Hochhaus **49, 180**
Hansaring **178**
Hansasaal **204**
Hanse **28**
Hauptbahnhof **48, 172**
Haus Balchem **223**
Heinrich III. **242**
Heinrich IV. **181**
Heinrich-Böll-Platz **55, 143, 190**
Heinzelmännchenbrunnen **165**
Helenenturm **212**
Hennes, Erich **237**
Henze, Hans Werner **58**
Heribertschrein **153154**
Hertzberger, Hermann **180**
Herz-Jesu-Kirche **265**
Heumarkt **145**
Hildebold (Bischof) **26**
Historisches Archiv **34, 234**
Hochschule für Musik **58, 59**
Hoerle, Heinrich **56**
Hohe Straße **103, 172**
Hohenzollernbrücke **50, 51**
Hotels **114**
Hulsmann, Johann **231**

i

Imhoff, Hans **218**
Industrialisierung **30**
Insektarium **264**

j

Jan-von-Werth-Brunnen **146**
Jazz **101**
Joest, Wilhelm **206, 207**
Josef-Haubrich-Hof **196**
Jugendherbergen **117**
Julia Agrippina **61**
Jüdische Gemeinde **200, 201**
Jüdischer Friedhof **154**
Jüdisches Museum **199**

k

Kabarett **113**
Käthe-Kollwitz-Museum **194**
Kagel, Mauricio **58**
Kallendresser **147**
Karavan, Dani **55**
Karl der Große **26, 193, 205**
Karneval **224**
Kartäuserkirche **226**
Kastell Divitia **150**
Kennedy-Ufer **152**
Keun, Irmgard **64, 205**
Kinderoper **95**
Kindertheater **95**
Kinos **76, 79**
Kirche Christi Auferstehung **177**
Köln-Düsseldorfer **113, 144**
Kölnarena (Lanxess Arena) **53, 154**
Kölner Festungsmuseum **99**
Kölner Jazzhaus **227**
Kölner Karnevalsmuseum **99**
Kölnisch Wasser **104**
Kölnischer Kunstverein **98**
Kölnisches Stadtmuseum **257**
KölnTriangle **53, 151**
KölnTurm **179**
Kölschrock **59**
Koerfer, Jakob **49**
Kollwitz, Käthe **174, 194, 257**
Kolping, Adolph **186187**
Kolpingdenkmal **187**
Kolumba **52, 174**
Konrad von Hochstaden (Erzbischof) **26, 157**

Konrad-Adenauer-Ufer **208**
Konstantin der Große **25, 200**
Konzerte **100**
Kopisch, August **165**
Kounellis, Jannis **175**
Krieler Dömchen **178**
Kürassier-Denkmal **152**
Kunibertspütz **239**
Kunibertstorburg **181**
Kunstgeschichte **37**
Kunstmuseum des Erzbistums Köln (Kolumba) **52, 174**
Kunststation St. Peter **196**
Kuyn, Konrad **239**
Kwartier Lateng **82, 265**
Kyffhäuserstraße **265**

l

Lanxess Arena (Kölnarena) **53, 154**
Lehmann, Kurt **152**
Leibl, Wilhelm **256**
Lenné, Peter Joseph **168, 216**
Leo IX. (Papst) **27**
Leveilly, Michel **216**
Lew Kopelew Forum **195**
Lindenthal **176**
Lindenthaler Kanal **176**
Lochner, Stefan **45, 64, 175, 203, 205, 255**
Lom, Walter von **185**
Ludwig I. **163**
Ludwig, Peter und Irene **189**
Lüpertz, Markus **230**
Luther, Martin **29**
Lysolphturm **212**

m

Ma'alot **55, 143**
Maahn, Wolf **59**
Macke, August **175**
Madonna in den Trümmern **174**
Maekawa, Kunio **188**
Märchenwald **142**
Märkte **106**
Marcks, Gerhard **173, 175, 243, 252**
Martinsviertel **142143**
Marx, Karl **30, 65, 205**
Mataré, Ewald **55, 147, 158**
Maternus (Bischof) **209**
Max Ernst Museum **217**
MediaPark **53, 54, 178**
Medien **97**
Medienakademie **197**
Meister Gerhard (Dombaumeister) **44, 157**
Meistermann, Georg **237**
Melatenfriedhof **177**
Menne, Hans **196**
Messe **19, 151**
Messeturm **151**
Mikwe **202**
Millowitsch, Willy **65, 145**
Minoritenkirche **186**
Mitfahrzentrale **73**
Mittelalterliche Stadtmauer **48, 180**
Mittelstraße **103**
Moschee **171**
Mühlengasse **147**
Mühlens, Wilhelm **105, 197**
Mülheim **183**
Mülheimer Brücke **51, 184**
Mülheimer Gottestracht **91, 184**
Museen **97**
Museum des Deutschen Tanzarchivs **179**
Museum für Angewandte Kunst **52, 185**
Museum für Ostasiatische Kunst **187**
Museum für zeitgenössische keramische Kunst **98**
Museum Ludwig **52, 189**
Museum Schnütgen **191**
Museumsdienst **94, 98**
Musical Dome **9, 102**
Musik **58, 100**
Musikclubs **78**

n

Napoleon **30**
Neu St. Alban **227, 228**
Neu St. Heribert **153**
Neumann, Balthasar **215**
Neumarkt **103, 194**
Neumarkt-Passage **194**
Niedecken, Wolfgang **59, 66**
Nikolaus von Verdun **43, 162**
Nordtor **211, 215**
Normannen **26**
Notdienste **102**
Nouvel, Jean **53, 179**
NS-Dokumentationszentrum **167**

o

Odenthal, Richard **166**
Odysseum **95, 151**
Öffentlicher Nahverkehr **124**
Offenbach, Jacques **67, 201, 205**
Offenbachplatz **196**
Oldenburg, Claes **195**
Opernbrunnen **197**
Opernhaus **196**
Oppenheim, Max von **207**
Ostermann, Willi **22, 145**
Ostermannbrunnen **145**
Ostermannplatz **145**
Otto II. **148**
Otto III. **150**
Otto IV. **162**
Otto, Frei **152**
Otto, Nicolaus August **154**
Overstolzenhaus **44, 197**

p

Paolozzi, Eduardo **144**
Paul, Bruno **49, 176**
Petersglocke **163**
Petersportal **158**
Pferderennbahn **121**
Phantasialand **93, 95**
Philharmonie **189, 191**
Philipp von Heinsberg **181**
Piano, Renzo **174**
Picasso **190**
Platzjabbek **147, 205**
Plektrudis **242**
Poblicius-Grabmal **213, 222**
Poller Wiesen **155**
Praetorium **37, 198**
Preußen **30**
Puppentheater **144**

r

Raab, Stefan **185**
Räderscheidt, Anton **56**
Rainald von Dassel **26, 41, 43, 67, 156, 162**
Rathaus **44, 202**
Rathausplatz **200**

Rathauslaube **47, 203**
Rathenauplatz **252**
Rautenstrauch, Eugen **206**
Rautenstrauch-Joest-Museum **52, 206**
Reformation **29**
Reischplatz **154**
Reiterdenkmal **145**
Renaissancelaube **203**
Restaurants **82**
Reuter, Wolfgang **169**
Rheinauhafen **53, 219**
Rheindeich (Zons) **262**
RheinEnergieStadion **121**
Rheingarten **144**
Rheinische Musikhochschule **58, 59**
Rheinisches Freilichtmuseum **111**
Rheinpark **151**
Rheinuferpromenade **208**
Richartz, Johann Heinrich **185, 254**
Richmodishaus **195**
Ring-Karree **52, 148**
Riphahn, Wilhelm **196, 208**
Rodenkirchen **78, 111, 209**
Rodenkirchener Brücke **50**
Roeckerath, Peter Joseph **166**
Römer **25, 37**
Römerbrunnen **258**
Römerpark **227**
Römerturm **37, 260**
Römisch-Germanisches Museum **213**
Römische Grabkammer **210**
Römische Stadtmauer **211**
Römische Wasserleitung **187**
Romanik **38**
Roncalliplatz **164**
Rubens, Peter Paul **47, 196, 255**
Rudolfplatz **182**
Rüdell, Carl **166**
Ruprecht von der Pfalz **261**

s

Salzgasse **144**
Sander, August **68**
Schäl Sick **150**
Schauspielhaus **196**
Schildergasse **103, 172**
Schilling, Hans **228**
Schlaun, Johann Conrad **215**
Schloss Augustusburg **215**
Schmidt, Harald **185**
Schmitzsäule **170**
Schnütgen, Alexander **47, 191**
Schnütgen-Museum **191**
Schokoladenmädchen **223**
Schokoladenmuseum **217**
Schürmann, Joachim **143**
Schult, HA **258**
Schumacher, Fritz **170**
Schwarz, Rudolf **49, 185**
Schwarze Muttergottes **260**
Schwarzer, Alice **68**
Seiwert, Franz Wilhelm **56**
Severinsbrücke **50**
Severinstorburg **183, 222**
Severinsviertel **222**
Shopping **103**
Siebengebirge **221**
Siegfried von Westerburg (Erzbischof) **28**
Sightseeing **110**
Skulpturenpark **55, 56, 99, 171**
Souvenirs **110**
Spanischer Bau **205**
Sport **118**
Sportstadien **121**
Sprenger, Jakob **229**
St. Agnes **166**
St. Andreas **228**
St. Aposteln **39, 231**
St. Cäcilien **38, 191**
St. Corpus Christi **239**
St. Engelbert **233**
St. Georg **233**
St. Gereon **39, 40, 234**
St. Kolumba **174**
St. Kunibert **39, 238**
St. Maria Ablass **237**
St. Maria im Kapitol **39, 40, 239**
St. Maria in der Kupfergasse **260**
St. Maria Lyskirchen **39, 40, 243**
St. Mariä Empfängnis **186**
St. Mariä Himmelfahrt **230**
St. Maternus **209**
St. Michael **147**
St. Pantaleon **38, 40, 42, 245**
St. Peter **47, 196**
St. Peter und Maria (Dom) **156**
St. Severin **223**
St. Stephan **178**
St. Trinitatis **198**
St. Ursula **246, 248**
Stadion Süd **121**
Stadtarchiv **34, 234**
Stadtführungen **110, 129**
Stadtgarten **227**
Stadtgeschichte **24**
Stadtmagazine **97**
Stadtmauer, römische **37, 211**
Stadtmuseum **257**
Stadtrundfahrten **110**
Stadtverfassung **18**
Stadtwald **178**
Städtische Bühnen **113**
Stapelhaus **144**
Stapelrecht **19, 28, 143**
Statz, Vinzenz **237**
Stein, Edith **177, 237**
Stiftung Keramion **98**
Stiftung Kultur **179**
Stockhausen, Karlheinz **58**
Stollwerck-Passage **172**
Straßenbahnmuseum Thielenbruch **100**
Stübben, Hermann Joseph **183**
Stüler, Friedrich August **198**
Südbrücke **50**
Südstadt **226**
Synagoge **200, 251**
Szenekneipen **79**

t

Tageszeitungen **97**
Tanzbrunnen **152**
Tanzmuseum **179**
Tàpies, Antoni **175**
Teichen, Theodor **49**
Terrarium **264**
Theater **113**
Theaterwissenschaftliche Sammlung **100**
Theophanu (Kaiserin) **38, 205, 242**
Thorn-Prikker, Jan **234**
Tourismus **18**
Treskow, Elisabeth **220**
Trödelmärkte **108**
Tünnes und Schäl **1, 169**

u

Ubiermonument **213**
Ulrepforte **183**
Ungers, Oswald Mathias **52, 254**
Universität **28, 252**
Ursulinenkirche St. Corpus Christi **239**

v

Verkehrsverbund Rhein-Sieg **124**
Verwaltung **17**
Volksgarten **227**
Vorgeschichte **25**
Vringsveedel **222**
Völkerkundemuseum **206**

w

Waidmarkt **234**
Wallraf, Ferdinand Franz **47, 185, 254**
Wallraf-Richartz-Museum **49, 52, 253**
Wamser, Christoph **230**
Wasserleitung, römische **187**
Weckschnapp **181**
Weinmuseum **100**
WelcomeCard **103**
Wellness **119**
Westdeutscher Rundfunk **23, 59**
Wildgehege **178**
Wildpark Köln-Dünnwald **113**
Wilhelm I. **157**
Wirtschaft **19**
Wochenmärkte **106**
Wolffsohn, David **201**
Worringen **28**

y

Yediler, Iskender **237**

z

Zeitungen **97**
Zentralmoschee **171**
Zeughaus **47, 257**
Zimmervermittlung **117**
Zons **261**
Zoo **262**
Zoobrücke **50**
Zülpicher Straße **265**
Zumthor, Peter **52, 174**
Zweiter Weltkrieg **33**
Zwirner, Rudolf **57**

VERZEICHNIS DER KARTEN & GRAFISCHEN DARSTELLUNGEN

Lage Kölns in Deutschland **18**
Stadtwappen **18**
Stadtentwicklung **27**
Ausgehen und Cafés **74 / 75**
Hotels und Restaurants **84 / 85**
Stadtbahnplan **122 / 123**
Touren-Überblick **129**
Tour 1 **131**
Tour 2 **132**
Tour 3 **135**
Dom (Grundriss) **160**
Dom (3 D) **161**
Rathaus (Grundriss) **203**
St. Gereon (Baugeschichte) **236**
St. Maria im Kapitol (3 D) **241**
Köln Überblick **Umschlagklappe hinten**

BILDNACHWEIS

AKG S. 31, 63, 248
Barisch S. 59
Barten S. 71, 224
Barten / Stadt Köln S. 186
Bildagentur Huber / Klaes Holger S. 182
Bildagentur Huber / Kornblum S. 90
Branscheid S. 1, 7, 210, 229, 251
Buness S. 14 (Mitte), 45, 88, 107, 168, 179, 195, 244, 253, 265
Damm, Fridmar S. 64
Decker / Stadt Köln S. 65
Dieterich S. 51
dpa / Litzmann S. 32
DuMont Bildarchiv / Fischer S. 3, 13 (oben und Mitte), 36, 121, 126 / 127, 156, 159, 217, 228, 258, vordere Umschlaginnenseite
DuMont Bildarchiv / Penzl S. 225
Freyer S. 83, 146, 164, 240, 241 (unten), 259
Hackenberg S. 16, 119, 144, 150, 235, 238
Horrocks / Stadt Köln S. 81
Koelnmesse S. 6 (rechts oben), 9, 57, 257
laif / Gaasterland S. 115, 177
laif / Gollhard & Wieland S. 14 (oben), 72, 118, 137
laif / Gregor Hohenberg S. 176
laif / Huber S. 39, 104
laif / Linke S. 2 (rechts oben), 5 (links oben), 8, 10 / 11, 12, 41, 101, 116, 138 / 139, 241 (rechts unten), 254
laif / Ogando S. 21, 48, 70 / 71
laif / Specht S. 24, 42, 161 (links oben, rechts unten und Folderklappe)
laif / Tueremis S. 14 (unten)
laif / Fulvio Zanettini S. 15, 207
mauritius images / imagebroker / Thomas Robbin S. 105
picture-alliance / akg-images S. 6 (links unten), 28, 62, 149
picture-alliance / akg-images / Werner Forman S. 11
picture-alliance / akg-images / Erich Lessing S. 46
picture-alliance / Arco Images GmbH S. 201
picture-alliance / dpa S. 13 (unten), 60, 161 (links unten), 166, 173, 199, 221
picture-alliance / dpa / dpaweb S. 66, 69, 192
picture-alliance / Ralph Goldmann S. 56
picture-alliance / Rainer-Hackenberg S. 133
picture-alliance / KNA-Bild S. 141
Sackermann S. 2 (links unten), 5 (rechts unten), 22, 35, 53, 54, 77, 94, 111, 128, 139, 153, 161 (rechts oben), 163, 189, 204, 212, 218, 232, 241 (links oben, rechts oben und Folderklappe), 246, 250, 264
Schiestel / Stadt Köln S. 214
Ventur / Stadt Köln S. 4, 91
VG Bild-Kunst, Bonn 2011 S. 56
Zegers S. 155, 171, 262

Titelbild: age fotostock / Avenue Images

IMPRESSUM

Ausstattung:
142 Abbildungen, 16 Karten und grafische Darstellungen, ein großer Cityplan

Text:
John Sykes mit Beiträgen von Achim Bourmer, Ursula Branscheid, Wilhelm Branscheid, Jutta Buness, Thomas Corzelius, Andrea Hollmann, Dieter Luippold, Andrea Wurth

Bearbeitung:
Baedeker Redaktion
(Dieter Luippold)

Kartografie:
Christoph Gallus, Hohberg;
Franz Huber, München;
MAIRDUMONT/Falk Verlag, Ostfildern (Cityplan)

3D-Illustrationen:
jangled nerves, Stuttgart

Gestalterisches Konzept:
independent Medien-Design, München
(Kathrin Schemel)

Chefredaktion:
Rainer Eisenschmid, Baedeker Ostfildern

11. Auflage 2012

Urheberschaft:
Karl Baedeker Verlag, Ostfildern

Nutzungsrecht:
MAIRDUMONT GmbH & Co KG; Ostfildern

Anzeigenvermarktung:
MAIRDUMONT MEDIA
Tel. 0049 711 4502 333
Fax 0049 711 4502 1012
media@mairdumont.com
http://media.mairdumont.com

Printed in China

BAEDEKER VERLAGSPROGRAMM

- Ägypten
- Algarve
- Allgäu
- Amsterdam
- Andalusien
- Argentinien
- Athen
- Australien
- Australien • Osten
- Bali
- Baltikum
- Barcelona
- Bayerischer Wald
- Belgien
- Berlin • Potsdam

- Bodensee
- Brasilien
- Bretagne
- Brüssel
- Budapest
- Bulgarien
- Burgund
- Chicago • Große Seen
- China
- Costa Blanca
- Costa Brava
- Dänemark
- Deutsche Nordseeküste
- Deutschland
- Deutschland • Osten
- Djerba • Südtunesien
- Dominik. Republik
- Dresden
- Dubai • VAE
- Elba
- Elsass • Vogesen
- Finnland
- Florenz
- Florida
- Franken
- Frankfurt am Main
- Frankreich
- Frankreich • Norden
- Fuerteventura
- Gardasee
- Golf von Neapel
- Gomera
- Gran Canaria
- Griechenland
- Griechische Inseln
- Großbritannien
- Hamburg
- Harz
- Hongkong • Macao
- Indien
- Irland
- Island
- Israel
- Istanbul
- Istrien • Kvarner Bucht
- Italien
- Italien • Norden
- Italien • Süden
- Italienische Adria
- Italienische Riviera
- Japan
- Jordanien
- Kalifornien
- Kanada • Osten
- Kanada • Westen
- Kanalinseln
- Kapstadt • Garden Route
- Kenia
- Köln
- Kopenhagen
- Korfu • Ionische Inseln
- Korsika
- Kos
- Kreta
- Kroatische Adriaküste • Dalmatien
- Kuba
- La Palma
- Lanzarote
- Leipzig • Halle
- Lissabon
- Loire
- London
- Madeira
- Madrid
- Malediven
- Mallorca
- Malta • Gozo • Comino
- Marokko
- Mecklenburg-Vorpommern
- Menorca
- Mexiko
- Moskau
- München
- Namibia
- Neuseeland
- New York

- Niederlande
- Norwegen
- Oberbayern
- Oberital. Seen • Lombardei • Mailand
- Österreich
- Paris
- Peking
- Piemont
- Polen
- Polnische Ostseeküste • Danzig • Masuren
- Portugal
- Prag
- Provence • Côte d'Azur
- Rhodos
- Rom
- Rügen • Hiddensee
- Ruhrgebiet
- Rumänien
- Russland (Europäischer Teil)
- Sachsen
- Salzburger Land
- St. Petersburg
- Sardinien
- Schottland
- Schwäbische Alb
- Schwarzwald
- Schweden
- Schweiz
- Sizilien
- Skandinavien
- Slowenien
- Spanien
- Spanien • Norden • Jakobsweg
- Sri Lanka
- Stuttgart
- Südafrika
- Südengland
- Südschweden • Stockholm
- Südtirol
- Sylt
- Teneriffa
- Tessin
- Thailand
- Thüringen
- Toskana
- Tschechien
- Tunesien
- Türkei
- Türkische Mittelmeerküste
- Umbrien
- Ungarn
- USA
- USA • Nordosten
- USA • Nordwesten
- USA • Südwesten
- Usedom
- Venedig
- Vietnam
- Weimar
- Wien
- Zürich
- Zypern

BAEDEKER ENGLISH

- Andalusia
- Australia
- Austria
- Bali
- Barcelona
- Berlin
- Brazil
- Budapest
- Cape Town • Garden Route
- China
- Dresden
- Dubai
- Egypt
- Florence
- Florida
- France
- Gran Canaria
- Greece
- Greek Islands
- Iceland
- India
- Ireland
- Italian Lakes
- Italy
- Japan
- London
- Madeira
- Mexico
- Morocco
- Naples, Capri & Amalfi Coast
- New York
- New Zealand
- Norway
- Paris
- Portugal
- Prague
- Rome
- South Africa
- Spain
- Sri Lanka
- Thailand
- Turkish Coast
- Tuscany
- Venice
- Vienna
- Vietnam

LIEBE LESERINNEN, LIEBE LESER,

ein herzliches Dankeschön, dass Sie sich für einen Baedeker Allianz Reiseführer entschieden haben. Er wird Sie zuverlässig auf Ihrer Reise begleiten und Sie nicht im Stich lassen.
Natürlich beschreibt er die wichtigen Sehenswürdigkeiten, aber er empfiehlt auch die nettesten Kneipen und Bars, dazu Hotels für den großen und kleinen Geldbeutel, gibt Tipps für Shopping, Veranstaltungen und für vieles mehr, was eine Reise zum Erlebnis macht. Dafür haben unsere Autoren Sorge getragen. Sie sind für Sie regelmäßig nach Köln gereist und haben all ihre Erfahrungen und Kenntnisse in diesen Reiseführer gepackt.

Trotzdem: Die Erfahrung zeigt, dass Fehler und Änderungen nach Drucklegung, für die der Verlag keine Haftung übernehmen kann, nicht ausgeschlossen werden können. Für Kritik, Berichtigungen und Verbesserungsvorschläge sind wir Ihnen außerordentlich dankbar. Schreiben Sie uns, mailen Sie uns oder rufen Sie an:

▶ **Verlag Karl Baedeker GmbH**
Redaktion
Postfach 3162
D-73751 Ostfildern
Tel. (0711) 4502-262, Fax -343
E-Mail: info@baedeker.com

Besuchen Sie uns auch im Internet unter www. baedeker.com. Hier finden Sie jeden Monat den aktuellen Reisetipp der Redaktion und das gesamte Verlagsprogramm. Hier können Sie auch lesen, wer Karl Baedeker war und wie er seinen ersten Reiseführer geschrieben hat. Mit seinen über 180 Jahren ist der Karl Baedeker Verlag der älteste Reiseführer-Verlag der Welt.

www.baedeker.com

ZU GEWINNEN: STADTREISE NACH LONDON

Unter allen Einsendungen verlost der Verlag am Jahresende – unter Ausschluss des Rechtswegs – eine Städtekurzreise für zwei Personen nach London.
Freuen Sie sich auf ein spannendes Wochenende in London. Natürlich ist ein Baedeker Allianz Reiseführer London auch dabei!